Alois Scheucher
Anton Wald
Ulrike Ebenhoch

Zeitbilder 3

Vom Beginn der Neuzeit bis zum Ende des Ersten Weltkriegs

Geschichte, Sozialkunde und Politische Bildung

Leonie Pretterer 3b

www.öbv.at

Liebe Schülerin, lieber Schüler!

Damit du dich in deinem neuen Geschichtebuch besser zurechtfinden kannst, gibt es hier einen kurzen Wegweiser:

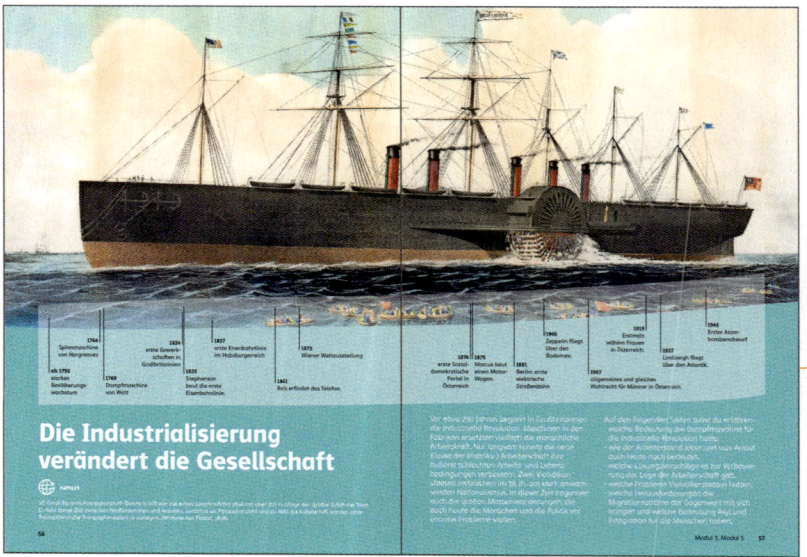

Auf der Zeitleiste sind wesentliche Ereignisse der behandelten Epoche oder des Themas eingetragen.

Auftaktseiten

Jedes der sechs Großkapitel dieses Buches beginnt mit zwei besonders gestalteten Seiten, den Auftaktseiten. Bild, Text und Zeitleiste sollen dir einen ersten Eindruck davon geben, was dich in dem folgenden Kapitel erwartet. Diese Seiten wollen auch deine Neugier wecken.

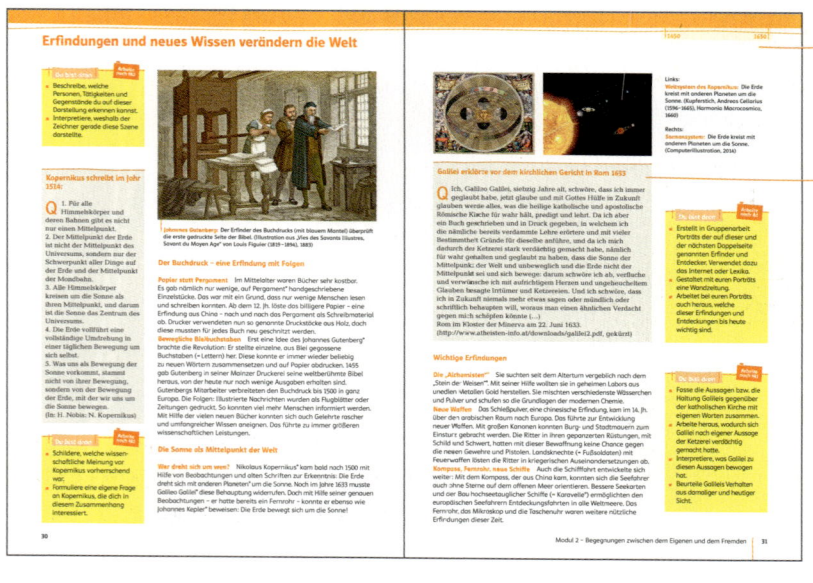

Der Zeitstreifen zeigt dir, welcher Zeitraum auf der Doppelseite behandelt wird.

Q steht für Quellentexte, also Texte, die uns aus vergangenen Zeiten zur Verfügung stehen.

Themenseiten

Jedes Großkapitel umfasst mehrere Einzelthemen, die in der Regel auf jeweils einer Doppelseite bearbeitet sind. Textzeugnisse aus der Geschichte oder Tatsachenberichte sind in Kästchen hervorgehoben.
Ein Sternchen tragen alle die Namen und Begriffe, die am Schluss des Buches wie in einem Lexikon erklärt werden.
Immer wieder findest du in gelben Du-bist-dran-Kästen Fragen und Arbeitsaufträge. Hier fordern wir dich auf, die im Buch vorher dargestellten Informationen zu überdenken, zu wiederholen, zusammenzufassen oder deine Meinung zu einem Thema zu äußern.

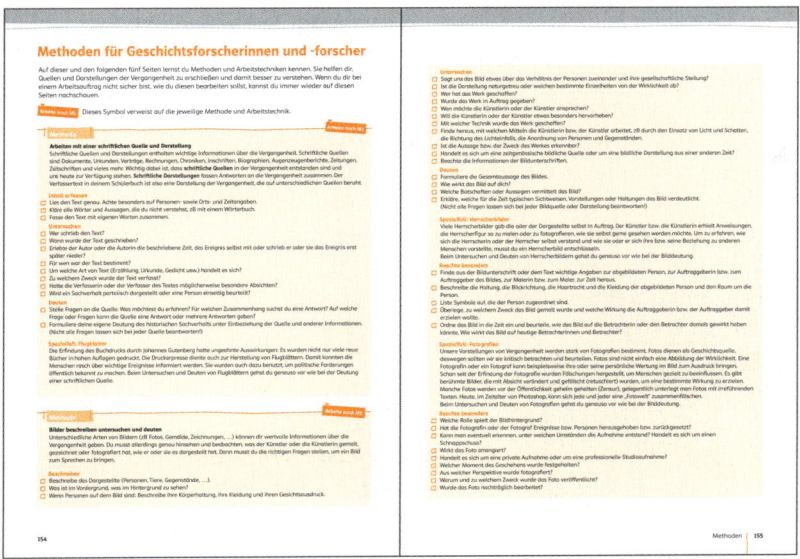

Methodenseiten

Sie stellen Methoden und Arbeitstechniken vor, die dir helfen, Informationen zu gewinnen, auszuwerten, zu verarbeiten oder darzustellen. Auf diesen Seiten kannst du immer wieder nachschlagen, wenn du dir bei der Bearbeitung der Du-bist-dran-Kästen unsicher bist.

Der Hinweis **Arbeite nach M1** bei den Aufgabenkästchen zeigt dir, nach welcher Methode du arbeiten sollst. Dies bedeutet, dass alle Punkte nach der Methodenseite zu bearbeiten sind.

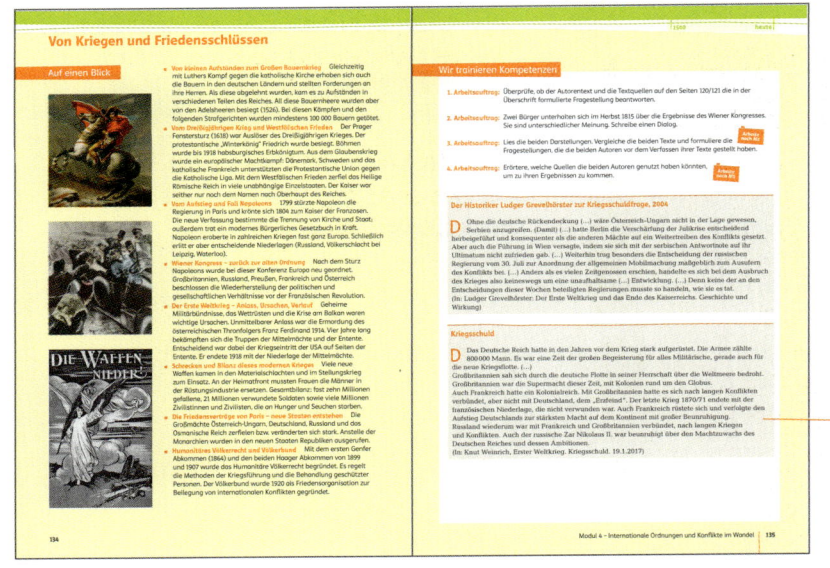

D bezeichnet Darstellungen von Geschichte, also Berichte über vergangene Zeiten, die oft viel später geschrieben wurden.

Auf einen Blick

Die Zusammenfassungen am Ende eines jeden Groß-kapitels wollen dir zeigen, was du aus diesem Ab-schnitt der Zeitbilder in Erinnerung behalten solltest.

Viel Spaß bei der Arbeit mit deinem Geschichtebuch!

Die Autorinnen und Autoren

Wir trainieren Kompetenzen

Am Ende eines Großkapitels findest du ein Kompetenztraining. Es gibt dir die Möglichkeit, deine erworbenen Kenntnisse anzuwenden.

Inhalt

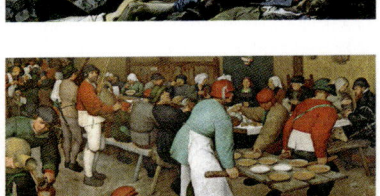

1415
Der Reformator Jan Hus wird in Konstanz als Ketzer verbrannt.

1444
David von Donatello

1453
Die Osmanen erobern Konstantinopel.

1487
Der „Hexenhammer" wird veröffentlicht.

1506
Baubeginn des Petersdoms in Rom

1517
Luther veröffentlicht seine 95 Thesen.

1521
Wormser Reichstag: Luther wird geächtet.

Aufbruch in eine neue Zeit

9t85tm

„Die Kunst in der Renaissance" (Ölgemälde von Carl Gehrts (1853–1898), 1887, 46,5 × 114 cm, Düsseldorf, Museum Kunstpalast)

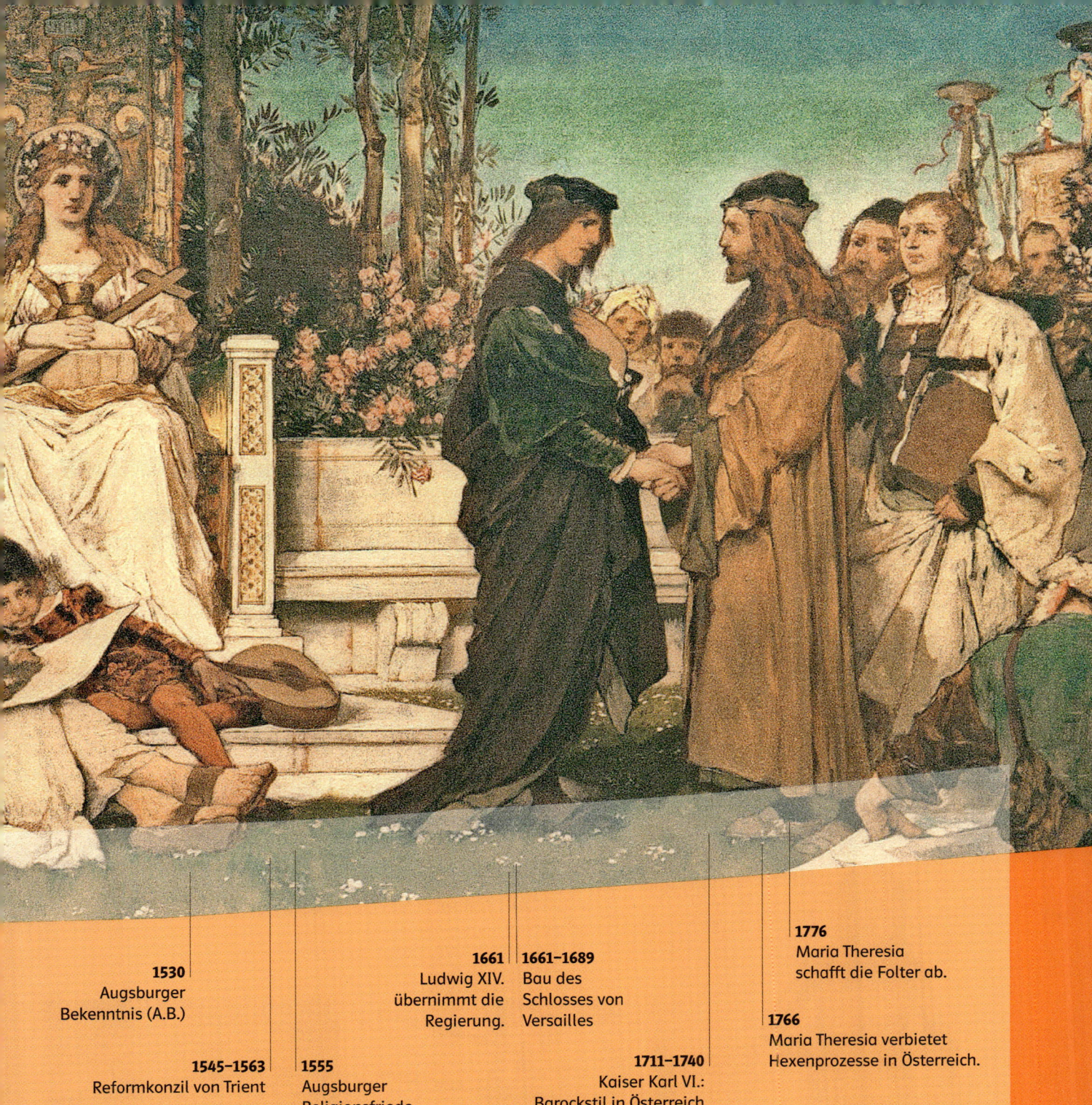

1530
Augsburger
Bekenntnis (A.B.)

1661
Ludwig XIV.
übernimmt die
Regierung.

1661–1689
Bau des
Schlosses von
Versailles

1776
Maria Theresia
schafft die Folter ab.

1766
Maria Theresia verbietet
Hexenprozesse in Österreich.

1545–1563
Reformkonzil von Trient

1555
Augsburger
Religionsfriede

1711–1740
Kaiser Karl VI.:
Barockstil in Österreich

Im 15. Jh. begann in Europa eine „neue Zeit". Der Mensch und das Diesseits standen im Mittelpunkt des Interesses. Die Renaissance entstand. Viele Missstände in der katholischen Kirche verlangten nach Reformen. Der bedeutendste Reformator war Martin Luther. Seine Lehre führte nicht zur Glaubenserneuerung, sondern zu Glaubensspaltung und Glaubenskrieg. Menschen gaben „Hexen" und „Hexern" die Schuld für jegliches Unglück. Im 17. und 18. Jh. wurde der absolut herrschende französische König Ludwig XIV. zum Vorbild für viele Fürsten Europas.

Auf den folgenden Seiten sollst du erfahren:
- wie die Antike wiederentdeckt wurde und was an der Renaissance neu war.
- welche Missstände es in der katholischen Kirche gab und wie es zum Bruch zwischen Luther und der Kirche kam.
- wie sich die katholische Kirche reformierte und wie die Gegenreformation durchgeführt wurde.
- wie es zum „Hexenwahn" kam und wie Hexenverfolgungen durchgeführt wurden.
- wie prunkvoll ein absolut herrschender König lebte und wie dieser diesen Luxus finanzierte.

Der Beginn einer neuen Zeit

Arbeite nach M2+M1

Du bist dran

- Wähle zwei Darstellungen auf dieser Seite aus und untersuche sie hinsichtlich ihrer Gemeinsamkeiten und Unterschiede: Wer, was wird hier wie dargestellt? Beachte dabei Alter, Größe, Werkstoff, Form / Aussehen, Ausdruck, Inhalt.
- Fasse mit Hilfe der Internetadresse: https://www.lernhelfer.de/schuelerlexikon/geschichte/artikel/koenig-david die biblische Geschichte von David und Goliath zusammen.
- Erkläre die zeitlose Aussage, die in der Geschichte von David und Goliath steckt.
- Erörtere, welche Themen die Künstler mit ihrem Werk vielleicht ansprechen wollten.

Im Mittelalter herrscht die gottgewollte Ordnung

Die Kirche bestimmt das Leben der Menschen   Im Mittelalter glaubten viele Menschen, dass jeder Mensch von Geburt an seinen festen, nur selten verrückbaren Platz in der Gesellschaft hatte. Diese Ordnung hielten die Menschen für gottgewollt. Das Leben der Menschen war ganz in den Dienst Gottes gestellt. Die Gebote und Verbote der Kirche mussten eingehalten werden. Deshalb bestimmte auch das Kirchenjahr mit seinen vielen Festen, Vorschriften und Gebräuchen das tägliche Leben.

Gelehrte Menschen entdecken die Antike wieder

Wenige können lesen und schreiben   Die wenigen Nonnen und Mönche, Adeligen und Bürger und Bürgerinnen, die im Mittelalter lesen und schreiben konnten, befassten sich hauptsächlich mit der Bibel oder anderen religiösen Schriften. Die Werke antiker Schriftsteller wurden kaum gelesen, weil sie keine Christen waren. Oftmals verstaubten sie ungelesen in den Klosterbibliotheken.

Antike Schriften werden wieder gelesen   Eine große Wende trat ein, als die Osmanen im Jahr 1453 Konstantinopel eroberten. Viele griechische Gelehrte flüchteten in den Westen Europas, vor allem nach Italien. Sie brachten ihr Wissen von den alten griechischen und römischen Schriftstellern und Wissenschaftern mit. Damit weckten sie auch bei den Gelehrten in Mitteleuropa ein großes Interesse für die Antike.

Der Mensch steht im Mittelpunkt

Vernunft und kritisches Denken   In den antiken Schriften stand der Mensch im Mittelpunkt und nicht die Religion. Diese Einstellung

David: Bei diesem Werk handelt es sich um die erste Plastik seit der Antike, in der ein männlicher nackter Körper lebensgroß dargestellt wurde. (Bronzeskulptur von Donatello von 1444, Höhe 158 cm, Museo Nazionale del Bargello, Florenz)

David und Goliath (Richard Hess, 1983, Höhe 3,8 m, Frankfurt am Main)

David und Goliath (engl. Buchmalerei aus dem Psalter Heinrich VIII., um 1540)

übernahmen auch die neuen Gelehrten, die so genannten Humanisten*: Ein Mensch sollte danach beurteilt werden, welche Tugenden und Fähigkeiten er entwickeln könne. Er sollte sich von der Vernunft leiten lassen und nicht von den kirchlichen Vorschriften. Sein kritisches Denken nahm nichts mehr als gegeben hin. „Sobald der Mensch will, kann er von sich aus alles.", glaubten Gelehrte nun.

Bildung schafft Ansehen   Das bedeutete, dass auch Menschen aus niederem Stand durch Bildung zu Ansehen kommen konnten. Die „Freiheit des Geistes" sollte dem einzelnen Menschen (= Individuum) erlauben, sein persönliches Glück im irdischen Leben zu suchen.

Die Wiedergeburt der antiken Kunst

Antike als Vorbild   Die Maler, Bildhauer und Architekten nahmen sich die antiken Bauten und Kunstwerke zum Vorbild. Im Mittelalter hatten diese für die Baumeister kaum Bedeutung. Bauwerke, wie das berühmte Kolosseum in Rom, waren sogar jahrhundertelang als Steinbruch missbraucht worden. Nun feierte die klassische Baukunst der Griechen und Römer gleichsam eine Wiedergeburt (frz. Renaissance*). Diese Bewegung begann in vielen Städten des heutigen Italien: Dort gab es viele kunstinteressierte Bischöfe und Fürsten, wie zB jene in Mailand oder Florenz, den Papst in Rom und reiche Handelsherren.

Kunst wird gefördert   Diese Männer wetteiferten darum, sich den prächtigeren Palast, die größere Kirche, das schönere Denkmal errichten zu lassen. Sie vergaben Aufträge an berühmte Künstler, wie zB an Michelangelo*: Dieser leitete viele Jahre den Ausbau des Petersdomes in Rom.

Nackte Darstellung und Porträt   In der Bildhauerei und Malerei wurden die Menschen erstmals seit der Antike wieder nackt dargestellt. Die Idee war, sie in ihrer Vollkommenheit und natürlichen Schönheit zu zeigen. Auch das Porträt* wurde sehr beliebt: Adelige und reiche Bürger wollten sich und oftmals auch ihre Familienmitglieder naturgetreu für die Nachwelt verewigen lassen.

Die Zentralperspektive*   Sie war neu in der Malerei. Mit ihrer Hilfe konnten die Maler die Raumtiefe darstellen.

Albrecht Dürer: Dürer malte sich mehrfach selbst. Im Gegensatz zu den Künstlern des Mittelalters signierte* er seine Bilder. (Selbstbildnis mit Landschaft aus dem Jahr 1498, Ölgemälde, 52 × 40 cm, Museo del Prado, Madrid)

Petersdom in Rom: Die majestätische Kuppel wurde von Michelangelo Buonarroti entworfen (ab 1557), ausgeführt wurde sie von Giacomo della Porta (ab 1588).

Du bist dran

Arbeite nach M2

- Beschreibe und analysiere das Selbstbildnis Albrecht Dürers. Die Methode M2 auf S. 154 hilft dir dabei.
- Beurteile die Bedeutung der neuen Ansichten für unser heutiges Denken.

Die katholische Kirche verweigert Reformen

Der Ablasshandel (Kolorierter Holzschnitt, Lucas Cranach d. Ä., 1521)

Der Papstesel zu Rom (Holzschnitt, Lucas Cranach d. Ä., 1523)

Missstände in der Kirche

Das Luxusleben der Kirchenfürsten Im Mittelalter beeinflusste die Kirche viele Lebensbereiche der Menschen. Sie bestimmte, wie sich die Menschen zu verhalten hatten. Sie bestimmte, was richtig oder falsch, gut oder böse ist. Doch auch die höchsten Kirchenmänner führten nicht immer ein gottesfürchtiges Leben. Gegen Ende des Mittelalters nahmen die Missstände in der Kirche zu. Im Vatikan* lebten die Päpste in großem Luxus. Hohe kirchliche Ämter wie zB das Bischofsamt wurden von hohen kirchlichen Würdenträgern an Laien (= nichtgeistliche Bewerber) verkauft. Vielfach erhielten auch Verwandte oder Freunde gute Kirchenposten, mit deren Hilfe sie sich dann bereichern konnten. Die Gläubigen mussten diesen Luxus und den verschwenderischen Lebensstil dieser Kirchenfürsten mit neuen Steuern bezahlen.

Die lateinische Bibel Die Seelsorge in vielen Dörfern und Märkten war schlecht. Nur wenige Pfarrer konnten lesen und schreiben. Die Bibel war in Latein verfasst und durfte nicht übersetzt werden. Die Geistlichen verdienten so wenig, dass sie daneben häufig als Gastwirte oder Bauern arbeiteten. Da war es kein Wunder, dass viele Gläubige nicht einmal das „Vaterunser" beten konnten oder die zehn Gebote kannten.

Keine Reformen Immer wieder forderten Geistliche Reformen. Doch diese Kritiker wurden von ihren Vorgesetzten zum Schweigen gebracht oder als Ketzer* verurteilt.

Der Ablasshandel Normalerweise müssen Katholiken für die Vergebung ihrer Sünden beichten, bereuen und ein gutes Werk verrichten. Diese Bußen konnte aber der Papst „erlassen" (daher: Ablass), wenn die Gläubigen stattdessen so genannte Ablassbriefe kauften. Und viele Gläubige waren dazu bereit, um auf diese Weise einen sicheren Platz im Himmel zu bekommen. So wurde der Handel mit dem Ablass für die Kirche zum großen Geschäft.

Geld für den Petersdom Im Jahr 1506 beschloss Papst Julius II.*, über dem Grab des Apostels Petrus in Rom den Petersdom bauen zu lassen. Finanzieren wollte er diese riesige Kirche mit dem Verkauf von Ablassbriefen.

Arbeite nach M2

Du bist dran

- Liste die Zustände in der Kirche auf, mit denen viele Gläubige unzufrieden waren.
- Beschreibe die drei Karikaturen* aus der Anfangszeit der Reformation (Ablasshandel, Papstesel, Teufel mit Luther als Sackpfeife): Wer oder was wird wie dargestellt? Beachte dabei körperliche Merkmale der Personen, symbolische Gegenstände, Hintergrund.
- Arbeite im Anschluss allgemeine Merkmale von Karikaturen heraus. Die Methode M2 auf S. 154 ff. hilft dir dabei.
- Informiere dich über die beiden Künstler und ihre religiöse Zugehörigkeit.
- Erläutere, was sie mit diesen Darstellungen ausdrücken wollten bzw. welche Absichten sie vielleicht damit verfolgten.

Teufel mit Luther als Sackpfeife (= Dudelsack) (Kolorierter Holzschnitt von Erhard Schön, 1530/35)

Luthers 95 Lehrsätze und sein Bruch mit dem Papst

Gnade Gottes statt Ablass   Der deutsche Mönch und Lehrer Martin Luther* war empört über diesen Ablasshandel. So wie er die Bibel verstand, konnte ein Mensch ausschließlich durch seinen Glauben und durch die Gnade Gottes zum ewigen Leben gelangen und nicht durch gute Taten und schon gar nicht mit Geld. Luther fasste seine Kritik in 95 Thesen (= Lehrsätzen) zusammen und stellte sie am 31. Oktober 1517 öffentlich zur Diskussion. Mit Hilfe des neuen Buchdrucks (S. 30) war seine Schrift bald überall im Reich Kaiser Karls V.* bekannt.

Der Kirchenbann   Papst Leo X. erklärte 41 dieser Thesen für falsch. Er forderte Luther auf, diese zu widerrufen und seine Schriften öffentlich zu verbrennen. Luther entfachte, gemeinsam mit seinen Studenten, ein Feuer: Doch darin verbrannten sie das Schreiben des Papstes und andere kirchliche Bücher. Das bedeutete für Martin Luther den Kirchenbann (= Ausschluss aus der Kirche).

Auf den Kirchenbann folgt die Reichsacht

Luther wird geächtet   Im Jahr 1521 lud Kaiser Karl V. Luther vor den Reichstag in Worms. Auch dort weigerte Luther sich, seine Lehren zurückzunehmen. Der Kaiser verbot Luthers Schriften und verhängte über ihn die Reichsacht*. Damit war Luther vogelfrei – jedermann konnte ihn straflos töten. Doch hatte er noch immer freies Geleit* und in seinem Landesherrn, dem Kurfürsten Friedrich von Sachsen, einen mächtigen Beschützer. Dieser ließ ihn auf der Heimreise zum Schein überfallen und anschließend auf die Wartburg* bringen.

Die deutsche Bibel   Dort übersetzte Luther die Bibel aus dem Lateinischen ins Deutsche. Diese „Lutherbibel" wurde gedruckt und fand reißenden Absatz. Viele Menschen lernten erst durch sie lesen (S. 30). Luther legte damit einen wichtigen Grundstein für eine einheitliche deutsche Schriftsprache. Luthers Lehren lösten eine religiöse Bewegung, die Reformation, aus. Diese führte schließlich zur Kirchenspaltung.

Du bist dran   Arbeite nach M1

- Fasse mit eigenen Worten den Inhalt von Luthers Thesen zusammen.
- Erkläre, wie er diese begründet.
- Erläutere, weshalb Papst Leo X. Luthers Thesen als ketzerisch beurteilt.
- Beurteile die ablehnende Haltung des Papstes.

Tipp   Arbeite nach A1

Vertiefe dein Wissen mit Fernsehdokumentationen zum Thema. Auch im Internet kannst du interessante Beiträge dazu finden (zB www.evang.at).

Aus Luthers Thesen (1517)

Q 32. Wer durch Ablassbriefe meint, seiner Seele sicher zu sein, der wird ewiglich verdammt sein samt seinen Lehrmeistern.
36. Jeder Christ, der aufrichtig bereut, hat vollkommenen Erlass von Strafe und Schuld – auch ohne Ablassbriefe.
43. Man lehre die Christen, dass es besser ist, Armen etwas zu geben und Bedürftigen zu leihen, als Ablässe zu kaufen.
86. Warum erbaut der Papst, dessen Vermögen heutigen Tages fürstlicher ist als das der reichsten Geldfürsten, nicht lieber die Peterskirche von seinen eigenen Geldern als von dem armer Gläubiger?
(In: G. Guggenbühl u. a., Quellen zur Geschichte der Neueren Zeit)

Papst Leo X. beurteilte 41 von Luthers Thesen als ketzerisch (Auszug):

Q 5. Dass es drei Teile der Buße gebe, nämlich Reue, Beichte und Genugtuung, ist weder in der heiligen Schrift noch bei den alten heiligen christlichen Lehrern begründet.
18. Die Ablässe sind fromme Täuschungen der Gläubigen.
20. Betrogen werden, die glauben, die Ablässe seien heilsam und zum Vorteil des Geistes nützlich.
25. Der Römische Bischof, der Nachfolger Petri (= der Papst), ist nicht der von Christus selbst im seligen Petrus eingesetzte Statthalter Christi über alle Kirchen der ganzen Welt.
(Die von Leo X. als Irrtümer verurteilten 41 Sätze Luthers)

Reformation statt Reform – die Glaubensspaltung

Martin Luther triumphiert: Luther und die protestantischen Gelehrten halten den Angriffen der Katholiken unter Papst Leo X. stand. (Protestantisches Flugblatt, kolorierter Holzschnitt, 1568)

Du bist dran — Arbeite nach M2

- Beschreibe, wie der Künstler Protestanten und Katholiken darstellt.
- Interpretiere, was er mit diesem Flugblatt ausdrücken wollte.

Katholische Lehre

- Glaubensquellen sind die Bibel und die kirchliche Überlieferung.
- Der Mensch wird durch die Gnade Gottes und durch gute Werke erlöst.
- Gottesdienst und Bibel: lateinisch
- Die Kirche wird vom Papst geleitet.
- Sieben Sakramente
- Priester dürfen nicht heiraten.
- Mönchs- und Nonnenklöster bleiben bestehen.
- Heiligenverehrung und Wallfahrten sind wichtig.

Evangelische Lehre

- Die Bibel ist die einzige Glaubensquelle.
- Der Mensch kann nur durch den Glauben an die Gnade Gottes erlöst werden.
- Gottesdienst und Bibel: deutsch
- Die päpstliche Oberhoheit wird abgelehnt.
- Zwei Sakramente: Taufe und Abendmahl
- Priester dürfen heiraten.
- Die Klöster werden aufgelöst.
- Heiligenverehrung und Wallfahrten sind unerwünscht.

Du bist dran — Arbeite nach M1

- Arbeite die Unterschiede zwischen katholischer und evangelischer Lehre schriftlich heraus.

Luthers Lehre begeistert Luthers Lehre verbreitete sich trotz des kaiserlichen Verbots sehr rasch im Reich. Viele Adelige, Bürgerinnen und Bürger, Bäuerinnen und Bauern und Dienstleute nahmen sie begeistert auf. Auch etliche Landesfürsten wechselten den Glauben. Sie stellten sich damit offen gegen den Kaiser, der sich für den katholischen Glauben einsetzte. Kaiser Karl V. aber war vorerst machtlos: Er kämpfte mit seinen Heeren sowohl gegen osmanische als auch gegen französische Truppen und war auf die militärische Hilfe der Fürsten angewiesen. Dafür verlangten seine Fürsten jedoch Religionsfreiheit.

Protestanten und Augsburger Bekenntnis Nachdem die Osmanen 1529 ihre erste Belagerung Wiens abgebrochen hatten, erneuerte der Kaiser das Verbot der evangelischen Lehre. Die Anhängerschaft Luthers protestierte dagegen – daher nennt man sie heute noch Protestanten. 1530 wurde die evangelische Lehre im Augsburger Bekenntnis (A.B.) schriftlich verfasst und von den Reichsständen an den Kaiser übergeben.

Der Augsburger Religionsfrieden

Frieden Erst nach 25 Jahren wurde der Streit zwischen den evangelischen Landesfürsten und dem Kaiser bzw. seinen katholischen Gefolgsleuten vorerst einmal beigelegt. Im Jahr 1555 einigten sich die Streitparteien im Augsburger Religionsfrieden auf folgende Bestimmungen:
- Katholisches und Augsburger Bekenntnis sind gleichberechtigt.
- Jeder Landesherr kann seine Religion selbst bestimmen. Sie gilt dann auch für seine Untertanen.
- Wer den Glauben seines Landesherrn nicht annimmt, muss auswandern.

Die katholische Kirche beschließt Reformen

Glaubensspaltung in ganz Europa Die Glaubensspaltung rüttelte den Papst in Rom und seine Bischöfe auf. Die Kirche musste sich endlich erneuern! Denn auch in der Schweiz, in Frankreich, in Skandinavien und in Osteuropa wandten sich die Gläubigen von der katholischen Kirche ab. Sie wechselten zur evangelischen oder zur so genannten Reformierten Kirche des Johannes Calvin*, der in Genf (Schweiz) lehrte.

Reformkonzil Im Konzil* von Trient* (1545–1563) bekräftigten die Bischöfe zwar im Wesentlichen die bisherige Glaubenslehre. Sie wandten sich aber scharf gegen die Missstände in der Kirche.
• Der Kauf geistlicher Ämter wurde verboten.
• Der Ablasshandel wurde abgeschafft.
• Die Ausbildung der Geistlichen wurde verbessert, die Ordensregeln verschärft.

Neue Ordensgründungen Die Barmherzigen Brüder widmeten sich der Krankenpflege, die Ursulinen dem Schulwesen. Eine wichtige Rolle kam dem neuen Jesuitenorden zu: Er war militärisch straff geführt und hatte bestens ausgebildete Mitglieder. Die Jesuiten sollten die Menschen zum katholischen Glauben zurückführen. Sie predigten auf öffentlichen Plätzen und lehrten an Schulen und Universitäten. Als Beichtväter und Erzieher von Adeligen erlangten sie auch politischen Einfluss.

Gegenreformation in österreichischen Ländern

Die Mehrheit ist evangelisch In den österreichischen Ländern hatte die große Mehrheit der Bevölkerung die evangelische Lehre angenommen. Die katholischen Landesfürsten wollten vor allem mit Hilfe der Jesuiten die Menschen wieder zum „rechten Glauben" bekehren. Wer sich durch den Schulunterricht oder durch Predigten nicht überzeugen ließ, der wurde gewaltsam zur (Wieder-)Annahme des katholischen Glaubens gezwungen. Evangelische Schulen wurden geschlossen, evangelische Pfarrer aus dem Land gewiesen.

Zum katholischen Glauben gezwungen Die Bevölkerung wurde von Soldaten in die Kirche gezerrt, zu Beichte und Kommunion gezwungen. Am schlimmsten erwischte es jene Menschen, die der Inquisition*, einem geistlichen Gerichtshof, vorgeführt wurden. Inquisitoren folterten sie dort so lange, bis sie ein Geständnis ablegten. Immer wieder wurden in den folgenden Jahrhunderten vermeintliche Ketzerinnen und Ketzer unschuldige Opfer dieses Gerichts. Die Verfolgung und Verurteilung unschuldiger Frauen als Hexen wurde dagegen von den Gerichten der Landesherren durchgeführt.

Über die Ausweisung der Protestanten nach Siebenbürgen

D Während der Regierung Karls VI. und Maria Theresias wurden in 55 Transporten etwa 4000 Personen zwangsweise nach Siebenbürgen gebracht. (…) ansonsten wurden die Kinder, oft sogar auch die Ehegatten, von den Transmigrierten (= Ausgewiesene) getrennt. (…) Die Transmigrierten durften in der Regel nicht selbst für den Verkauf ihres Hofes sorgen und konnten auch nur „eine Kisten" an Habseligkeiten mitnehmen. (In: G. Reingrabner, Die Verfolgung der österreichischen Protestanten während der Gegenreformation)

Du bist dran — **Arbeite nach M1**

■ Erläutere mit Hilfe der Darstellung oben und des Autorentextes deine Meinung zur Ausweisung der Protestanten.
■ Verfasse eine kurze Erzählung aus der Sicht einer Person, die zur Zeit der Gegenreformation evangelisch war.

Du bist dran — **Arbeite nach M4**

■ Ermittle mit Hilfe dieser Karte, welche der heutigen Bundesländer um 1550
a) überwiegend katholisch,
b) stark gemischt,
c) überwiegend protestantisch waren.
■ Stelle deine Ergebnisse in einem kurzen Bericht dar.

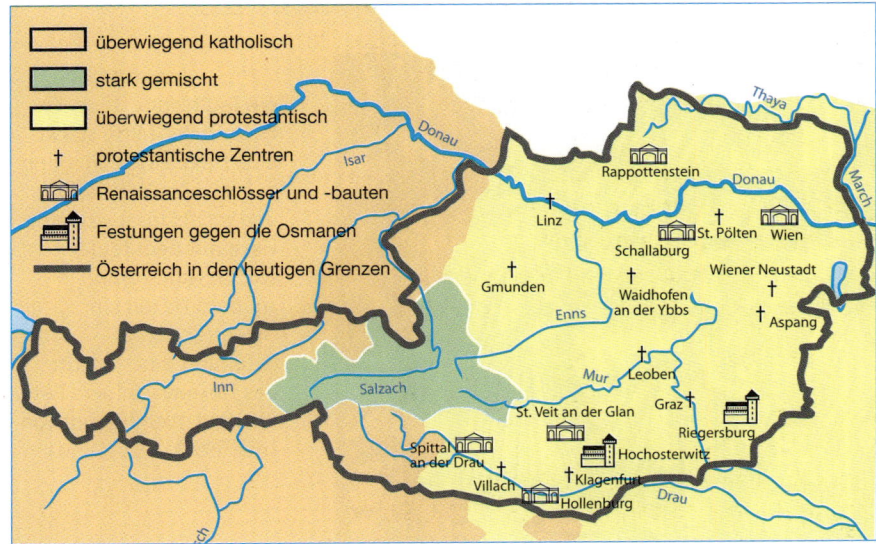

	überwiegend katholisch
	stark gemischt
	überwiegend protestantisch
†	protestantische Zentren
	Renaissanceschlösser und -bauten
	Festungen gegen die Osmanen
	Österreich in den heutigen Grenzen

Verbreitung des Glaubens in Österreich vor der Gegenreformation um 1550

Von Hexerei und Zauberei

„bana bandoki" – „Hexenkinder" (2011)

Q Der Kinderhexenwahn ist in Nigeria um das Jahr 2000 ausgebrochen. Angeblich erkennt man ein verhextes Kind daran, dass es von früh an frech ist, lügt, stiehlt und sich den Erwachsenen widersetzt. (…) In afrikanischen Ländern südlich der Sahara werden immer mehr Kinder der Hexerei bezichtigt, verfolgt, geschlagen und getötet. Die meisten „bana bandoki" („Hexenkinder") sind von ihren Familien verstoßen worden. Sie gelten als zaubermächtig. Angeblich benutzen sie ihre magischen Fähigkeiten dazu, um andere Menschen zu schädigen. (…) Allein in Kinshasa, der kongolesischen Hauptstadt, soll es Zehntausende verhexter Kinder geben. (…) Dort sind die betroffenen Kinder oft erst neun oder zehn Jahre alt. Weil ihre Eltern befürchten, von ihren eigenen Sprösslingen durch Zauberei ins Unglück gestürzt zu werden, duldet man sie nicht mehr in der Nähe, sie müssen Haus, Familie und Dorf verlassen.
(In: Hartwig Weber, Maren Basfeld, Verzauberte Kinder. Jänner 2011)

Du bist dran — *Arbeite nach M1+A2*

- Ermittelt aus dem Quellentext „bana bandoki" mindestens drei Gründe, weshalb Eltern ihre Kinder als Hexen verstoßen.
- Diskutiert in der Klasse, wie die Zukunft der verstoßenen Kinder aussehen könnte.

Du bist dran — *Arbeite nach M2*

- Beschreibe das Bild.
- Erläutere, zu welchem Zweck das Bild angefertigt wurde.
- Formuliere die Aussagen, die das Bild vermitteln will.

Viele Hexenprozesse In Europa fanden zwischen 1450 und 1750 etwa 100 000 Hexenprozesse statt. 40 000 bis 50 000 Menschen kamen dabei ums Leben. Bei den Verfolgten und Verurteilten handelte es sich überwiegend um Frauen. Es waren aber auch Männer betroffen. Ihr Anteil betrug etwa 20 bis 25 Prozent. Selbst Kinder konnten von Verfolgung betroffen sein. Die Verfolgungen fanden sowohl in den katholischen als auch in den protestantischen Herrschaftsgebieten gleichermaßen statt.

Der Hexerei beschuldigt

Konkurrenz für die Kirche Viele Menschen glaubten eher an die magischen Kräfte von Zauberern als an die Hilfe Gottes. Dadurch verlor die Kirche an Einfluss und Macht. Der Papst, die Bischöfe und die Priester waren davon überzeugt, dass nur der Teufel diese magischen Kräfte verleihen konnte. Dazu war ihrer Ansicht nach aber der Abfall von der Kirche und ein Bund mit dem Teufel notwendig. Deshalb ordnete der Papst an, dass gegen diese Personen mit aller Schärfe vorzugehen sei.

Hexerei: Links verführt ein Teufelspriester eine Frau, in der Mitte steckt eine Hexe einen Säugling in einen Zauberkessel und rechts lässt sich eine Hexe mit dem Teufel ein. Im Hintergrund zaubern Hexen ein Unwetter herbei. (Titelblatt einer Schrift des Hexenverfolgers Peter Binsfeld, Weihbischof von Trier, 1591)

Es konnte jede und jeden treffen! Schon in frühesten Zeiten glaubten viele Menschen, dass manche Personen magische Kräfte hätten. Unerklärliche Vorkommnisse wurden ihrem Zauber zugeschrieben. Fiel etwa die Ernte zu gering aus, verendete das Vieh im Stall, erkrankte jemand oder starb ein Kind, wurde dies oft mit Zauberei in Zusammenhang gebracht. Eine Kälteperiode ab dem 15. Jh. führte zu Missernten; in der Zeit des Dreißigjährigen Krieges (S. 116 f.) verwüsteten die Heere Felder und brannten Häuser nieder. Als Folge des Krieges kam es zu Hungersnöten und Seuchen. Dafür machten viele Menschen angebliche „Hexen" und „Hexer" mit magischen Kräften verantwortlich. Sie zeigten die vermeintlichen „Hexen" und „Hexer" – oft unliebsame Nachbarn – bei Gericht an. Wurde die verleumdete Person verurteilt, erhielten die Denunzianten* einen festgesetzten Geldbetrag oder ein Drittel des Vermögens der oder des Angeklagten. Der Hauptteil des Vermögens der oder des Angeklagten fiel an den Landesherren.

Die Folter macht die Hexe!

Grausame Folter Um das Jahr 1486 veröffentlichte ein Dominikanermönch den „Hexenhammer". Dieses Buch war sehr frauenfeindlich und enthielt genaue Anweisungen für Verhör und Folter. Es diente den Gerichten lange Zeit als Leitfaden für die Hexenprozesse.

Aus dem Hexenhammer

Q   Deshalb wollen wir zur zweiten Hauptfrage schreiten, und zwar zuerst, warum bei dem so gebrechlichen Geschlechte diese Art der Verruchtheit mehr sich befindet als bei den Männern. (…) Das Wort femina nämlich kommt von fe und minus (fe = fides, d.h. Glaube; minus = weniger; also femina = die weniger Glauben hat). (…) Also schlecht ist das Weib von Natur, da es schneller am Glauben zweifelt, auch schneller den Glauben ableugnet, was die Grundlage für die Hexerei ist.
(erstveröffentlicht um 1486, in: W. Behringer, Hexen und Hexenprozesse)

Da der „Hexenhammer" meist willkürlich ausgelegt wurde, schuf Kaiser Karl V. mit einem einheitlichen Strafgesetzbuch klare Regeln. In diesem wurde der Einsatz der Folter verpflichtend angeordnet.

Artikel 109 des Strafgesetzbuches von Kaiser Karl V.:

Q   So jemand den Leuten durch Zauberei Schaden oder Nachteil zufügt, soll man strafen vom Leben zum Tod. Und man soll solche Straf mit dem Feuer tun.

Wer der Hexerei verdächtigt wurde, kam vor ein Gericht. Dort wurden bei den Untersuchungen grausame Foltermethoden angewandt – das erwünschte Geständnis ließ so nicht lange auf sich warten. Besonders wichtig war dabei den Richtern die Nennung von anderen „Hexen" und „Hexern". Auf diese Weise hatten die Landesherren immer neue Opfer für neue Hexenprozesse zur Verfügung …

Hexenschuss: Eine Hexe verursacht durch einen Feuerpfeil einen so genannten „Hexenschuss". Heute wird der Ausdruck für plötzliche heftige Rückenschmerzen verwendet. (Kolorierter Holzschnitt zu Ulrich Molitors Schrift „Von Hexen und bösen Weibern", 1484)

Du bist dran

Arbeite nach M1

- Arbeite aus dem Autorentext und dem „Hexenhammer" heraus, aus welchen Gründen Menschen als „Hexen" oder „Hexer" verfolgt wurden.
- Fasse die Gründe zusammen, weshalb der Verfasser des „Hexenhammers" Frauen für anfälliger hielt, „Hexen" zu werden.
- Verfasst in Kleingruppen eine Verteidigungsrede für eine Hexe.

Folterszene: Die Öffnungen für die Hände und Beine an den Folterwerkzeugen wurden immer weiter geschlossen, bis die Knochen brachen. (Anonymes Flugblatt, Holzschnitt, 16. Jh.)

Einige „Hexenproben":

D **Wasserprobe („Schwemmen der Hexe"):** Der verdächtigen Person wurden Arme und Beine zusammengebunden, dann warf man sie ins Wasser. Konnte sie sich über Wasser halten, war das ein eindeutiger Beweis für ihre Schuld. Ging sie unter, was natürlich meistens der Fall war, wurde sie nicht freigelassen, sondern mit anderen Foltermethoden zu einem Geständnis gezwungen.

Feuerproben: Dabei mussten glühende Eisenstücke getragen werden oder über glühende Kohlen gegangen werden, ohne Verbrennungen zu erleiden.

Hexengriff: Der Henker stach dabei mit einer langen Nadel in Muttermale oder Warzen („Teufelsmale" der angeklagten Person). Trat kein Blut aus der Verletzung, galt dies als sicherer Beweis, dass es sich um eine Hexe handelte. Trat Blut heraus, wurde mittels Folter weiter untersucht.
(In: W. Behringer, Hexen und Hexenprozesse)

Hexenprobe „Schwemmen der Hexe": Eine der Zauberei verdächtige Frau wird in einen Fluss getaucht. Sinkt die verdächtige Person unter, ist sie unschuldig, schwimmt sie oben, ist sie überführt. (Kolorierter Holzschnitt, um 1600)

Das Ende der Hexenprozesse Erst im Zeitalter der Aufklärung (S. 90) wurden Hexenverfolgungen als Unrecht erkannt. Maria Theresia* (S. 92) schaffte im Jahre 1776 in Österreich die Folter ab. Damit fand der Hexenwahn in Österreich sein Ende.

Maria Theresia zu den Hexenprozessen (1766)

Q In Unserer Regierung ist bisher kein wahrer Zauberer, Hexenmeister oder Hexe entdeckt worden, sondern derlei Prozesse sind allemal auf eine boshafte Betrügerei oder eine Dummheit und Wahnwitzigkeit des Untersuchenden oder ein anderes Laster hinausgelaufen.
(In: W. Behringer, Hexen und Hexenprozesse)

Du bist dran

Arbeite nach M1

- Beschreibe die beiden Holzschnitte und die Darstellung der „Hexenproben" in Hinblick auf den Umgang mit der als Hexe beschuldigten Person.
- Vergleiche das „Schwemmen der Hexe" in der schriftlichen und in der bildlichen Darstellung.
- Bewerte Maria Theresias Aussagen zu Hexenprozessen.

Feuertod: Drei Frauen wurden im Oktober 1555 in der Grafschaft Reynstein in Deutschland bei lebendigem Leib verbrannt, weil sie angeblich Hexen waren. (Flugblatt, kolorierter Holzschnitt, 1555)

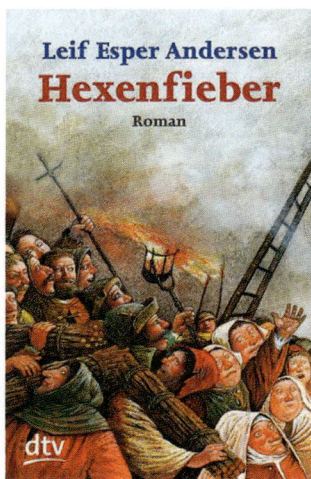

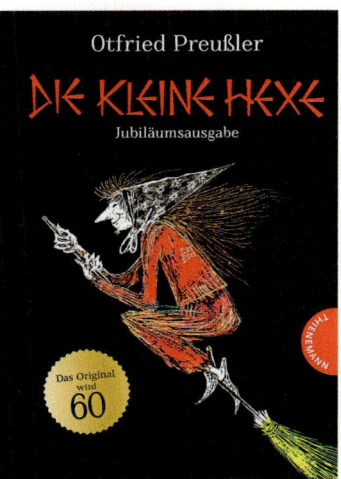

Hexenfieber, Roman

In einer dänischen Kleinstadt treibt der Hexenwahn die Bewohnerinnen und Bewohner in eine grausame Hysterie. Als auch Esbens Mutter als Hexe verbrannt wird, flüchtet der Junge und findet Unterschlupf bei einem Einsiedler. Dieser Alte öffnet ihm die Augen für die Ursachen der Schrecknisse, die sich um sie herum ereignen. Doch dann ergreifen die Schergen auch den alten Mann, und Esben muss erneut fliehen …

Harry Potter und der Stein der Weisen, Roman

In der Nacht vom 1. auf den 2. November legen ein alter Mann, eine Katze und der Halbriese Hagrid vor dem Haus der Familie Dursley ein Baby in einem Leinentuchbündel vor die Tür – den verwaisten Harry Potter. An seinem elften Geburtstag überbringt Hagrid Harry ein Aufnahmeschreiben von einem Internat für Hexerei und Zauberei, das ihn als Schüler erwartet …

Die kleine Hexe, Kinderbuch

Die kleine Hexe wünscht sich nichts sehnlicher, als mit den großen Hexen auf dem Blocksberg herumfliegen zu dürfen. Also versucht sie sich unerlaubt in der Walpurgisnacht den anderen anzuschließen – und wird erwischt. Zur Strafe wird ihr Besen verbrannt und sie muss ein ganzes Jahr beweisen, dass sie eine gute Hexe ist.

Die Seelen im Feuer, Film

Im Jahre 1630 erreicht die Hexenverfolgung in Bamberg einen Höhepunkt. Niemand ist sicher vor Anschuldigungen der Ketzerei, denn der Fürstbischof von Dornheim bereichert sich an den unschuldig verurteilten Bürgern. (Film, Deutschland, 2014)

Hexenverfolgung

Sie werden zu Opfern von Wahn, Sexismus und Habgier: Während der Hexenverfolgungen kommen in Europa etwa 60 000 Frauen ums Leben. https://www.zdf.de/dokumentation/momente-der-geschichte/hexenverfolgung-102.html

Du bist dran   *Arbeite nach M5*

- Sieh dir den Film „Hexenverfolgung" an (siehe Link).
- Ermittle die Gattung der Darstellung.
- Fasse die Aussagen des Films in einem Kurzbericht zusammen.
- Vergleiche diese Aussagen mit den Quellen und Darstellungen auf den Seiten 14 bis 16.
- Erörtere die Vor- und Nachteile von Geschichtsdarstellungen in Romanen, Filmen und TV-Dokumentationen.

Du bist dran   *Arbeite nach M1+M2+M5*

- Arbeite die Merkmale der hier angeführten fünf Geschichtsdarstellungen heraus. Die Methoden M1, M2 und M5 ab S. 154 helfen dir dabei.
- Vergleiche die fünf Darstellungen. Stelle Gemeinsamkeiten und Unterschiede fest.
- Vergleiche die Darstellungen auf dieser Seite mit den schriftlichen und bildlichen Quellen auf den Seiten 14 bis 16. Stelle Gemeinsamkeiten und Unterschiede fest.
- Wähle eine Darstellung aus und beschreibe sie genau.
- Erörtere, weshalb das Thema Zauberei auch heute noch viele Menschen interessiert.

Ludwig XIV. – Der Staat bin ich!

Herrscherbild Ludwigs XIV.: Der König blickt, auf das Lilien-zepter gestützt, herablassend auf die Betrachterin oder den Betrachter herab. Er trägt einen mit Pelz gefütterten Krönungsmantel, der mit der Lilie der Bourbonen bestickt ist. Die Lilie schmückt auch den Thronsessel und den Hocker, auf dem die Krone liegt. An seiner Hüfte befindet sich das Schwert Karls des Großen. Auf der Brust trägt er den Orden des Heiligen Geistes, der nur hundert auserwählte Mitglieder hatte. Das Gemälde wurde in der Werkstatt des königlichen Hofmalers Hyacinthe Rigaud angefertigt. Es zeigt Ludwig XIV. im Jahr 1701 im Alter von 63 Jahren in Lebensgröße. Das Bild ist 2,77 Meter hoch und 1,94 Meter breit. (Louvre, Paris)

Nur der König bestimmt!

Minderjähriger König   Ludwig XIV. aus dem Haus Bourbon* war noch nicht einmal fünf Jahre alt, als sein Vater starb. Für den Minderjährigen regierten seine Mutter Anna von Österreich* und der Premierminister* Kardinal Mazarin*.
Alleinregierung   Nach dessen Tod ernannte der König jedoch keinen neuen Premierminister, sondern übernahm im Alter von 22 Jahren selbst die Regierung. Für jeden, der wissen wollte, an wen er sich nun zu wenden habe, hatte er dieselbe Antwort: „Von jetzt an nur an mich." Ludwig XIV. wollte allein regieren und die Macht mit niemandem teilen.

Beamte und Gerichte

Abhängige Beamte   Zur Verwaltung des Staates setzte Ludwig XIV. nicht nur Adelige, sondern oft auch fähige und treu ergebene Bürger als Beamte ein. Die Minister und hohen Beamten in den Provinzen erhielten ihre Anweisungen direkt vom König und waren nur ihm gegenüber verantwortlich. Sie hatten dafür zu sorgen, dass die Gesetze des Königs ausgeführt und die Steuern pünktlich gezahlt wurden.
Abhängige Richter   Die Richter unterstanden dem König und waren damit nicht unabhängig. Er konnte Gerichtsurteile aufheben oder abändern. Die Strafen waren hart und grausam. Die Menschen fürchteten auch die geheimen königlichen Haftbefehle, die jeden und jede treffen konnten.

> **Du bist dran**   **Arbeite nach M2**
>
> - Beschreibe und analysiere die beiden Darstellungen Ludwigs XIV. Stelle Gemeinsamkeiten und Unterschiede fest.
> - Arbeite mit Hilfe der Methode M2 auf S. 154 ff. aus dem Herrscherbild Ludwigs XIV. allgemeine Merkmale von Herrscherporträts heraus.
> - Erläutere, zu welchem Zweck die beiden Darstellungen angefertigt wurden.
> - Stelle dar, welche Wirkung die beiden Künstler damit erreichen wollten.

REX.   LUDOVICUS.   LUDOVICUS REX.

Karikatur auf den Sonnenkönig und seine Darstellung auf dem Herrscherbild (Zeichnung von William Makepeace Thackeroy, 1840)

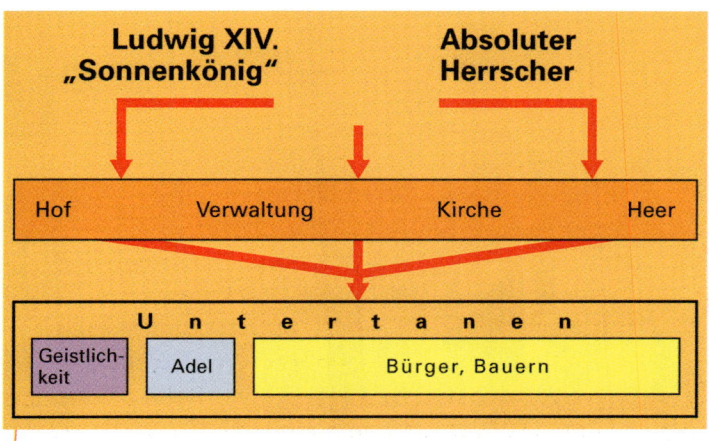

Ludwig XIV. „Sonnenkönig"		Absoluter Herrscher

Hof　　Verwaltung　　　Kirche　　　Heer

U n t e r t a n e n

| Geistlich-keit | Adel | Bürger, Bauern |

So regierte Ludwig XIV.

Das Heer als Stütze der Herrschaft

Stehendes Heer　Bis Ludwig XIV. war es üblich gewesen, nur im Kriegsfall eine Armee aufzustellen. Ludwig XIV. unterhielt jedoch schon in Friedenszeiten ein ständig einsatzbereites Heer. Die Soldaten erhielten einheitliche Uniformen und waren in Kasernen untergebracht. Mit diesem Heer wollte Ludwig XIV. die Vorherrschaft in Europa erkämpfen. Er setzte es aber auch bei Aufständen gegen seine Herrschaft ein.

Ein König – ein Glaube

Staatsreligion　Ludwig XIV. war der Ansicht, dass er seine Würde und seine Macht von Gott erhalten habe („König von Gottes Gnaden"). Ludwig achtete streng darauf, dass alle wichtigen kirchlichen Ämter mit Männern seines Vertrauens besetzt wurden. Er bestimmte die katholische Lehre zur Staatsreligion und verbot den Protestanten die Ausübung ihres Glaubens. Da viele Protestanten sich weigerten, zum katholischen Glauben überzutreten, wurden sie verfolgt und verließen Frankreich.

Ludwig XIV. schrieb in seinen Memoiren über seine Art zu regieren (um 1670)

Q　Es gibt aber in allen Angelegenheiten bestimmte Einzel-heiten, um die wir uns nicht kümmern können. Ich fasste daher den Vorsatz, nach Auswahl meiner Minister mit jedem von ihnen dann und wann einmal ins Einzelne zu gehen, und zwar dann, wenn er es am wenigsten erwartete.
Ich bin über alles unterrichtet, höre auch meine geringsten Unter-tanen an, weiß jederzeit über Stärke und Ausbildungsstand meiner Truppen Bescheid, verhandle unmittelbar mit den fremden Gesandten, empfange und lese die Depeschen (= Eilnachrichten) und entwerfe selber die Antworten, während ich für die übrigen Minister das Wesentliche angebe. Ich regle die Einnahmen und Ausgaben des Staates und lasse mir von denen, die ich mit den wichtigen Ämtern betraue, persönlich Rechenschaft geben; ich halte meine Angelegenheiten so geheim, wie das kein anderer vor mir getan hat, verteile Gnadenbeweise nach meiner Wahl.
(In: W. Lautemann u.a., Geschichte in Quellen, Bd. 3)

Du bist dran　　Arbeite nach M1+M2+M6

- Beschreibe mit Hilfe des Schaubildes, der Memoiren Ludwigs und des Autoren-textes, wie Ludwig XIV. allein regieren will.
- Bewerte diese Art zu regieren. Begründe deine Meinung.

Regimentsfahne mit Sonnenemblem (um 1650, Farbtafel von Delaitre aus Gardes Françaises et Suisses et autres regiments)

Du bist dran　　Arbeite nach M1

- Arbeite aus den beiden Textquellen das Selbst-verständnis Ludwig XIV. heraus und beurteile es kritisch.

Ludwig XIV. – Der Sonnenkönig (um 1670)

Q　Als Sinnbild wählte ich die Sonne, die nach den Regeln der Wappenkunst das vornehmste Zeichen ist. Sie ist ohne Zweifel das lebendigste und schönste Sinnbild eines großen Fürsten, sowohl des-halb, weil sie einzig in ihrer Art ist, als auch (…) durch das Licht, das sie anderen Gestirnen spendet, die gleich-sam ihren Hofstaat bilden, durch die gerechte Verteilung des Lichtes, durch die Wohl-taten, die sie überall spendet.
(In: L. Steinfeld (Hg.): Ludwig XIV. Memoiren)

Höfischer Prunk und Glanz in Versailles

Schloss Versailles: In einem trockengelegten Sumpfgebiet ließ der französische König von 1661 bis 1689 eine gewaltige Schloss- und Gartenanlage erbauen. Zu ihrem Bau waren bis zu 36 000 Arbeiter und 6 000 Pferde eingesetzt. Die Gartenseite des Schlosses hat 375 Fenster und ist 580 Meter lang. Insgesamt gibt es über 2 000 Räume. Der Hofstaat bestand aus etwa 20 000 Menschen, die ständig in Versailles wohnten. Dazu gehörte der französische Hochadel, aber auch eine Unzahl von Bediensteten, wie zB eine Leibwache von etwa 10 000 Mann, 338 Köche, 125 Sänger, 74 Priester, 68 Quartiermeister, 48 Ärzte, 40 Kammerherren, 12 Mantelträger und 8 Rasierer. Im riesigen, planmäßig angelegten Park gab es 1400 Springbrunnen, viele Seen, Kanäle, Teiche und Wasserfälle. Das Wasser zu ihrer Versorgung musste von weit her nach Versailles geleitet werden. (Gemälde Öl auf Leinwand von Pierre Patel (1605–1676), 1668)

Der König im Mittelpunkt des Hofes

Etikette   Das Leben am königlichen Hof war genau geregelt. Die Hofsitte (= Etikette) schrieb das Benehmen, die Sprache und die Kleidung genau vor. Der König selbst war das modische Vorbild für die Adeligen am Hof. Wie er wollten sie prächtig gekleidet sein, trugen Perücken, schminkten sich und verwendeten Parfums.

Zeremoniell   Ebenso war der Tagesablauf durch ein strenges Zeremoniell* festgelegt. In dessen Mittelpunkt stand der König. Sogar sein morgendliches Ankleiden war streng geregelt. Danach besuchte Ludwig XIV. die Messe. Anschließend widmete er sich den Regierungsgeschäften. Die Nachmittage waren ausgefüllt mit Jagden und Spielen, bei denen es oft um sehr viel Geld ging. Abends gab es Opern- und Theateraufführungen. Viele Komponisten, Musiker und Schauspieler lebten am Hof und sorgten für ein abwechslungsreiches Programm. Immer wieder wurden große Feste gefeiert, oft für Tausende von Gästen.

Leben im Schloss   Die Adeligen am Hof umdrängten und umschmeichelten den König und trugen so zu dessen Prunkentfaltung bei. Für viele von ihnen war das Leben in Versailles jedoch nicht angenehm: Sie wohnten mit ihren Familien und Angestellten beengt in nur wenigen Zimmern im Schloss. Und da eine Kanalisation fehlte, führte die Benutzung von Nachttöpfen zu einer erheblichen Geruchsbelästigung.

Der Spiegelsaal im Schloss Versailles: Der Raum ist 73 Meter lang und mit 17 kostbaren Spiegeln gegenüber den Fenstern ausgestattet. (Foto 2005)

Die Mitglieder der Familie Ludwigs XIV. als Gottheiten (Gemälde Öl auf Leinwand von Jean Nocret (1615–1672), 1670, 305 × 420 cm, Versailles, Château de Trianon)

Der Hof in Versailles – ein Vorbild für Europa   Viele europäischen Herrscherinnen und Herrscher ahmten das prunkvolle Hofleben von Versailles nach; französische Sprache, Kleidung und Sitten kamen in ganz Europa in Mode. Dieser Luxus kostete sehr viel Geld. Gleichzeitig lebten jedoch Millionen Menschen in Frankreich und in anderen Ländern in bitterster Armut.

Das Austernfrühstück: Schon das Frühstück wurde zu einem Fest, bei dem besondere Kostbarkeiten wie Champagner und Austern auf den Tisch kamen. (Ölgemälde auf Leinwand von Jean-François de Troy (1679–1752), 1735, 180 × 126 cm, Chantilly, Musée Condé)

Ein Gartenfest in Versailles

D Im Mai 1664 gab Ludwig XIV. zu Ehren der Königin für 600 geladene Gäste ein Fest im Park von Versailles. Am ersten Tag fand ein Ritteraufzug statt. Der König führte dabei das Gefolge der Ritter an, die von Prinzen, Herzögen und Grafen dargestellt wurden. Sein Pferd war mit Seide, Gold und Juwelen geschmückt, sein Harnisch (= Ritterrüstung) aus Goldgewebe mit Diamanten behangen. Unter den Klängen eines Orchesters kam dann die Gruppe der vier Jahreszeiten, auf einem Hengst, einem Elefanten, einem Kamel und einem Bären reitend. Gärtner, Winzer und Greise, die Silberschalen mit Früchten trugen, folgten ihnen. Ein Festmahl, das von unzähligen Kerzen auf Silberleuchtern erhellt wurde, beschloss den ersten Tag.
Am zweiten Tag wurde eine vom König bestellte und von dem berühmten Komödiendichter Molière* verfasste Komödie aufgeführt. Der Schauplatz des dritten Tages war ein See. Ritter kämpften gegen Geister und Riesen um den Besitz einer Insel. Ein vielfarbiges Feuerwerk beendete das Fest. (In: P. Burke, Die Inszenierung des Sonnenkönigs)

Arbeite nach M1+M2

Du bist dran

- Beschreibe mit Hilfe der Darstellungen (Textquelle, Bilder, Autorentext) auf dieser Doppelseite das Leben am Hof in Versailles.
- Erläutere, was Ludwig XIV. mit seinem prunkvollen Hofleben zeigen und erreichen wollte. Begründe deine Meinung.
- Bewerte die prunkvolle Hofhaltung Ludwig XIV. in Hinblick auf die Folgen für die Bevölkerung.

Frühkapitalismus und die Lehre Colberts

Jakob Fugger und sein Buchhalter
Der Kaufmann aus Augsburg war um 1500 der reichste Mann Europas. Mit seiner finanziellen Unterstützung für das Haus Habsburg beeinflusste er als Bankier die europäische Politik. Dafür bekam er die Rechte zum Abbau von Silber in Tirol und von Kupfer im heutigen Tschechien und der Slowakei. (Zeichnung aus dem Kostümwerk des M. Schwarz, 1518, Braunschweig, Herzog-Anton-Ulrich-Museum)

Aufschwung der Städte   Am Ende des Mittelalters kam es zu einem tiefgreifenden wirtschaftlichen Wandel. Während auf dem Land viele Kleinbauernfamilien und kleine adelige Grundherren zunehmend verarmten, erlebten die Städte und in ihnen das Handwerk einen starken Aufschwung.

Geldwirtschaft   Die Anfänge des modernen Bank- und Kreditwesens entstanden. Die Eroberungen begünstigten den Fernhandel. Handelshäuser, wie das der Fugger, errichteten Filialen überall in der damals bekannten Welt und kamen zu großem Reichtum. Nicht mehr der Besitz von Grund und Boden, sondern verfügbares Geld bildete ab nun die Basis für Einfluss und Macht.

Hohe Staatsausgaben   Die vielen Kriege, die die Herrscher führten, die prachtvollen Schlösser, die sie errichten ließen, und die prunkvolle Hofhaltung verschlangen sehr viel Geld. Diese hohen Staatsausgaben mussten durch Steuern und Zölle aufgebracht werden.

Der König braucht Geld!   Als Ludwig XIV. die Regierung übernahm, war Frankreich schwer verschuldet. Seine Pracht- und Machtentfaltung vergrößerte den königlichen Geldbedarf noch mehr. Er machte Jean-Baptiste Colbert* zu seinem Finanzminister. Dieser entwickelte ein neues Wirtschaftssystem, das später „Merkantilismus" (lat. mercator = Kaufmann) genannt wurde.

Arbeite nach M2

Du bist dran

- Beschreibe das Bild der Manufaktur.
- Arbeite aus der Bildunterschrift die einzelnen Arbeitsschritte bei der Herstellung von Spielkarten heraus und ordne sie in der Abbildung zu.
- Erkläre, warum durch Arbeitsteilung die Waren schneller und billiger hergestellt werden konnten.

Eine neue Produktionsform: die Manufaktur° (lat. „manu facere" = mit der Hand machen): Hier auf dem Bild siehst du eine Spielkartenmanufaktur in Paris um 1680. Dargestellt sind sieben verschiedene Arbeitsgänge: Zeichnen, Einfärben der Druckstöcke, Drucken, Trocknen, Schneiden, Glätten, Sortieren. Es handelt sich hier um eine „arbeitsteilige Produktion": Für jeden Arbeitsgang sind andere Arbeitskräfte zuständig, die jeweils immer gleiche Tätigkeiten verrichten. (Französisches Gemälde, anonym, um 1680, Paris, Musée Carnavalet)

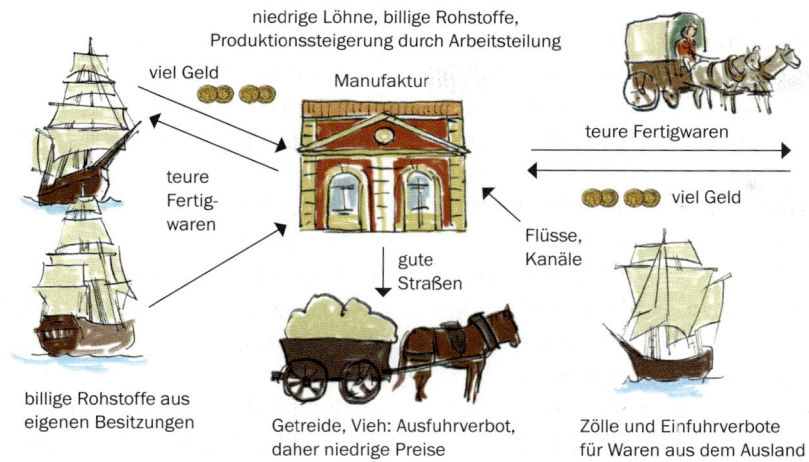

niedrige Löhne, billige Rohstoffe, Produktionssteigerung durch Arbeitsteilung

viel Geld

Manufaktur

teure Fertigwaren

viel Geld

teure Fertig- waren

Flüsse, Kanäle

gute Straßen

billige Rohstoffe aus eigenen Besitzungen

Getreide, Vieh: Ausfuhrverbot, daher niedrige Preise

Zölle und Einfuhrverbote für Waren aus dem Ausland

Das Prinzip des Merkantilismus

Aktive Handelsbilanz Colbert wollte durch einen geregelten Handel und Steuererhöhungen möglichst viel Geld im eigenen Land anhäufen. Um dieses Ziel zu erreichen strebte er an, dass das Land mehr Waren ausführen als einführen musste. Hohe Zölle verhinderten die Einfuhr teurer Fertigwaren. Um die Rohstoffe noch billiger zu bekommen, wollte Colbert Kolonien* in Amerika, Afrika und Asien gründen.

Der Staat lenkt die Wirtschaft Er förderte neue Manufakturen mit Steuernachlässen. Durch den Bau von guten Straßen und Kanälen verringerte er die Transportkosten der Unternehmer. Um die Arbeitslöhne niedrig zu halten, hielt der Staat die Preise für Grundnahrungsmittel (Brot, Milch, Fleisch) bewusst niedrig. Denn nur so konnten die schlecht bezahlten Arbeiterinnen und Arbeiter überleben. Niedrige Preise bedeuteten aber auch schlechte Einkünfte für Bäuerinnen und Bauern.

Vauban (1633–1707), der Festungsbaumeister Ludwigs XIV., über die Situation der französischen Bevölkerung (1698)

Q Durch langjährige Studien bin ich zu der Wahrnehmung gelangt, dass in der letzten Zeit fast ein Zehntel der Bevölkerung an den Bettelstab gelangt ist und sich tatsächlich durch Betteln erhält; dass von den übrigen neun Zehnteln fünf nicht in der Lage sind, das erste Zehntel durch Almosen zu unterstützen, weil sie selber diesem Elendszustand um Haaresbreite nahe sind. Von den verbleibenden vier Zehnteln sind drei außerordentlich schlecht gestellt und von Schulden und Prozessen bedrängt. (In: W. Lautemann u. a., Geschichte in Quellen, gekürzt)

Colbert schrieb im Jahr 1664 an Ludwig XIV.:

Q Ich glaube, man wird sich darin einig sein, dass es allein der Reichtum an Geld ist, der die Unterschiede an Macht zwischen den Staaten begründet. Es ist sicher, dass jährlich aus Frankreich einheimische Erzeugnisse (Wein, Branntwein, Weinessig, Eisen, Obst, Papier, Stoffe, Eisenwaren, Seide) von sehr großem Wert für den Verbrauch im Ausland hinausgehen. Das sind die Goldminen unseres Königreiches, um deren Erhaltung wir uns sorgfältig bemühen müssen. Je mehr wir die Handelsgewinne, die die Holländer uns mit ihren Schiffen abnehmen, je mehr wir auch den Verbrauch der von den Holländern eingeführten Waren verringern können, desto mehr vergrößern wir die Menge des hereinströmenden Bargeldes und desto mehr vermehren wir die Macht, die Größe und den Reichtum des Staates. Die Kaufleute sollten in allen Angelegenheiten ihres Handels unterstützt werden. Ebenso die Manufakturen. Im Innern müssen Landstraßen ausgebessert und die Flüsse schiffbar gemacht werden. (In: W. Lautemann u. a., Geschichte in Quellen)

Arbeite nach M1+M6

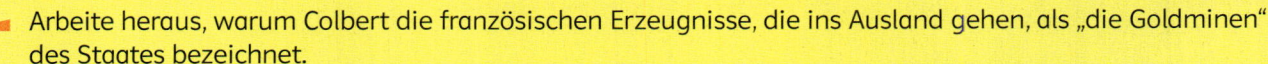

Du bist dran

- Arbeite heraus, warum Colbert die französischen Erzeugnisse, die ins Ausland gehen, als „die Goldminen" des Staates bezeichnet.
- Fasse zusammen, welche Maßnahmen Colbert zur Förderung des Handels vorschlägt. Werte dazu die Grafik, den Quellentext „Colbert schrieb an Ludwig XIV." und den Autorentext aus.
- Erläutere die Auswirkungen dieser Wirtschaftspolitik auf das Leben der Arbeiter- und Bauernfamilien.
- Stelle dar, wie Vauban die Situation der französischen Bevölkerung bewertet.

Absolutismus und Barock in Österreich

Kaiser Karl VI. ist der Hauptvertreter des österreichischen Absolutismus. (Gemälde von Johann Gottfried Auerbach (1697–1753), 1735, Wien, Kunsthistorisches Museum)

Du bist dran

Arbeite nach M2

- Beschreibe und analysiere die beiden Bilder auf dieser Seite.
- Formuliere mit Hilfe des Autorentextes mindestens drei Fragen an jedes Bild.
- Vergleiche das Porträt Karls VI. mit jenem Ludwigs XIV. auf S. 18. Stelle Gemeinsamkeiten und Unterschiede fest.

Der habsburgische Vielvölkerstaat

Größte Ausdehnung   Unter Kaiser Karl VI. (1711–1740) erreichte das Reich der Habsburger die größte Ausdehnung in seiner Geschichte. In den vielen Ländern, die zu diesem Reich gehörten, lebten zahlreiche Völker mit unterschiedlicher Geschichte, Kultur, Religion und Sprache. Da gab es Deutsche (Österreicher, Schwaben, Schlesier), Tschechen, Slowaken, Kroaten, Serben, Slowenen, Ungarn, Rumänen, Italiener, Wallonen* und Flamen*. Sie wollten auf ihre besonderen Rechte nicht verzichten.

Weibliche Erbfolge   Das Herrscherhaus war das einzige Band, das dieses uneinheitliche Reich zusammenhielt. Um dies auch für die Zukunft zu sichern, erließ Karl VI. die „Pragmatische Sanktion": Das Reich durfte nicht geteilt werden; ab nun war auch weibliche Erbfolge möglich.

Der österreichische Absolutismus

Vorbild Ludwig XIV.   So wie der französische König wollte auch Karl VI. in seinem Vielvölkerstaat absolut regieren. Er versuchte, durch die Schaffung von Zentralbehörden in Wien die Verwaltung des Reiches zu vereinheitlichen. In den Alpenländern und in Böhmen ist ihm das auch gelungen. In Ungarn und im heutigen Belgien stieß er aber auf Widerstand. Dort beharrte der Adel auf seinen alten Rechten.

Merkantilismus   Um den ständig steigenden Geldbedarf des Staates zu befriedigen, führte Kaiser Karl VI. auch im Habsburgerreich den in Frankreich so erfolgreichen Merkantilismus ein. Auch hier war das wichtigste Ziel eine aktive Handelsbilanz. Um dies zu erreichen, förderte Karl VI. die Errichtung von Manufakturen, den Handel und den Verkehr. So wurden Spiegel-, Papier-, Porzellan-, Teppich- und Seidenmanufakturen steuerlich begünstigt. In Böhmen entstand eine blühende Glasindustrie, in Hainburg (NÖ) wurde eine Tabak- und in Linz eine Textilmanufaktur errichtet. Um die Waren rascher und billiger befördern zu können, wurden einfache Wege (wie zB der Semmering) zu Fahrstraßen ausgebaut. Die Hafenstädte Triest und Fiume (= Rijeka) bekamen Zollfreiheit (dh sie mussten für Waren, die im Hafen umgeladen wurden, keine Zölle zahlen). In der Landwirtschaft wurde der Anbau von Kartoffeln und Mais gefördert.

Der Kaiserhof   Mittelpunkt des Vielvölkerstaates war der Kaiserhof in Wien. Hier ging es zwar nicht ganz so glanzvoll zu wie in Versailles, aber der Kaiser liebte es dennoch, große Feste zu feiern.

Der Adel   Er ahmte die Lebensweise des Kaisers nach. Opernaufführungen waren sehr beliebt. Die Jagd war ein Vorrecht des Adels.

Das Volk   Der größte Teil der Bevölkerung war jedoch sehr arm. Wander- und Jahrmarktstheater boten beliebte Vergnügungen – so etwa die Späße des Hanswurst. Der nahm die jeweiligen Zu- und Missstände aus dem Stegreif (= ohne Textvorlage) aufs Korn.

Der Barock – ein neuer Baustil

Barock   Am Ende des 17. Jh. setzte in Österreich und anderen katholischen Ländern eine rege Bautätigkeit ein. Ein neuer Baustil, der in Italien entstandene Barock, setzte sich durch. So wie in der Renaissance

Hanswurst: Das Volk erfreute sich an den Späßen des Hanswursts. (Kupferstich, um 1740, von Christian Friedrich Fritzsch (1695–1769), spätere Kolorierung)

Schloss Schönbrunn: Mit der Planung der Anlage war Johann Bernhard Fischer von Erlach betraut. Schloss Schönbrunn war der Sommerpalast der kaiserlichen Familie. Informiere dich unter www.schoenbrunn.at. (Gemälde, 1758/61, von Bernardo Bellotto (1722–1780), Öl auf Leinwand, 134 × 238 cm, Kunsthistorisches Museum, Wien)

Stiftskirche Melk: erbaut 1701–1736 nach den Plänen von Jakob Prandtauer (1660–1726). Nähere Informationen findest du unter www.stiftmelk.at. (Foto 2006)

verwendeten die Baumeister des Barock antike Stilelemente (Säulen, Rundbogen, Kuppeln). Die Gebäude aus der Barockzeit sind prachtvoll ausgestattet. Mit Stukkatur* und Malerei steigerten die Baumeister die Wirkung der Architektur.

Wien   Kaiser Karl VI. umgab sich mit Ratgebern, die aus allen Teilen seines Reiches kamen. Diese reichen Adeligen (zB Schwarzenberg, Liechtenstein, Prinz Eugen) ließen sich in und um Wien prachtvolle Palais* im neuen Baustil errichten. Aber auch der Kaiser selbst und die katholische Kirche gaben Aufträge zum Bau prunkvoller Schlösser und Kirchen, um ihre mächtige Stellung zum Ausdruck bringen.

Auch in kleineren Städten und Märkten setzte sich der neue Baustil durch. Zahlreiche katholische Kirchen wurden mit barocken Altären, Statuen und Gemälden neu ausgestattet. Die barocke Pracht der Kirchen sollte die Gläubigen beeindrucken.

Du bist dran   `Arbeite nach M2`

- Arbeite aus den beiden Abbildungen besondere Merkmale des Barock heraus.
- Erläutere, aus welchen Gründen die katholische Kirche und die Adeligen diese prunkvollen Gebäude errichten ließen.
- Begründe, weshalb es in Österreich keine protestantischen Barockkirchen gibt.
- Finde heraus, welche barocken Bauwerke es in deiner näheren Umgebung gibt. Berichte darüber in der Klasse.

Dorothy Gies McGuigan über Kaiser Karl VI. (1977)

D   Das Leben Karls in der Hofburg war ein wahres Vorbild an Regelmäßigkeit und Ordnung. Er stand jeden Morgen zur selben Stunde auf, saß im Kronrat, hielt Audienzen* ab, speiste zu Mittag öffentlich mit seiner Gattin und beobachtete peinlich alle Regeln der Hofetikette*. In der Öffentlichkeit war der Kaiser von statuenhafter Majestät. Trotzdem hatte er einen drolligen Humor und sprach mit Begeisterung breitesten Wiener Dialekt, vielleicht als Gegengewicht zu dem formellen Spanisch des Hofes.
(In: D. McGuigan, Familie Habsburg)

Du bist dran   `Arbeite nach M1+M2`

- Arbeite aus der Textquelle heraus, wie die Autorin McGuigan Karl VI. darstellt. Finde heraus, woher sie über Karl VI. Bescheid wusste.
- Vergleiche den Text mit dem Porträt auf S. 24. Stelle Gemeinsamkeiten und Unterschiede fest.

Du bist dran   `Arbeite nach A2`

- Diskutiert in der Klasse, ob euch das Leben an einem Kaiserhof gefallen würde. Nehmt dabei verschiedene Rollen ein: zB Kaiser, Kaiserin, Minister, Kammerzofe, Diener, Köchin, Wäscherin, Stallbursche, Kutscher.

Aufbruch in eine neue Zeit

Humanismus und Renaissance

- Seit dem 15. Jh. stellten die so genannten Humanisten nach antikem Vorbild den Menschen in den Mittelpunkt ihrer Betrachtungen.
- Auch Maler, Bildhauer und Architekten nahmen die Werke der Antike zum Vorbild. Die „Wiedergeburt der Antike" in der Kunst (= Renaissance) hatte in Italien ihren Ursprung.
- Neu an dieser Kunstrichtung war die Kuppel im Kirchenbau, die Zentralperspektive in der Malerei und die Darstellung des (nackten) Menschen in der Bildhauerei.

Reformation und Gegenreformation

- Gegen Ende des Mittelalters nahmen die Missstände in der Kirche zu: das verschwenderische Leben von Papst und Bischöfen, der Kauf kirchlicher Ämter durch Laien, der Ablasshandel, die schlechte Ausbildung der Pfarrer u.a.m.
- Im Jahr 1517 veröffentlichte Martin Luther seine 95 Thesen. Unter anderem forderte er das Verbot des Ablasshandels. Der neuerfundene Buchdruck beschleunigte die Verbreitung seiner Schrift.
- Da Luther seine Thesen nicht widerrief, wurde er mit dem Kirchenbann belegt. Kaiser Karl V. verhängte auf dem Wormser Reichstag die Reichsacht über den Reformator. Seine Lehre wurde verboten.
- Luther wurde von seinem Landesfürsten auf die Wartburg in Sicherheit gebracht. Dort übersetzte er die Bibel ins Deutsche.
- Auf dem Reformkonzil von Trient (1545–1563) verbot die katholische Kirche den Ämterkauf und den Ablasshandel.
- In den österreichischen Ländern wurde die Gegenreformation mit Hilfe des Jesuitenordens durchgeführt. Die Menschen mussten wieder katholisch werden oder auswandern.

Magie und Hexerei

- Sowohl in katholischen als auch in protestantischen Ländern kam es zwischen 1450 und 1750 zu Hexenprozessen, bei denen bis zu 50 000 Menschen zum Tode verurteilt wurden.
- Da die Kirche in den magischen Kräften von Hexen und Zauberern eine Konkurrenz sah, ordneten die Päpste deren Verfolgung an.
- In der Bevölkerung war es weit verbreitet, unerklärliche Vorkommnisse (zB Kindstod, Missernte, Verendung von Vieh) dem (Schad-)Zauber von Hexen und Hexern zuzuschreiben.
- Das Buch „Hexenhammer" enthielt genaue Anleitungen für Verhör und Folter.
- Im Zeitalter der Aufklärung erkannten auch die Herrschenden das Unrecht und verboten sowohl die Hexenprozesse als auch die Folter (Maria Theresia in Österreich).

Absolutismus und Barock

- Ludwig XIV. übernahm 1661 die Macht in Frankreich. Er ernannte keinen Premierminister und herrschte absolutistisch.
- Er beherrschte seine Untertanen durch seine Beamten, die Gerichte, das Heer und die (Staats-)Kirche.
- Die Prachtentfaltung des Königs im Schloss Versailles war enorm. Der König stand im Mittelpunkt des Hoflebens, das die anderen europäischen Fürsten nachzuahmen versuchten.
- Jean-Baptiste Colbert entwickelte den Merkantilismus, ein staatlich gelenktes Wirtschaftssystem: Durch eine aktive Handelsbilanz sollte möglichst viel Geld (= Macht) im eigenen Land angehäuft werden.
- In Österreich regierte Karl VI. (1711–1740) zentralistisch und absolutistisch. Die Wirtschaft förderte er im Sinne des Merkantilismus. Unter ihm erlebte der österreichische Barock seinen Höhepunkt.

Wir trainieren Kompetenzen

1. Arbeitsauftrag: Versetze dich in die Zeit um 1550. Der Architekt Michelangelo Buonarroti hat die Kuppel des Petersdoms entworfen (S. 9). Sein Auftraggeber ist der Papst in Rom. Verfasse einen Brief an Michelangelo, in dem die Erwartungen des Papstes klar werden. Was will er mit dem Bau erreichen?

2. Arbeitsauftrag: Vergleiche, was Johann Tetzel und Martin Luther über den Ablasshandel sagen.

Arbeite nach M1

Der Ablassprediger Johann Tetzel (1460–1519) spricht 1517 vor vielen Menschen bei Magdeburg

Q Du Adliger, du Kaufmann, du Frau, du Jungfrau, du Braut, du Jüngling, du Greis! (...) Wisse, dass ein jeder, der gebeichtet, bereut und Geld in den Schrein getan hat, so viel ihm der Beichtvater geraten hat, eine volle Vergebung aller seiner Sünden haben wird. Habt ihr nicht die Stimmen eurer Verstorbenen gehört, die rufen: Erbarmt euch, denn wir leiden unter harten Strafen und Foltern, von denen ihr uns durch eine geringe Gabe loskaufen könnt.
(In: Helmar Junghans (Hg.), Die Reformation in Augenzeugenberichten)

Aus Luthers 95 Thesen vom Oktober 1517

Q 32. Wer glaubt, durch Ablassbriefe das ewige Heil erlangen zu können, wird auf ewig verdammt werden samt seinen Lehrmeistern.
36. Jeder Christ, der wahrhaft Reue empfindet, hat einen Anspruch auf vollkommenen Erlass der Schuld auch ohne Ablassbrief.
43. Man soll die Christen lehren, dass, wer den Armen gibt und dem Bedürftigen leiht, besser tut, als wer Ablassbriefe kauft.
(In: Helmar Junghans (Hg.), Die Reformation in Augenzeugenberichten)

3. Arbeitsauftrag: In den beiden Abbildungen wird Luther von zwei Künstlern unterschiedlich dargestellt. Beurteile jeweils, ob der Künstler ein Anhänger Luthers oder ein Anhänger des Papstes war. Begründe deine Entscheidung. Arbeite mit Hilfe der Methode M2 auf S. 154 ff. die allgemeinen Merkmale der beiden Darstellungen heraus.

Arbeite nach M2

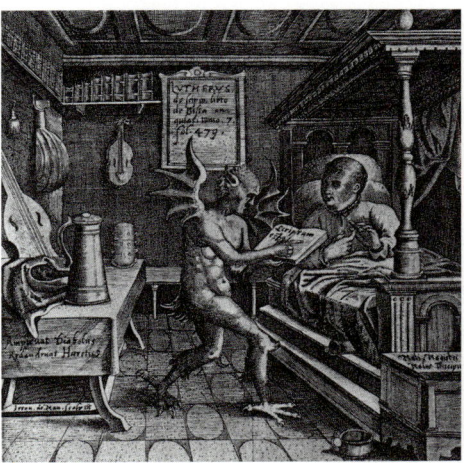
Luther wird vom Teufel unterrichtet (Holzschnitt um 1600)

Luther als Evangelist (kolorierter Holzschnitt, Hans Sebald Beham (1500–1550), 1524)

ab 221 v. Chr.
Kaiserreich China

1455
Die Gutenberg-Bibel
wird gedruckt.

1514
Kopernikus erklärt: Die Erde
dreht sich um die Sonne.

1498
Vasco da Gama erreicht Indien auf dem Seeweg.

1192 – 1867
Herrschaft der
Samurai in Japan

15 000 – 10 000 v. Chr.
Besiedlung Amerikas

1492
Kolumbus erreicht Amerika.

Das Eigene und das Fremde

j862br

„Columbus der erste Erfinder der newen Welt" (Allegorie, Kupferstich von Theodor de Bry (1528–1598) nach Stradanus (1523–1605), aus: H. Benzoni, Historien, In: America pars quarta, Frankfurt a. M. 1594; 4. Buch des de Bry'schen Reisewerkes)

1519
Erste Weltumsegelung
Magellans. Cortez erobert
das Azteken-Reich.

1532
Pizzaro erobert
das Inka-Reich.

18. Jh. bis heute
Verfolgung und Diskriminierung
der Native Americans

1870 – 1914
Zeitalter des
Imperialismus

1884
Kongokonferenz: Aufteilung Afrikas
unter den europäischen Staaten

1911
Sturz des
chinesischen Kaisers

1912
Ausrufung der
Republik China

Seit dem 15. Jh. begannen europäische Seemächte andere, ihnen bisher noch unbekannte Kontinente zu entdecken. Diesen Entdeckungen folgten meist gewaltsame Eroberungen, wirtschaftliche Ausbeutung und totale Unterwerfung der dortigen Bevölkerung. Die Spanier taten dies in Mittel- und Südamerika, Franzosen und Briten in Nordamerika. Im 19. Jh. teilten sich die Europäer Afrika auf und setzten sich gewaltsam auch an den Küsten Chinas fest. Großbritannien stieg dabei mit seiner überlegenen Flotte zur Weltmacht auf.

Auf den folgenden Seiten sollst du erfahren:
- warum und wie Portugiesen und Spanier nach Indien wollten.
- wie die Spanier Mittel- und Südamerika und andere Europäer Nordamerika eroberten und ausbeuteten.
- was Imperialismus bedeutet.
- welche Auswirkungen der Imperialismus hatte und wie die Unterworfenen reagierten.
- wie Großbritannien zur Weltmacht wurde.
- wie sich das chinesische und japanische Kaiserreich entwickelten.

Erfindungen und neues Wissen verändern die Welt

Du bist dran

Arbeite nach M2

- Beschreibe, welche Personen, Tätigkeiten und Gegenstände du auf dieser Darstellung erkennen kannst.
- Interpretiere, weshalb der Zeichner gerade diese Szene darstellte.

Kopernikus schreibt im Jahr 1514:

Q 1. Für alle Himmelskörper und deren Bahnen gibt es nicht nur einen Mittelpunkt.
2. Der Mittelpunkt der Erde ist nicht der Mittelpunkt des Universums, sondern nur der Schwerpunkt aller Dinge auf der Erde und der Mittelpunkt der Mondbahn.
3. Alle Himmelskörper kreisen um die Sonne als ihren Mittelpunkt, und darum ist die Sonne das Zentrum des Universums.
4. Die Erde vollführt eine vollständige Umdrehung in einer täglichen Bewegung um sich selbst.
5. Was uns als Bewegung der Sonne vorkommt, stammt nicht von ihrer Bewegung, sondern von der Bewegung der Erde, mit der wir uns um die Sonne bewegen.
(In: H. Nobis: N. Kopernikus)

Du bist dran

Arbeite nach M1

- Schildere, welche wissenschaftliche Meinung vor Kopernikus vorherrschend war.
- Formuliere eine eigene Frage an Kopernikus, die dich in diesem Zusammenhang interessiert.

Johannes Gutenberg: Der Erfinder des Buchdrucks (mit blauem Mantel) überprüft die erste gedruckte Seite der Bibel. (Illustration aus „Vies des Savants Illustres, Savant du Moyen Age" von Louis Figuier (1819–1894), 1883)

Der Buchdruck – eine Erfindung mit Folgen

Papier statt Pergament Im Mittelalter waren Bücher sehr kostbar. Es gab nämlich nur wenige, auf Pergament* handgeschriebene Einzelstücke. Das war mit ein Grund, dass nur wenige Menschen lesen und schreiben konnten. Ab dem 12. Jh. löste das billigere Papier – eine Erfindung aus China – nach und nach das Pergament als Schreibmaterial ab. Drucker verwendeten nun so genannte Druckstöcke aus Holz, doch diese mussten für jedes Buch neu geschnitzt werden.

Bewegliche Bleibuchstaben Erst eine Idee des Johannes Gutenberg* brachte die Revolution: Er stellte einzelne, aus Blei gegossene Buchstaben (= Lettern) her. Diese konnte er immer wieder beliebig zu neuen Wörtern zusammensetzen und auf Papier abdrucken. 1455 gab Gutenberg in seiner Mainzer Druckerei seine weltberühmte Bibel heraus, von der heute nur noch wenige Ausgaben erhalten sind. Gutenbergs Mitarbeiter verbreiteten den Buchdruck bis 1500 in ganz Europa. Die Folgen: Illustrierte Nachrichten wurden als Flugblätter oder Zeitungen gedruckt. So konnten viel mehr Menschen informiert werden. Mit Hilfe der vielen neuen Bücher konnten sich auch Gelehrte rascher und umfangreicher Wissen aneignen. Das führte zu immer größeren wissenschaftlichen Leistungen.

Die Sonne als Mittelpunkt der Welt

Wer dreht sich um wen? Nikolaus Kopernikus* kam bald nach 1500 mit Hilfe von Beobachtungen und alten Schriften zur Erkenntnis: Die Erde dreht sich mit anderen Planeten* um die Sonne. Noch im Jahre 1633 musste Galileo Galilei* diese Behauptung widerrufen. Doch mit Hilfe seiner genauen Beobachtungen – er hatte bereits ein Fernrohr – konnte er ebenso wie Johannes Kepler* beweisen: Die Erde bewegt sich um die Sonne!

 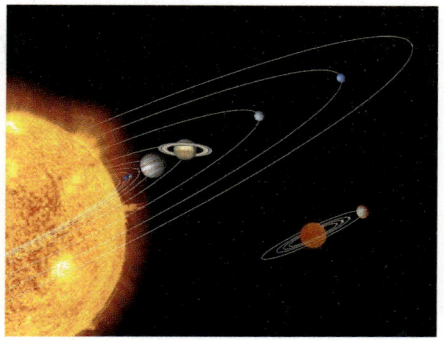

Links:
Weltsystem des Kopernikus: Die Erde kreist mit anderen Planeten um die Sonne. (Kupferstich, Andreas Cellarius (1596–1665), Harmonia Macrocosmica, 1660)

Rechts:
Sonnensystem: Die Erde kreist mit anderen Planeten um die Sonne. (Computerillustration, 2014)

Galilei erklärte vor dem kirchlichen Gericht in Rom 1633

Q Ich, Galileo Galilei, siebzig Jahre alt, schwöre, dass ich immer geglaubt habe, jetzt glaube und mit Gottes Hülfe in Zukunft glauben werde alles, was die heilige katholische und apostolische Römische Kirche für wahr hält, predigt und lehrt. Da ich aber ein Buch geschrieben und in Druck gegeben, in welchem ich die nämliche bereits verdammte Lehre erörtere und mit vieler Bestimmtheit Gründe für dieselbe anführe, und da ich mich dadurch der Ketzerei stark verdächtig gemacht habe, nämlich für wahr gehalten und geglaubt zu haben, dass die Sonne der Mittelpunkt der Welt und unbeweglich und die Erde nicht der Mittelpunkt sei und sich bewege: darum schwöre ich ab, verfluche und verwünsche ich mit aufrichtigem Herzen und ungeheucheltem Glauben besagte Irrtümer und Ketzereien. Und ich schwöre, dass ich in Zukunft niemals mehr etwas sagen oder mündlich oder schriftlich behaupten will, woraus man einen ähnlichen Verdacht gegen mich schöpfen könnte (…)
Rom im Kloster der Minerva am 22. Juni 1633.
(http://www.atheisten-info.at/downloads/galilei2.pdf, gekürzt)

Du bist dran — Arbeite nach A1
- Erstellt in Gruppenarbeit Porträts der auf dieser und der nächsten Doppelseite genannten Erfinder und Entdecker. Verwendet dazu das Internet oder Lexika.
- Gestaltet mit euren Porträts eine Wandzeitung.
- Arbeitet bei euren Porträts auch heraus, welche dieser Erfindungen und Entdeckungen bis heute wichtig sind.

Wichtige Erfindungen

Die „Alchemisten"* Sie suchten seit dem Altertum vergeblich nach dem „Stein der Weisen"*. Mit seiner Hilfe wollten sie in geheimen Labors aus unedlen Metallen Gold herstellen. Sie mischten verschiedenste Wässerchen und Pulver und schufen so die Grundlagen der modernen Chemie.
Neue Waffen Das Schießpulver, eine chinesische Erfindung, kam im 14. Jh. über den arabischen Raum nach Europa. Das führte zur Entwicklung neuer Waffen. Mit großen Kanonen konnten Burg- und Stadtmauern zum Einsturz gebracht werden. Die Ritter in ihren gepanzerten Rüstungen, mit Schild und Schwert, hatten mit dieser Bewaffnung keine Chance gegen die neuen Gewehre und Pistolen. Landsknechte (= Fußsoldaten) mit Feuerwaffen lösten die Ritter in kriegerischen Auseinandersetzungen ab.
Kompass, Fernrohr, neue Schiffe Auch die Schifffahrt entwickelte sich weiter: Mit dem Kompass, der aus China kam, konnten sich die Seefahrer auch ohne Sterne auf dem offenen Meer orientieren. Bessere Seekarten und der Bau hochseetauglicher Schiffe (= Karavelle*) ermöglichten den europäischen Seefahrern Entdeckungsfahrten in alle Weltmeere. Das Fernrohr, das Mikroskop und die Taschenuhr waren weitere nützliche Erfindungen dieser Zeit.

Du bist dran — Arbeite nach M1
- Fasse die Aussagen bzw. die Haltung Galileis gegenüber der katholischen Kirche mit eigenen Worten zusammen.
- Arbeite heraus, wodurch sich Galilei nach eigener Aussage der Ketzerei verdächtig gemacht hatte.
- Interpretiere, was Galilei zu diesen Aussagen bewogen hat.
- Beurteile Galileis Verhalten aus damaliger und heutiger Sicht.

Die Europäer entdecken die Welt

Karte nach dem Globus von Martin Behaim aus dem Jahr 1492
(Xylografie, 19. Jh.)

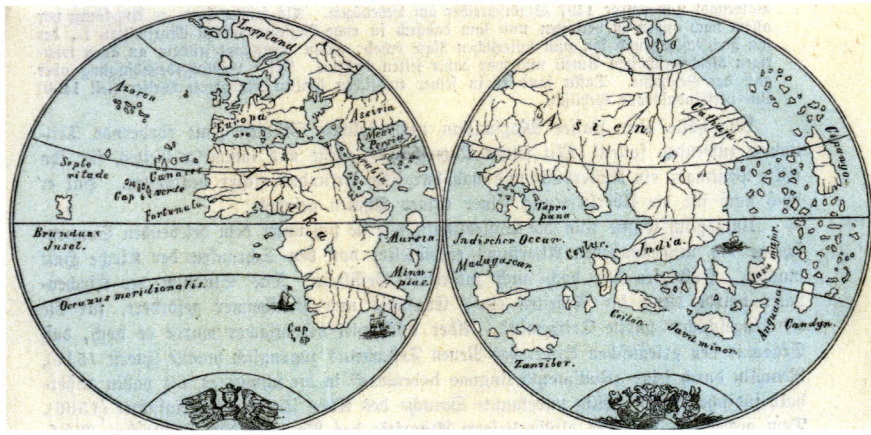

Du bist dran

Arbeite nach M4

- Arbeite aus der Weltkarte von Behaim heraus, welche Kontinente und Meere du auf der Karte erkennen kannst. Erstelle eine Liste.
- Vergleiche die Karte mit einer Weltkarte aus deinem Geographie-Atlas. Untersuche, welche Gebiete der Erde Behaim schon sehr deutlich zeichnete.

Kolumbus schreibt 1493 an den spanischen Finanzminister

Q Die Einwohner kennen keine Art Götzendienst; sie glauben fest daran, dass alle Kraft, alle Gewalt, alles Gute im Himmel sei und dass auch ich mit meinen Schiffen und Matrosen vom Himmel gekommen bin. In dieser Überzeugung nahmen mich alle auf, sobald sie ihre Furcht abgelegt hatten. Dabei sind sie keineswegs dumm oder trägen Geistes; im Gegenteil: Sie sind äußerst klug und scharfsinnig. Aber sie hatten niemals bekleidete Menschen und Schiffe wie die unsrigen gesehen.
(In: K. Haebler, Der deutsche Columbusbrief)

Wie und warum wollen die Europäer nach Indien?

Versperrter Handelsweg Seit den Kreuzzügen blühte der Handel zwischen Europa und dem Orient. Besonders gefragt waren bei den europäischen Konsumentinnen und Konsumenten Gewürze, Seide und Baumwolle. Als die Osmanen Konstantinopel eroberten (1453), war der Handelsweg nach Indien und in die Fernen Osten plötzlich versperrt. Die Folge waren unerschwingliche Preise für die lieb gewordenen exotischen Produkte. Also suchten die Europäer neue Wege.

Um die Südspitze Afrikas Portugiesische Kapitäne segelten immer weiter an der afrikanischen Küste entlang. 1498 landete schließlich Vasco da Gama* tatsächlich in Indien.

Der „Westweg" Das spanische Königspaar vertraute schon 1492 dem Seefahrer Christoph Kolumbus* aus Genua. Dieser wollte Indien auf dem vermeintlich viel schnelleren Westweg erreichen. Doch dazu musste er eine weite, wochenlange Fahrt über das offene Meer wagen.

Amerika statt Indien

Fehlerhafte Weltkarte Kolumbus verließ sich auf die neue Weltkarte Toscanellis*. Die Karte war jedoch fehlerhaft und unvollständig: Es fehlte darauf der amerikanische Kontinent. Außerdem schätzte Kolumbus die Entfernung von den Kanarischen Inseln nach Japan auf ungefähr 4 400 km. Tatsächlich beträgt sie aber mehr als 18 000 km. Wer weiß, ob er diese Reise jemals angetreten hätte, wenn er die tatsächliche Entfernung gekannt hätte!

(Wieder-)Entdeckung Amerikas Drei Wochen hatte Kolumbus für die Fahrt eingeplant. Nun waren seine drei Schiffe schon zehn Wochen unterwegs. Mehrmals wollte die Besatzung meutern, als ein Wachposten der „Pinta"* endlich den erlösenden Schrei ausstieß: „Terra, terra!" („Land, Land!"). Im Glauben, vor Indien gelandet zu sein, hatte Kolumbus eine kleine Bahama-Insel vor der Küste Amerikas erreicht. Er nannte sie zu Ehren Christi El Salvador (= Der Erlöser). So entdeckte Kolumbus etwa 500 Jahre nach dem Wikinger Leif Eriksson* Amerika für die Europäer wieder.

Amerika – die „Neue Welt" Kolumbus wurde nach seiner Rückkehr triumphal gefeiert. Kolumbus starb 1506 in dem Glauben, den Westweg nach Indien gefunden zu haben. Deshalb nannte er die dortigen

Einwohner „Indios". Um 1500 erkundete der Florentiner Amerigo Vespucci* die Küste Südamerikas. Sein Vorname gab schließlich dem ganzen Kontinent den Namen.

Magellans Weltumsegelung und andere Entdeckungen

Beweis für die Kugelgestalt

Im Jahr 1519 trat der Portugiese Fernando Magellan* die Fahrt zu den fernöstlichen Gewürzinseln auf dem Westweg an. Er umfuhr die Südspitze Amerikas (= die Magellanstraße) und überquerte den großen Pazifik. Auf den Philippinen wurde er bei einem Kampf getötet. Doch eines seiner fünf Schiffe erreichte nach drei Jahren, vollbepackt mit wertvollen Gewürzen, den Heimathafen Lissabon. Mit dieser Weltumsegelung war die Kugelgestalt der Erde endgültig bewiesen. Erst Ende des 16. Jh. begannen auch andere europäische Seemächte ihre Entdeckungsfahrten: Englische, französische und holländische Schiffe landeten in Nordamerika, die Niederländer in Neuseeland und Indonesien.

Die Landung des Kolumbus 1492 (Kolorierter Kupferstich von Theodor de Bry (1528–1598) aus „Sammlung von Reisen in das westliche Indien", 1594)

Kolumbus schrieb in sein Bordtagebuch, Freitag, 12. Oktober 1492 (auf El Salvador)

Q Sie gehen nackend umher, so wie Gott sie erschaffen, Männer wie Frauen. (…) Alle jene, die ich erblickte, waren jung an Jahren, denn ich sah niemand, der mehr als 30 Jahre alt war. Dabei sind alle sehr gut gewachsen, haben schön geformte gewinnende Gesichtszüge. Sie haben dichtes, struppiges Haar, das fast Pferdeschweifen gleicht, das über der Stirne kurz geschnitten ist bis auf einige Haarsträhnen, die sie nach hinten werfen und in voller Länge tragen, ohne sie jemals zu kürzen. Einige von ihnen bemalen sich mit grauer Farbe (…), andere wiederum mit roter, weißer oder einer anderen Farbe; einige bestreichen damit nur ihr Gesicht oder nur die Augengegend oder die Nase noch andere bemalen ihren ganzen Körper. (…) Ihre Stirn und ihre Kopfform ist breit. (…) ihre Augen sind sehr schön und groß. Keiner von ihnen hat eine dunkle Hautfarbe. (…) Ihre Beine sind gerade gewachsen, ihr Bauch nicht dick und wohlgeformt. (…)
Sie müssen gewiss treue und kluge Diener sein, da ich die Erfahrung machte, dass sie in Kürze alles, was ich sagte, zu wiederholen verstanden. (…) Wenn es dem Allmächtigen gefällt, werde ich bei meiner Rückfahrt sechs der Männer mit mir nehmen, um sie euren Hoheiten vorzuführen, damit sie die Sprache (Kastiliens*) erlernen.
(Aus dem Bordtagebuch des Kolumbus)

Du bist dran — Arbeite nach M2

- Beschreibe und interpretiere die Darstellung. Beachte dabei Aussehen, Haltung und Tätigkeiten der verschiedenen Personengruppen.
- Erörtere, was der protestantische Künstler Theodor de Bry, der selbst Europa nie verlassen hatte, mit seinem Werk wahrscheinlich ausdrücken wollte.
- Erkläre, wie die Darstellung auf dich wirkt.

Du bist dran — Arbeite nach M1

- Schildere, wie Kolumbus in den beiden Quellen Aussehen und Verhalten der Menschen beschreibt.
- Beurteile seine Darstellung der Urbevölkerung.

Spanier erobern und beherrschen die „Neue Welt"

Diese beiden Kupferstiche aus dem Jahr 1594 stammen vom protestantischen Künstler und Buchherausgeber Theodor de Bry (1528–1598). Er war allerdings selbst nie in Amerika. Im Bild links sieht man die Ureinwohner bei der Zwangsarbeit im Bergbau, im Bild rechts, wie sie sich an den spanischen Eroberern rächen. (Aus Hispaniola, Kupferstich, kol., Illustr. zu: H. Benzoni. Von der Spanier Wüten (…). In: America pars quinta, Frankfurt 1594)

Arbeite nach M1+M2

Du bist dran

- Beschreibe die in den beiden Kupferstichen dargestellten Personen und ihre Tätigkeiten.
- Interpretiere, was der protestantische Künstler damit aussagen wollte.
- Verfasse mit Hilfe der Bilder, der Tagebucheintragungen des Kolumbus und der anderen Quellen sowie des Schulbuchtextes eine eigene, kurze Erzählung der spanischen Eroberung und Beherrschung der „Neuen Welt".
- Erläutere, welche wirtschaftlichen und religiösen Ziele Kolumbus mit seiner Reise verfolgte.
- Erörtere, welche Einstellung des Kolumbus gegenüber den Inselbewohnern in den Quellen (S. 32 bis S. 34) zum Ausdruck kommt (in Bezug auf deren Persönlichkeitsrechte und die spanischen Machtansprüche).
- Beurteile seine Haltung.

Die Eroberer behaupten: „Das Land gehört uns!"

Grausam und gierig Die europäischen Seefahrer fühlten sich der Urbevölkerung gegenüber überlegen. Ganz selbstverständlich betrachteten daher die Europäer das neue Land als ihren Besitz und deren Bevölkerung als ihre Untertanen. Sie kamen gar nicht auf den Gedanken, dass dieses Land den dort lebenden Menschen gehörte. Den spanischen Seefahrern folgten bald geldgierige Abenteurer und

Kolumbus schrieb in sein Bordtagebuch

Q Sonntag, 14. Oktober 1492:
Sollten Eure Hoheiten den Befehl erteilen, alle Inselbewohner nach Kastilien zu schaffen oder aber sie auf ihrer eigenen Insel als Sklaven zu halten, so wäre dieser Befehl leicht durchzuführen, da man mit einigen fünfzig Mann alle anderen niederhalten (…) könnte.
Dienstag, 6. November (auf Kuba):
Ich bin überzeugt, erlauchteste Fürsten, dass all diese Leute gute Christen würden, sobald fromme und gläubige Männer ihre Sprache beherrschen werden. Deshalb hoffe ich zu Gott, dass Eure Hoheiten sich baldigst dazu verstehen werden, derartige Männer hierher zu senden, um so große Völker zu bekehren und dem Schoß der Kirche einverleiben zu können, nicht anders wie jene Völker vernichtet worden sind, die sich nicht zur Dreieinigkeit von Vater, Sohn und Heiligem Geist bekennen wollten. Und wenn die Zeit des Erdendaseins Eurer Hoheiten vorüber sein wird (…), dann wird in den Königreichen die größte Ruhe herrschen, da sie von jeder Häresie und jedem bösen Geist erlöst sein werden (…). Heute (…) rüste (ich) mich zur Weiterfahrt, um (…) auf der Suche nach Gold, Gewürzen und neuen Ländern abzusegeln. (Aus dem Bordtagebuch des Kolumbus)

grausame Eroberer. Ihnen gelang es in wenigen Jahrzehnten, einen großen Teil Mittel- und Südamerikas unter spanische Herrschaft zu bringen.

Goldgierige Spanier erobern das Aztekenreich

Hernan Cortez   Er war einer der berüchtigtsten Eroberer im Dienste des spanischen Königs. Mit etwa 500 Mann, zwei Dutzend Reitern und einem Dutzend Kanonen landete er 1519 an der Küste Mexikos. Cortez* war gekommen, um die Indios zu missionieren*, vor allem aber, um Gold zu finden. Sein Ziel war Tenochtitlan, die 200 000 Einwohner zählende Azteken-Hauptstadt.

Priesterkönig Montezuma   Montezuma* empfing die Spanier freundlich. Die Azteken warteten nämlich schon lange auf die Rückkehr jenes Gottes, der ihrem Glauben nach vor langer Zeit über das Meer nach Osten geflohen war. Sie betrachteten daher die Spanier als Boten dieses Gottes. Montezuma beschenkte sie reichlich mit Edelsteinen und purem Gold. Das weckte bei Cortez und seinen Soldaten erst recht die Gier nach Gold. Montezuma wurde gefangen genommen, viele seiner Priester getötet.

Mexiko wird spanisch   Die Folge war ein Aufstand der Azteken. Die Spanier mussten fliehen, kehrten aber zwei Jahre später mit einer größeren Streitmacht zurück. Sie besiegten die Azteken und zerstörten Tenochtitlan. Es wurde anschließend wieder aufgebaut. Als Mexiko-Stadt wurde es Hauptstadt des neu gegründeten Vizekönigreiches Neuspanien.

Die Inka – eine Großmacht in Südamerika

Ein riesiges Reich   Die Inka*-Herrschaft begann im 14. Jh. in Peru. Bis zur Ankunft der Spanier 1532 eroberte diese Herrscherfamilie ein Reich von 3 500 Kilometer Länge: Es zog sich entlang der südamerikanischen Westküste von Kolumbien bis nach Chile. Das Inka-Reich wurde von der Hauptstadt Cuzco* aus streng regiert.

Ein Gottkönig regiert   Unter ihm gab es Vizekönige und Statthalter in den Provinzen. Sie alle stammten aus der Großfamilie der Inka. Um die Macht in der Familie zu behalten, war die Geschwisterheirat üblich. Überall im Reich besaßen sie prachtvolle Paläste. Diese wurden aus geschliffenen Steinen gebaut. Die Inka sahen sich als heilige Nachkommen der Sonne, der sie an vielen Orten Opfer darbrachten.

Landaufteilung und öffentliche Arbeiten
Das Land war zu je einem Drittel auf Herrscher, Priester und Dorfgemeinden aufgeteilt. Alle Familien eines Dorfes bebauten und nutzten das Land gemeinsam. Einzelbesitz gab es nicht. Als Untertanen mussten sie auch auf den Feldern der Herrschenden arbeiten. Jede Gemeinde musste außerdem Männer für öffentliche Arbeiten abstellen: für den Straßen-, Brücken- und Kanalbau, für die Silber- und Goldbergwerke oder als Soldaten für den Kriegsdienst. Die staatlichen Beamten bestimmten alles, den Wohnort der Untertanen, ihren Arbeitseinsatz, ja sogar die Ehe: Eine Frau war mit 18, ein Mann mit 20 Jahren zur Heirat verpflichtet. Konnte ein Mann keine Frau finden, wurde ihm vom Staat eine zugewiesen.

Du bist dran
- Versetze dich in die Lage einer Ureinwohnerin oder eines Ureinwohners und überlege, welche Reaktionen das Handeln der Eroberer bei dir auslöst.
- Schreibe eine Rede über Kolumbus, in der du deine Gefühle beschreibst.

Eine aztekische Quelle über die Spanier

Q   Alles Gold rafften (die Spanier) zu einem Haufen. All die anderen Kostbarkeiten legten sie Feuer, und alles verbrannte. Das Gold schmolzen sie ein zu Barren, und von den wertvollen grünen Edelsteinen nahmen sie nur die besten. Das ganze Schatzhaus durchwühlten die Spanier. (In: M. Léon-Portilla u. a., Rückkehr der Götter)

Du bist dran   *Arbeite nach M1+A1*
- Fasse zusammen, wie in der aztekischen Quelle die Spanier beschrieben werden.
- Recherchiere im Internet oder in der Schulbibliothek zur Hochkultur der Azteken: Sammle Informationen zum Aufbau ihrer Gesellschaft, zur Wirtschaft, zu ihrer Religion und zu ihrem Militär. Gestalte mit deinen Ergebnissen ein kurzes Referat.

Machu Picchu: Zur Sicherung der eroberten Gebiete und zum Schutz gegen noch nicht unterworfene Völker bauten die Inka Befestigungsanlagen wie das in 2 300 m Höhe gelegene Machu Picchu. (Foto 2012)

- Beschreibe die Personen und die dargestellte Handlung sowie ihre Wirkung auf dich.
- Erläutere, wie der Künstler diese Szene darstellt und welche Wirkung er damit erzielen will.
- Vergleiche die Darstellung mit den beiden Kupferstichen auf S. 34.
- Gestalte mit Hilfe des Bildes und des Autorentextes eine kurze eigene Erzählung darüber, wie der Inka-König von den Spaniern behandelt wurde.

Indios bringen Gold als Lösegeld für König Atahualpa (Kolorierter Kupferstich von Theodor de Bry (1528–1598), 1597, Frankfurt am Main, 1597, 6. Buch von „Reisen in das westliche und östliche Indien" nach einem Bericht von Girolamo Benozzi)

Bischof de las Casas (um 1485–1566) über die Behandlung der „Indios"

Q Der Erziehung, Belehrung und Bekehrung der Indianer wurde nicht mehr Aufmerksamkeit zugewendet, als wenn die Indianer Katzen oder Hunde gewesen wären. (…) Die Spanier schleppten die verheirateten Männer 60 bis 400 Kilometer zum Goldgraben fort. Die Frauen blieben auf den Farmen zurück, um dort Feldarbeit zu leisten. So hörten die Geburten fast auf. Die neugeborenen Kinder konnten sich nicht entwickeln, weil die Mütter, von Anstrengung und Hunger erschöpft, keine Nahrung für sie hatten. Einige Mütter erdrosselten vor Verzweiflung ihre Kinder. Die Männer starben in den Goldminen, die Frauen auf den Farmen vor Erschöpfung. (In: B. de las Casas, Bericht über die Verwüstung der westindischen Länder)

Knotenschrift und Postdienst   Das Inkareich war berühmt für seine hervorragend ausgebauten Fernstraßen mit bis zu 70 Meter langen Holz-, Stein- und Hängebrücken. Für den Postdienst stellten die Inka Stafettenläufer in Abständen von zwei bis drei Kilometern ab. So konnte eine Nachricht an einem Tag über 250 Kilometer weitergeleitet werden. Anstelle einer Schrift verwendeten die Beamten verschiedenfarbige, unterschiedlich lange Knotenschnüre. Sie dienten der genauen Aufzeichnung von Geburten und Todesfällen, von Ernteerträgen und Steuereinnahmen. Die Beamten konnten mit ihnen aber auch einfache Nachrichten übermitteln.

Francisco Pizarro   Im Jahr 1532 drang der Spanier Pizarro* mit 106 Fußsoldaten und 62 Reitern ins Zentrum des Inkareiches vor. Er war auf der Suche nach dem sagenhaften Goldland. Mit List gelang es ihm, den unbewaffneten Gottkönig der Inka, Atahualpa*, gefangenzunehmen. Um wieder freigelassen zu werden, schenkte der König dem Spanier ein ganzes Zimmer voller Gold und Edelsteine. Doch Pizarro ließ Atahualpa trotzdem töten. In den folgenden vierzig Jahren eroberten die Spanier endgültig das gesamte Inkareich.

Ausbeutung und Ausrottung der Urbevölkerung

Spanische Vizekönige   Diese regierten von nun das Azteken- und das Inkareich. Priester kamen, um zu missionieren. Spanische Händler, Bauern und Abenteurer wollten in der „Neuen Welt" ihr Glück finden. Unter ihnen wurde auch das Land aufgeteilt. Die Ureinwohnerinnen und Ureinwohner wurden versklavt und als Arbeitskräfte in der Landwirtschaft und den neuen Bergwerken ausgebeutet. Viele überlebten diese Sklavenarbeit nicht.

Sehr viele Menschen, in manchen Gebieten bis zu 75% der Bevölkerung, starben an den aus Europa eingeschleppten Krankheiten (Pocken, Masern, Grippe), gegen die die Ureinwohnerinnen und Ureinwohner keine Abwehrkräfte hatten. So kam es, dass die ursprüngliche Bevölkerung in manchen Gegenden Amerikas völlig ausgerottet wurde.

Der Handel mit Sklavinnen und Sklaven

Menschen aus Afrika nach Amerika   Der spanische Adelige und spätere Bischof von Mexiko, Bartolomé de las Casas*, setzte sich besonders für die Ureinwohner und Ureinwohnerinnen ein. Er hatte die Idee, Menschen aus Afrika als Sklavinnen und Sklaven nach Amerika zu bringen. Sie sollten als seiner Meinung nach körperlich stärkere Menschen die ursprüngliche Bevölkerung als Arbeitskräfte ersetzen.
Etwa 20 bis 30 Millionen Menschen   So viele kamen in den folgenden 300 Jahren aus Afrika als Sklavinnen und Sklaven nach Amerika. Erst vor ungefähr 150 Jahren wurde die Sklaverei in Nordamerika verboten. Ihre Nachfahren in den USA kämpfen noch heute um die endgültige Gleichberechtigung mit der weißen Bevölkerung.

> **Du bist dran**   *Arbeite nach M1*
>
> - Arbeite aus dem Quellentext heraus, warum in vielen Ländern Lateinamerikas der 12. Oktober kein Feiertag mehr ist.
> - Formuliere mindestens zwei Fragen, die dir der Quellentext beantworten kann.
> - Stelle in einem kurzen Bericht für die Schülerzeitung dar, was deiner Meinung nach die Völker Lateinamerikas für eine selbstbestimmte Zukunft benötigen.

> **Du bist dran**
>
> - Fasse die spanischen Eroberungen in Amerika zusammen.
> - Erkläre und beurteile die Behandlung der Ureinwohnerinnen und Ureinwohner anhand der Beschreibung von Bischof Las Casas.
> - Formuliere Fragen an Bischof Las Casas, die dich im Zusammenhang mit seinem Bericht und dem Autorentext über die spanische Herrschaft noch interessieren würden. Beispiel: Weshalb glauben Sie, dass Menschen aus Afrika stärker wären als Menschen in Amerika?

Kaum Feiern zum 500. Todestag von Kolumbus in Lateinamerika

Q   Obwohl er den Boden des amerikanischen Festlandes auf seiner vierten Reise 1502 nur im heutigen Honduras, Costa Rica und Panama streifte, machen vor allem die Indios in den lateinamerikanischen Ländern Kolumbus als Auslöser für die Übel verantwortlich, die ihnen in den vergangenen 500 Jahren widerfahren sind. Die Indios in Ecuador etwa lehnen dieses Jahr erstmals eine Feier zu Ehren von Kolumbus ab. „Auf den Gräbern unserer Toten werden wir nicht tanzen", erklärte jüngst der Verband der Indios von Ecuador. Der 12. Oktober, der Tag der Entdeckung, war noch vor wenigen Jahren ein Feiertag in allen Ländern Lateinamerikas. Heute ist er in vielen Staaten abgeschafft. Die Indios in Panama begehen ihn als „Tag der Trauer". In Venezuela benannte ihn Präsident Hugo Chavez um in „Tag des indigenen* Widerstands". Dort brachten im Jahre 2002 Studenten das Denkmal des europäischen Entdeckers zu Fall. „Das war ein symbolisches Urteil gegen Kolumbus", kommentierte Chavez diese Tat. Es gebe im Übrigen keinen Grund, Kolumbus zu feiern: „Dieser Mann hat eine Invasion angeführt und einen der größten Völkermorde der Geschichte begangen."
Der Umschwung entwickelte sich mit dem zunehmenden Selbstbewusstsein der Indiobewegungen vom Anfang der 90er Jahre an. Viele sähen seit der 500-Jahr-Feier im Jahre 1992 die Entdeckung nur noch als eine europäische Heldentat, analysiert der mexikanische Historiker Enrique Florescano. „Die große Show wurde für die indigene Bevölkerung zum Anlass, ihr Eigentum, ihre Kultur, ihre Sprache zurückzufordern, aber auch Forderungen bezüglich ihrer derzeitigen Lage aufzustellen."
(http://newsv1.orf.at/060517-56/57txt_story.html, 10.10.2006)

Native Americans

Schlacht am Little Bighorn: Diese Schlacht war einer der wenigen großen Siege der Native Americans gegen die US-Armee. Das 7. US-Kavallerieregiment unter General Custer wurde von den Lakota-Sioux, Arapaho und Cheyenne unter ihren Anführern Sitting Bull, Crazy Horse und Gall vernichtend geschlagen.
Links: Titelseite des Buches „Our Pioneer Heroes And Their Daring Deeds", D. M. Kelsey, Philadelphia, 1887, unbekannter Künstler
Rechts: Zeichnung des Native American Malers und Historikers Amos Bad Heart Buffalo (1869–1913), private Sammlung

Du bist dran

Arbeite nach M2

- Beschreibe die beiden Darstellungen: Schildere die Kleidung, Bewaffnung und die Kampfhandlungen der Beteiligten.
- Beurteile, inwiefern sich die Herkunft der Künstler auf die Darstellungen auswirkt.
- Formuliere Fragen, die du den auf dem Gemälde dargestellten Anführern der Native Americans gerne stellen würdest.
- Überprüfe, welche deiner Fragen mit Hilfe des Autorentextes beantwortet werden.
- Wähle eine Person auf einer der beiden Darstellungen und schildere in einem Brief an deine Familie, was du gerade erlebst.

Die Native Americans vor der Ankunft der Europäer

Einwanderung über die Beringstraße   Während der letzten Eiszeit, vor mehr als 12 000 Jahren, gelangten urgeschichtliche Jäger und Sammler aus Asien über einen zugefrorenen Meeresstreifen (Beringstraße*) auf den amerikanischen Kontinent. Im Laufe vieler Generationen besiedelten sie den gesamten amerikanischen Kontinent.

500 indigene Völker   Vor der Ankunft der Europäer lebten in Nordamerika vermutlich mehrere Millionen Native Americans in mehr als 500 indigenen Völkern. Sie unterschieden sich sehr stark, was ihre Sprachen und Lebensweisen betraf: Manche Völker lebten als nicht sesshafte Jäger und Sammler in Zelten. Andere hatten feste Behausungen und betrieben Ackerbau, Viehzucht oder Fischfang. Die meisten indigenen Völker kannten keinen privaten Besitz, Land und Tiere wurden von allen genutzt.

Kolumbus nannte die Ureinwohner „Indianer"   Dies geschah fälschlicherweise, weil er nach seinen Entdeckungsfahrten glaubte, Indien erreicht zu haben (S. 33). Heute nennt man die Ureinwohner Nordamerikas in den USA meist Native Americans, in Kanada First Nations.

Europäische Besiedlung: Vertreibung und Krieg

Anfangs friedliche Kontakte ...   Im 17. und 18. Jh. wanderten hunderttausende Menschen aus Europa nach Nordamerika aus. Es waren vor allem Engländer, Franzosen, Holländer, Iren und Deutsche. Viele flohen vor der Armut, manche vor politischer oder religiöser Verfolgung. Anfänglich waren die Kontakte zwischen Europäern und Native Americans meist friedlich. Als aber immer mehr Europäer nach Nordamerika strömten, begannen diese, die Völker der Natives mit Gewalt zu vertreiben. Alle Verträge, die den Native Americans Rechte zusicherten, wurden von den europäischen Siedlern gebrochen. Land wegzunehmen galt nicht als Verbrechen.

... später Kriege   Die Native Americans antworteten schließlich auf die Vertreibungen und systematische Ausrottung mit Gewalt. Es kam zu grausamen Auseinandersetzungen und zu mehr als 300 Kriegen. Viele davon wurden von der US-Armee als Vernichtungskriege geführt. Eingeschleppte Seuchen und Alkohol, von dem viele Natives von europäischen Siedlern bewusst abhängig gemacht wurden, führten zum Aussterben ganzer Völker.

Pine-Ridge-Reservation: eine alltägliche Szene in der Pine-Ridge-Reservation der Oglala-Sioux-Natives (Wounded Knee, South Dakota) (Foto 2015, James Nord)

Viele Native-Stämme führen so genannte „Pow Wows" durch: Treffen mit Tänzen und Gesängen wie hier in der Blackfeet Indian Reservation sollen dem eigenen Zusammenhalt dienen, sind aber auch touristische Attraktionen. (Foto 2006)

Zwangsumsiedlungen　Um 1900 lebten nur noch etwa 270 000 Native Americans auf dem Gebiet der heutigen USA. Unter Zwang und mit großer Brutalität siedelte die amerikanische Regierung fast alle Stämme um. Ihnen wurden Reservationen* – meist öde und unfruchtbare Gebiete – zugewiesen. Dort versuchte die Regierung, sie zu „amerikanisieren", also ihre eigenen Sprachen und Lebensweisen zu unterdrücken.

Das Leben der Native Americans heute

Bürgerrechte　Erst 1924 erhielten die Natives die amerikanischen Bürgerrechte.
Leben am Rande　Von den heute ca. 2,8 Millionen Natives in den USA lebt fast die Hälfte in großen und kleineren Städten, oft in Slums. Die andere Hälfte wohnt in Reservationen. In einigen entstanden durch den Bau von Spielcasinos neue Einkommensmöglichkeiten. In vielen Reservationen aber gehören Armut und Gewalt zum Alltag. Viele Menschen dort haben keine gute Schulbildung, sind arbeitslos. Von allen Bevölkerungsgruppen haben die Natives die höchste Rate von Schulabbrechern (ca. 54%), Kindersterblichkeit, Selbstmordrate, Jugend-Selbstmord (18,5 pro 100 000), Jugendschwangerschaften und die niedrigste Lebenserwartung.

Lakota-Kinder berichten über das Leben in einer Reservation:

Q　Für viele ist das Leben im Reservat nicht einfach. Armut, Selbstmord, Sucht und Missbrauch sind verbreitet (…). Im Reservat geboren zu werden, kann sehr hart sein. Du lebst zwischen Alkoholikern und musst auf dich aufpassen. Du darfst ihnen nicht zu nahe kommen, während sie trinken, denn sie werden schnell aggressiv und gewalttätig. Wenn Kinder allein gelassen werden, während alle betrunken sind, ist das ganz schön hart anzusehen.
(https://stjosefs.de/unsere-kinder/aktuelle-probleme/)

Arbeite nach M2
Du bist dran

- Beschreibe das Foto Pine-Ridge-Reservation (Personen, Gegenstände, Umgebung, Stimmung, Unterkunft, …).
- Erläutere, welche Aspekte über das Leben in Reservationen hier möglicherweise angesprochen werden.

Arbeite nach M1
Du bist dran

- Verfasse einen kurzen Artikel für eine Jugendzeitschrift zum Thema „Lebensumstände und Probleme der Native Americans heute". Berücksichtige dabei die Darstellungen, Bilder und die Textquelle auf dieser Doppelseite.

Aus englischen Kolonien werden die USA

Die Entwicklung der dreizehn englischen Kolonien

Pilgerväter Unter den vielen Auswanderern aus Europa nach Nordamerika waren auch die Pilgerväter. Sie gehörten einer religiösen Gruppierung an, die in England besonders hart verfolgt wurde. Die 41 Männer und ihre Familien landeten 1620 an der Küste von Massachusetts. Dort gründeten sie die Stadt Plymouth. Zuvor schlossen sie an Bord ihres Schiffes „Mayflower" einen Vertrag. In ihm erklärten sie, sich selbst zu regieren. Die Pilgerväter duldeten nur ihre eigene Religion. Angehörige anderer Konfessionen wurden vertrieben oder sogar hingerichtet.

Aus dem Mayflower-Vertrag (1620):

Q (…) Und wir vereinigen uns selbst zu einem politischen Körper. Wir wollen von Zeit zu Zeit rechte und billige Gesetze und Verfügungen, Einrichtungen und Ämter errichten, wie es uns am zweckmäßigsten für das allgemeine Wohl der Kolonie erscheint. (nach: Geschichte in Quellen; gekürzt)

Arbeite nach M4+M1

Du bist dran

- Erläutere mit Hilfe der Karte die Entwicklung der 13 englischen Kolonien von 1620–1732.
- Beurteile den Mayflower-Vertrag in Hinblick auf das Verhältnis zum Mutterland.

Arbeite nach M2

Du bist dran

- Beschreibe und interpretiere das Bild „Boston Tea Party".

Quäker In Pennsylvania gründeten die Quäker die Stadt Philadelphia (= Bruderliebe). Anders als die Pilgerväter förderten sie die Religionsfreiheit der Bevölkerung.

Wirtschaftliche Ausbeutung England wollte aus dem Handel mit seinen Kolonien einen möglichst großen Gewinn ziehen. Diese durften ihre Rohstoffe (Baumwolle, Tabak, Zucker und Pelze) nur in das Mutterland ausführen. Von dort kamen dafür teure Fertigwaren.

Die „Boston Tea Party" 1773: Aus Protest gegen den Teezoll (= Gebühren bei der Einfuhr von Tee) warfen Mitglieder der Geheimorganisation „Sons of Liberty" als Native Americans verkleidet Teekisten von englischen Handelsschiffen ins Meer. (Lithographie von Nathaniel Currier (1813–1888), 1846)

No taxation without representation!   Als das englische Parlament neue Steuern und Zölle für die Kolonien beschloss, weigerten sich die Siedler, diese zu bezahlen. Sie verlangten als Gegenleistung für die Steuern eine Vertretung im Parlament. Außerdem beschlossen sie, keine Waren aus England mehr zu kaufen. Die Einfuhren aus England gingen um mehr als die Hälfte zurück. Es gab auch schon gewalttätige Übergriffe auf englische Steuereinnehmer.

Boston Tea Party   Nun gab das Parlament in London nach und hob alle neuen Steuern auf. Nur der Teezoll blieb bestehen. Die Antwort der Amerikaner war die „Boston Tea Party". Daraufhin schickte England Truppen. Bewaffnete Zusammenstöße folgten. Schließlich sagten sich die dreizehn Kolonien auf einem Kongress in Philadelphia mit einer Unabhängigkeitserklärung von England los.

Freiheit und Gleichheit aller Menschen?   Die in der Unabhängigkeitserklärung festgelegten „Wahrheiten" waren lange ein Streitpunkt der amerikanischen Innenpolitik. Die politische Gleichheit aller US-Bürger (Frauen, Afroamerikanerinnen und Afroamerikaner, Native Americans) wurde erst im 20. Jh. Wirklichkeit.

Siedler gegen Soldaten   Die Ausgangslage der etwa 8 000 militärisch kaum ausgebildeten Siedler war denkbar schlecht. Es standen ihnen 32 000 Soldaten der Weltmacht England gegenüber, die zudem ständig durch Söldner, also Soldaten aus anderen Ländern, verstärkt wurden. So erlitten die amerikanischen Unabhängigkeitskämpfer unter George Washington* eine Niederlage nach der anderen. Erst als ihnen Frankreich und Spanien – die alten Gegner Englands – Kriegsmaterial und erfahrene Offiziere zur Verfügung stellten, mussten sich die englischen Truppen geschlagen geben. Im Frieden von Versailles 1783 erkannte England die Unabhängigkeit der dreizehn Kolonien an.

Verfassung   Nach langen Verhandlungen der dreizehn ehemaligen Kolonien erhielten die USA (United States of America) eine demokratische Verfassung. Sie wurde unter Mitwirkung von Thomas Jefferson* ausgearbeitet und beruht auf dem Grundsatz der Gewaltenteilung mit einem Präsidenten an der Spitze, der sowohl Staats- als auch Regierungschef ist.

Aus der Unabhängigkeitserklärung vom 4. Juli 1776

Q Folgende Wahrheiten erachten wir als selbstverständlich: Dass alle Menschen gleich geschaffen sind; dass sie von ihrem Schöpfer mit gewissen unveräußerlichen Rechten ausgestattet sind, wozu das Leben, die Freiheit und das Streben nach Glück gehören; dass zur Sicherung dieser Rechte Regierungen eingesetzt sind, die ihre rechtmäßige Macht von der Zustimmung der Regierten ableiten; dass es das Recht des Volkes ist, eine Regierungsform zu ändern oder abzuschaffen und eine neue Regierung einzusetzen. Deshalb geben wir feierlich kund und erklären, dass diese vereinigten Kolonien freie und unabhängige Staaten sind und dass alle politischen Verbindungen zwischen ihnen und Großbritannien vollständig gelöst sind. (In: G. Guggenbühl u.a., Quellen zur Geschichte der Neueren Zeit)

Du bist dran   Arbeite nach M1

- Begründe, weshalb die „Wahrheiten" aus der Unabhängigkeitserklärung nicht für alle Menschen galten.

Du bist dran   Arbeite nach M6

- Beschreibe das Schaubild.
- Erläutere, welche Machtbefugnisse der Präsident hat, welche Aufgaben die einzelnen Gewalten erfüllen und wie die Abgeordneten in den Kongress gelangen.

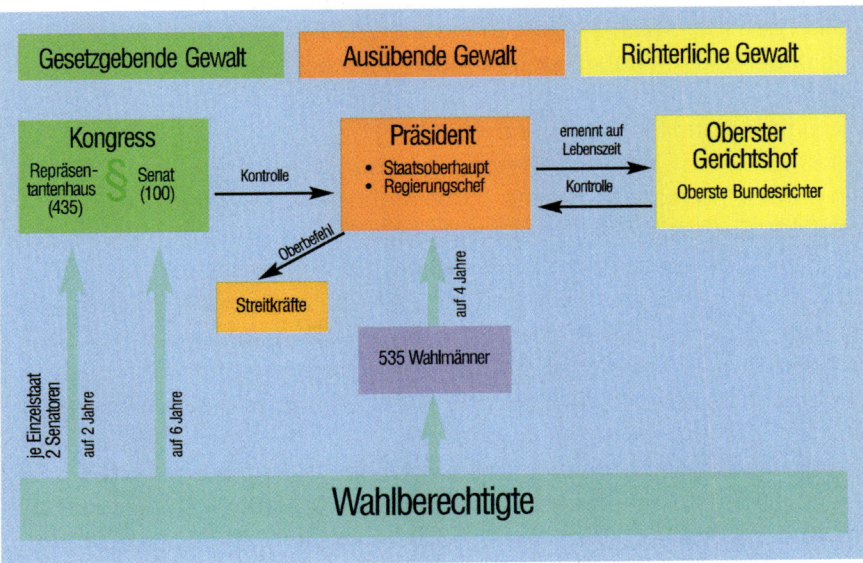

Die Verfassung der USA von 1787: Sie ist heute noch immer in Kraft.

Der Imperialismus

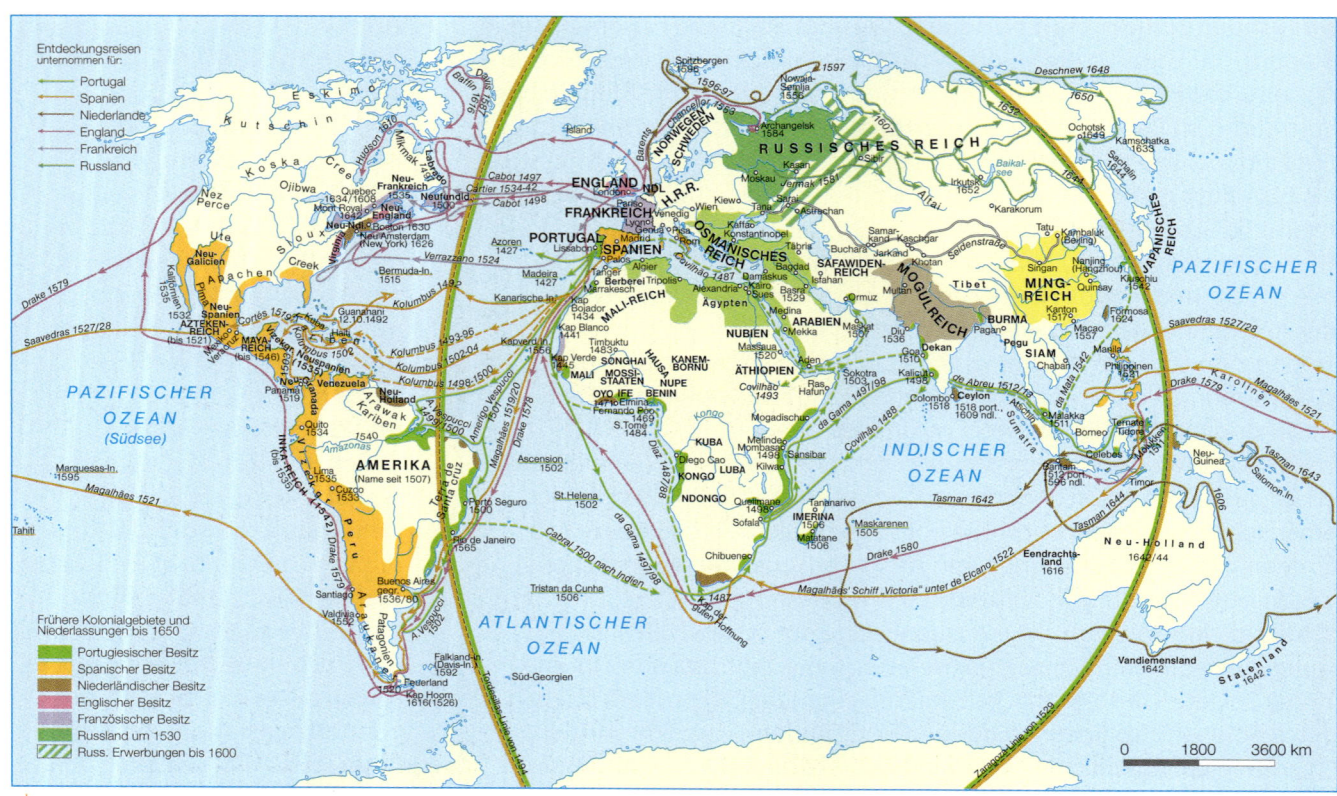

Die großen Entdeckungen und die frühen Kolonialgebiete bis 1650

Du bist dran

Arbeite nach M4

- Ermittle mit Hilfe der Karte oben die außereuropäischen Gebiete (Kolonien) für alle in der Legende angeführten Staaten und erstelle dazu eine Liste.
- Vergleiche die beiden Karten auf dieser Doppelseite und arbeite heraus,
  1) welche Staaten nach 1650 zu Kolonialmächten wurden;
  2) welche Staaten zwischen 1650 und 1914 Gebiete verloren bzw. gewonnen haben.

Kolonialismus:

(lat. colonia = Ansiedlung)

Allgemeine Bedeutung:

Das Streben nach Erwerb und Ausbau von neuen Siedlungsgebieten. Das bedeutet meist auch Herrschaft und Kontrolle über eine fremde Gesellschaft.

Als geschichtlicher Begriff:

die Beherrschung von Gebieten außerhalb Europas durch europäische Mächte seit Beginn der Neuzeit

Vom Kolonialismus zum Imperialismus

Portugal und Spanien   Nach ihren Entdeckungsfahrten am Ende des 15. Jh. (S. 32 ff.) teilten sich Spanien und Portugal vertraglich die neue Welt. Spanien beutete von da an seine amerikanischen Vizekönigreiche aus. Portugal dagegen erwarb sein Vermögen anders: Es errichtete Handelsstützpunkte an den Küsten bis nach Indien und bald bis nach Indonesien.

England, Frankreich und die Niederlande   Seit dem Ende des 16. Jh. forderten auch diese Länder die „Freiheit der Meere". Sie setzten sich in den folgenden 250 Jahren in vielen Gebieten der Welt fest. Die Engländer stiegen dabei zur führenden Seemacht auf. Und alle drei Länder errichteten neue Kolonien und verdrängten dabei auch jene der Portugiesen und Spanier (siehe Karte).

Forscher und Missionare   Forschungsreisende erweckten im 19. Jh. ein großes Interesse an den für Europäer noch unbekannten Gebieten der Erde. Sie fertigten Karten vom Inneren Afrikas und Asiens an. Sie berichteten auch über die Menschen, die Tier- und Pflanzenwelt. Missionare kamen, um die Menschen zum Christentum zu bekehren. Sie waren nämlich davon überzeugt, dass die Christianisierung für die Andersgläubigen ein Segen sei. Viele Missionare kämpften aber auch gegen den brutalen Sklavenhandel in Afrika. Im Zuge der Missionierung wurden auch erste Schulen aufgebaut.

Wettlauf um Kolonien   Im letzten Drittel des 19. Jh. glaubten viele Großmächte, nur ein eigenes Kolonialreich garantiere ihnen eine Zukunft als Weltmacht. Die Folge war ein Wettlauf um die noch nicht von ihnen beherrschten Gebiete. Damit setzte aber auch ein Wettrüsten unter diesen Staaten ein.

Die Aufteilung der Welt bis 1914

Imperialismus – Streben nach Weltherrschaft

Europäer beherrschen die Erde   Allen voran Großbritannien und Frankreich, aber auch andere europäische Staaten sowie Japan und die USA eroberten oder erwarben eine Vielzahl von Kolonien. 1914 wurden 85 % der Erdoberfläche von Europäern beherrscht.

Die Gründung von Kolonien   Sie erfolgte stets in ähnlicher Weise: Durch Verträge, Versprechungen und Erpressungen wandelten die Kolonialmächte Handelsstationen in Herrschaftsgebiete um. Land, Gesetzgebung und Verwaltung wurden der jeweiligen europäischen Macht, dem Mutterland, übertragen. So entstanden aus unabhängigen Territorien wirtschaftlich und politisch abhängige Kolonien. Diese wurden dann militärisch mit Soldaten aus dem Mutterland abgesichert.

Neue Siedlungsgebiete   Im 19. Jh. stieg im Zuge der Industriellen Revolution, durch bessere Ernteerträge und durch Fortschritte in der Medizin in Europa die Bevölkerung sehr stark an. Dies verursachte Arbeitslosigkeit und Unzufriedenheit. Daher boten die Regierungen der Kolonialmächte den Menschen Arbeitsplätze und Landbesitz in den neuen Kolonien an. So siedelten sich immer mehr Europäer schließlich als Bauern, Händler und Verwaltungsbeamte in den eroberten Gebieten an.

Du bist dran

- Erörtere mögliche Gründe, die Auswanderinnen und Auswanderer bewogen, ihr Land zu verlassen. Beschreibe die Hoffnungen, die sie in ihr Leben in den Kolonien vermutlich setzten.

Du bist dran

- Erstelle eine Rangliste der Kolonialmächte nach ihrer Bedeutung und begründe deine Einschätzung. Mögliche Kriterien: Größe, Lage, Bedeutung der Kolonie, …

Imperialismus:
(lat. imperare = herrschen)
Allgemeine Bedeutung:
Streben nach Weltherrschaft oder zumindest Herrschaft über große Gebiete außerhalb des eigenen Staates
Als geschichtlicher Begriff:
Der Erwerb von Gebieten vor allem in Afrika und Asien durch europäische Staaten sowie Russland, Japan und die USA zwischen 1870 und 1914

Du bist dran

Arbeite nach M2

- Beschreibe die Karikatur.
- Vergleiche die in der Karikatur dargestellte Weltkugel mit der Karte auf S. 43.
- Beurteile, welche Einstellung der Karikaturist vermutlich zum Imperialismus hatte.

Der englische Politiker und Geschäftsmann Cecil Rhodes° 1877:

Q Ich behaupte, dass wir die erste Rasse der Welt sind und dass es umso besser für die menschliche Rasse ist, je mehr wir von der Welt bewohnen. Darüber hinaus bedeutet es einfach das Ende aller Kriege, wenn der größere Teil der Welt in unserer Herrschaft aufgeht. Da Gott offenkundig die englisch sprechende Rasse zu seinem auserwählten Werkzeug geformt hat, denke ich, so viel von Afrika britisch rot zu malen als möglich und den Einfluss der englisch sprechenden Rasse auszudehnen.
(In: W. T. Stead, Drafts of Ideas)

Du bist dran

Arbeite nach M1

- Arbeite jene Äußerungen des Cecil Rhodes heraus, die vom britischen Sendungsbewusstsein zeugen.
- Erläutere und beurteile die Argumente von Cecil Rhodes, mit denen er die britische Vorherrschaft in der Welt begründet.

Die Plünderer der Welt: Die Karikatur von Thomas Nast (1885) trägt den Titel „grab bag" („Wundertüte"). Die drei Personen repräsentieren Deutschland (links), Großbritannien (Mitte) und Russland (rechts).

Rohstofflieferanten und Absatzmärkte Durch die zunehmende Industrialisierung wurden in Europa und in den USA immer mehr Waren produziert. Die Kolonien dienten nun als Lieferanten für den stark steigenden Bedarf an billigen Rohstoffen (zB Kohle, Erdöl, Baumwolle, Eisen). Die Kolonien sollten aber auch neue Absatzmärkte für die massenhaft erzeugten Fertigprodukte sein.

Das Überlegenheitsgefühl der „Weißen"

„Von Gott auserwählt" Viele Europäer und „weiße" Amerikaner glaubten, ein von Gott zu besonderen Taten auserwähltes Volk zu sein. Diese Menschen waren überzeugt von ihrer geistigen, technischen und militärischen Überlegenheit anderen Völkern gegenüber. Sie interessierten sich daher auch kaum für die kulturellen Leistungen nichteuropäischer Völker oder beurteilten sie als minderwertig. Viele Europäer fühlten sich daher regelrecht verpflichtet, anderen Völkern ihre Lebensweise und Religion aufzuzwingen.
Überlegenheit der eigenen Nation Der Glaube an die Überlegenheit der eigenen Nation, der Nationalismus*, war für viele Europäer eine Rechtfertigung für die imperialistische Politik. Diese Einstellung der europäischen Akteure führte öfter auch zu gefährlichen Konflikten zwischen den Kolonialmächten.

Reaktionen der Unterworfenen

Anpassung – Kollaboration – Widerstand In den Kolonien musste die einheimische Bevölkerung normalerweise allen Anordnungen der Kolonialherren gehorchen. Das bedeutete auch, dass die Untertanen ihre Lebensweise den Vorstellungen der fremden Herrscher anpassen mussten. Immer wieder gab es Beamte, Könige oder Stammesoberhäupter, die mit den Kolonialherren zusammenarbeiteten. Sie erwarteten sich davon häufig persönliche Vorteile und finanziellen Gewinn. In manchen Kolonialgebieten kam es zu Aufständen der unterworfenen Bevölkerung gegen die Fremdherrscher.
Beispiel: der Herero-Aufstand In Deutsch-Südwestafrika wurden die Völker der Herero und Nama von den deutschen Kolonisten ihres Landes beraubt und brutal und entwürdigend behandelt. Verbrechen der deutschen Siedler jedoch, selbst schwere Körperverletzungen oder Vergewaltigungen von Herero-Frauen, wurden wenig oder gar nicht geahndet. Das führte 1904 zum Aufstand der Herero und Nama. Dabei töteten sie mehr als 100 deutsche Siedler und Soldaten. Die deutschen Truppen reagierten ein halbes Jahr später mit einem Vernichtungsfeldzug: Von den 80 000 Herero töteten sie dabei etwa 65 000 Männer, Frauen und Kinder. Wir sprechen daher von einem Völkermord. Die Überlebenden kamen zur Zwangsarbeit in Konzentrationslager*.

Der deutsche Kommandant Generalleutnant Lothar von Trotha gab am 2. Oktober 1904 folgenden Befehl aus:

Q Innerhalb der Deutschen Grenze wird jeder Herero mit oder ohne Gewehr, mit oder ohne Vieh erschossen, ich nehme keine Weiber und keine Kinder mehr auf, treibe sie zu ihrem Volke zurück oder lasse auch auf sie schießen.
(In: Geschichte betrifft uns, 2008)

Arbeite nach M1

Du bist dran

■ Beurteile diesen Befehl General Trothas aus heutiger Sicht. Denke dabei an Kriegsverbrechen und Menschenrechte.

Arbeite nach A1+M2

Du bist dran

■ Recherchiere im Internet Informationen über „Uncle Sam" und beschreibe diese Kunstfigur.
■ Erkläre, was der Künstler mit dieser Karikatur vermutlich aussagen will. Gehe dabei auch auf das Verhältnis zwischen Uncle Sam und dem Kellner ein.

WELL, I HARDLY KNOW WHICH TO TAKE FIRST!

Uncle Sam Die Karikatur (1900) stellt die amerikanische Nationalfigur Uncle Sam (sitzend) und den damaligen amerikanischen Präsidenten McKinley als Kellner (rechts) dar. (Karikatur, 1900)

Imperialismus am Beispiel der USA

Aufstieg zur Weltmacht   Im Laufe des 19. Jh. waren die USA zur wirtschaftlichen Weltmacht geworden. Um diese Vormachtstellung abzusichern, forderten sie überall offene Märkte. Dazu wollten sie auch ihren politischen Einfluss vor allem in Mittel- und Südamerika sowie im pazifischen Raum geltend machen.

Der Spanisch-Amerikanische Krieg   Im Jahr 1898 fand der Krieg zwischen der ehemals großen Kolonialmacht Spanien und den USA statt. Er endete mit einer totalen Niederlage Spaniens. Es musste seine Kolonien Puerto Rico, Guam und die Philippinen an die USA abtreten. Gleichzeitig gliederten die USA auch Hawaii in ihr Staatsgebiet ein.

Sonderfall Kuba   Kuba führte schon jahrzehntelang einen erfolglosen Unabhängigkeitskrieg gegen Spanien. Erst 1898 konnten die Kubaner mit US-Militärhilfe die Unabhängigkeit von Spanien erlangen. Nun aber wurde Kuba abhängig von den USA, die die Insel militärisch besetzten.

Der Gesetzeszusatz von Senator Platt   Kuba musste als Bedingung für den Abzug der US-Truppen einen Gesetzeszusatz in seine Verfassung aufnehmen. Im Vertrag von 1903 erhielten die USA bedeutende Rechte. Der Vertrag mit Kuba wurde 1934 von den USA wegen „der Politik der guten Nachbarschaft" mit Ausnahme von Artikel 7 aufgehoben. Dieser Artikel gilt – trotz aller Bemühungen Kubas um seine Abschaffung – bis heute.

Das „Platt Amendment"*:

Q Art.3: Die Regierung Kubas erlaubt den USA, in Kuba zur Wahrung der kubanischen Unabhängigkeit (…) zu intervenieren (= einzugreifen).
Art.7: Um die Unabhängigkeit von Kuba aufrechtzuerhalten (…), wird die Regierung von Kuba den USA Land verkaufen oder verpachten, um es (…) als Marinestützpunkt zu nutzen (…).
(https://www.ourdocuments. gov)

Arbeite nach M1

Du bist dran

■ Erörtere, warum die USA auf Einhaltung des Artikels 7 bis heute bestehen.
■ Nimm zu Artikel 7 im Hinblick auf das Selbstbestimmungsrecht der Völker Stellung.

Großbritannien erobert ein Weltreich

Schlacht bei Plassey 1757 Soldaten der Britischen Ostindien-Kompanie besiegten unter Robert Clive den letzten unabhängigen Herrscher Indiens. Diese Schlacht wird daher als Beginn der britischen Herrschaft in Indien betrachtet. („Robert Clive und Mir Jafar nach der Schlacht von Plassey" 1757, Ölgemälde von Francis Hayman (1708–1776), ca. 1760)

Ein indischer Diener wäscht seinem britischen Herrn die Füße (Handkolorierter Kupferstich von J. H. Clark und C. Dubourg aus „The European in India" von Charles Doyley, 1813)

Arbeite nach M2

Du bist dran

- Beschreibe und interpretiere das Gemälde und den Kupferstich. Berücksichtige dabei die Personen, deren Kleidung, Tätigkeiten, die Umgebung, …
- Erläutere, auf welche Weise der britische Anspruch auf Macht und Herrschaft in Indien in den beiden Bildquellen deutlich wird.

Britische Kolonien in Afrika

Das Empire Vor dem Ersten Weltkrieg beherrschte Großbritannien ein Weltreich, das hundertmal größer war als das Mutterland. Etwa 350 Millionen Menschen, über ein Viertel der damaligen Weltbevölkerung, lebten im britischen Empire*. Mehrere Umstände waren dafür verantwortlich: Als bedeutendstes Industrieland war Großbritannien an billigen Rohstoffen aus den Kolonien interessiert. Britische Fertigprodukte wie Waffen, Stoffe, Kleider und Möbel verkauften die Briten teuer in die Kolonien.

Beherrscher der Weltmeere Großbritanniens Kriegs- und Handelsschiffe beherrschten die Weltmeere. Der Bau des Suez-Kanals (Eröffnung 1869) verkürzte den Weg nach Indien erheblich. Großbritannien erwarb die Mehrheit der Suez-Aktien und kontrollierte daher auch diese wichtige Schifffahrtsroute. Als in Ägypten ein Aufstand gegen Großbritannien ausbrach, wurde es besetzt und unter britische Herrschaft gestellt.

Indien, das britische „Schatzhaus am Ganges"

Kaiserin von Indien Indien galt als wertvollster Besitz der britischen Krone. Das alte, hoch entwickelte Kulturland hatte um 1850 etwa 200 Millionen Einwohner. Es war in viele Herrschaftsgebiete und Fürstentümer zerfallen. Durch Waffengewalt und Verträge brachten die Briten nach und nach alle an sich. 1877 nahm die britische Königin Victoria den Titel einer Kaiserin von Indien an. Die höchste Gewalt lag beim britischen Parlament und der Krone. Der jeweils auf fünf Jahre ernannte Vizekönig übernahm die Verwaltung. Großbritannien stütze sich dabei auch auf bereits bestehende Verwaltungs- und Machtstrukturen („indirect rule").

Große Gewinne Britische Kaufleute erzielten große Gewinne. Sie überschwemmten den indischen Markt mit Industrieprodukten aus dem Mutterland. Für die einheimische Bevölkerung hatte dies oft verheerende Folgen: Das indische Gewerbe ging zu Grunde. Viele Bauernfamilien verloren ihr Land, fanden keine Arbeit mehr und gerieten in Schulden. Britische Pächter und Plantagenbesitzer verdienten ein Vermögen am Verkauf von Rohstoffen wie Jute und Baumwolle. Den indischen Arbeiterinnen und Arbeitern zahlten sie meist einen Hungerlohn. Zwar ließen die Briten auch Straßen, Eisenbahnen, Häfen, Verwaltungsgebäude und Schulen bauen, sie selbst aber zogen den größten Nutzen daraus.

Sicherung der Herrschaft Die Offiziere der Indien-Armee waren ausschließlich Briten. Verwaltet wurde das Land von gut ausgebildeten Beamten, lange Zeit waren dies nur Briten. Sie sorgten für Disziplin und Ordnung, waren angesehen und gut bezahlt. Ohne Mitwirkung der einheimischen Herrscher wäre die Eroberung Indiens nicht möglich gewesen. Das Bündnis mit den Briten ermöglichte den etwa 600 Fürsten, immense Reichtümer anzuhäufen.

In dieser Oberschicht genossen die Kolonialherren Sympathien. Sie schickten ihre Kinder auf britische Schulen und Universitäten. Manche erreichten daher gute wirtschaftliche und gesellschaftliche Positionen. Im Ersten Weltkrieg stellte Indien 1,3 Millionen Soldaten für Großbritannien. Als Lohn dafür erhofften sich viele die politische Unabhängigkeit. Diese wurde jedoch erst 1947 erreicht.

Ein gebürtiger Inder als Abgeordneter im britischen Unterhaus, 1902

Q Eine riesige Geldmenge wird zurzeit pro Jahr dem indischen Volk genommen, um die Gehälter und Pensionen europäischer Beamter innerhalb und außerhalb Indiens zu bezahlen. Die Geldmenge, die nach England abfließt, stellt einen völligen wirtschaftlichen Verlust dar. Was in Indien ausgegeben wird, trägt zum Verbrauch der Ausländer bei, lässt aber die Landeskinder weiterhin darben. (…) Es kann wohl keinen klareren Fall finanzieller Ungerechtigkeit geben als den, dass man die Inder mit den gesamten britischen Zivil- und Militärausgaben belastet. (…) Die Briten behandeln die Inder seit mehr als eineinhalb Jahrhunderten wie Heloten (= Unterworfene, Sklaven), und noch besteht keine Aussicht und werden keine Anstrengungen gemacht, dass die feierliche Verpflichtung, Indien zu voller britischer Bürgerschaft zuzulassen, ehrlich erfüllt wird.
(In: D. Rothermund, Der Freiheitskampf Indiens)

Die Spuren der britischen Herrschaft in Indien

Koloniale Vergangenheit   Nach wie vor ist Englisch die wichtigste Sprache in Indien, auch die großen Zeitungen erscheinen auf Englisch. Das Bildungswesen ist westlich ausgerichtet. Manche Unterrichtsfächer werden auf den Universitäten ausschließlich in der Sprache der ehemaligen Kolonialherren gelehrt. Bei vielen Universitätsstudien müssen die Studierenden die Geschichte Europas lernen.

Vom Empire zum Commonwealth

Der Commonwealth of Nations   Dies ist ein 1931 gegründeter Staatenbund von unabhängigen Ländern. Die meisten der 53 Mitgliedstaaten (Stand 2019) sind ehemalige britische Kolonien. Etwa 30% der Weltbevölkerung leben in einem Commonwealth-Staat. Zweimal im Jahr treffen sich deren Regierungschefinnen und -chefs. Sie besprechen dann politische und wirtschaftliche Maßnahmen. Oberhaupt ist die britische Königin Elizabeth II.

Du bist dran

- Fasse die Vorwürfe des indischen Politikers zusammen.
- Formuliere eine Stellungnahme, wie sie ein Brite möglicherweise als Rechtfertigung verfasst hätte.
- Bewerte die Aussagen in Hinblick auf die Kolonialpolitik der Briten.

" DISPUTED   EMPIRE ! "

. A terrible famine was raging in Southern India, and a Relief Fund had been started at the Mansion House.   The Queen was now Empress of India.

Disputed Empire Die Karikatur zeigt Königin Victoria auf einem Thron. Sie entstand während der großen Hungersnot in Indien zwischen 1876 und 1878. (Karikatur, Sir John Tenniel (1820–1914) im „Punch", 1877)

Du bist dran

- Beschreibe und interpretiere die Karikatur: Stelle dar, welche Gegensätze sich aus der Darstellung Victorias und der ihr zu Füßen liegenden Menschen ergeben.

Imperialistische Politik in Afrika

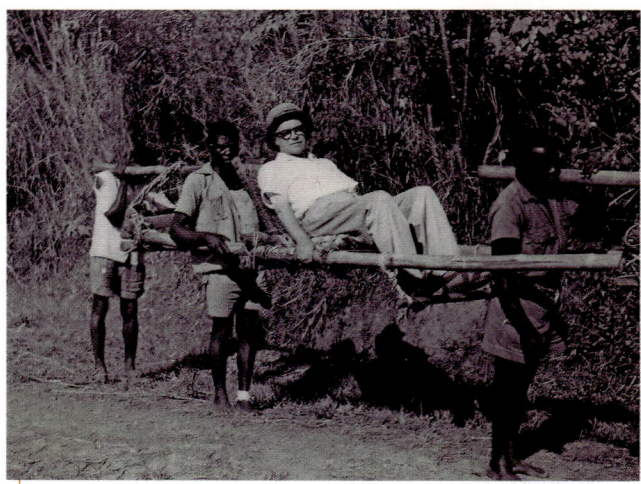

Einheimische als Zwangsarbeiter: Ein Weißer lässt sich in Belgisch-Kongo von zwei Einheimischen tragen. Anstatt die Sklavenjägerei abzuschaffen, wie in der Kongo-Konferenz versprochen, machten die belgischen Kolonialherren die Einheimischen zu Zwangsarbeitern. (Foto 1907)

Verbesserte medizinische Betreuung: Europäische Ärzte untersuchen an der Schlafkrankheit erkrankte Menschen im Kongo. Ein Serum gegen diese Infektionskrankheit wurde von deutschen Medizinern entwickelt. (Foto 1912)

Die Auswirkungen der Kolonialpolitik auf das Schulwesen zeigt ein Schul-Bericht der deutschen Kolonie Togo 1909

Q Nach Schönschreiben und Rechtschreiben, je eine halbe Stunde, Geographie, eine Stunde: die großen Staaten Europas und ihre Hauptstädte; die Namen der bedeutendsten deutschen Flüsse und die Richtung, in der sie fließen; die Namen der bedeutendsten deutschen Gebirge. Am Nachmittag Aufsatz: Welche guten Dinge haben uns die Europäer gebracht? Geschichte: Die Regierung Wilhelms I. und die Kriege, die er geführt hat. (In: M. Baumhauer, Imperialismus)

Afrika wird aufgeteilt

1884 lud der deutsche Reichskanzler Bismarck* die Vertreter der europäischen Großmächte zur so genannten Kongokonferenz nach Berlin. Innerhalb einiger Wochen wurde Afrika unter den europäischen Staaten aufgeteilt.

Was brachten die Europäer?

Grenzziehung mit Lineal

Die Folgen des Imperialismus wirken bis heute nach. Die Aufteilung Afrikas durch die Europäer erfolgte „mit dem Lineal". Grenzen für neue Staaten entstanden oft einfach den Längen- oder Breitengraden oder großen Flüssen entlang. Dabei kümmerten sie sich nicht um die Stammesgrenzen. Diese willkürlichen Grenzziehungen geben bis heute immer wieder Anlass für Kämpfe zwischen Völkern und für blutige Kriege.

Auswirkungen des Imperialismus

Weitere negative Auswirkungen für die einheimische Bevölkerung waren: Zwangsarbeit, hohe Todesraten in den Minen und Plantagen, Umsiedlungen und brutale Unterdrückung. Alle Kolonien hatten den Zweck, Rohstoffe für die Industrien in den Mutterländern zu liefern, und sie dienten als Absatzmärkte für Fertigprodukte aus den Mutterländern. Für die Mutterländer waren nur wenige landwirtschaftliche Produkte wie Kaffee, Kakao oder Baumwolle von Interesse, die in Monokulturen angebaut wurden. Der Bau von Eisenbahnen, Straßen und Häfen war den Bedürfnissen der Kolonialmächte angepasst. Viele der Strukturen, die die Kolonialherren schufen, wirken bis heute nach, zB dient in vielen afrikanischen Ländern die Sprache der ehemaligen Kolonialmacht als Amtssprache.

Du bist dran

■ Schildere als junger Afrikaner oder als junge Afrikanerin zu Beginn des 20. Jahrhunderts, wie sich die Kolonialpolitik auf dein Leben ausgewirkt haben könnte. Berücksichtige dabei Autorentext, Textquelle und Abbildungen.

Ausbeutung und Tod im Kongo

Königlicher Privatbesitz   Ein besonders schlimmes Beispiel für die Ausbeutung von Menschen und Boden bildet der Kongo. Diese riesige Kolonie im Herzen Afrikas war im Privatbesitz des belgischen Königs Leopold II. Reiche Vorkommen an Rohstoffen machten das Land so begehrenswert: Gold, Diamanten, Kupfer und Elfenbein gab es in großer Fülle.

Sklavenjagd und Zwangsarbeit   Die dort lebenden Menschen wurden – oft mit Waffengewalt – zur Arbeit gezwungen. Um an Arbeitskräfte zu kommen, veranstalteten europäische Kaufleute und Männer im Dienste des Königs Sklavenjagden. Ein Teil des Urwaldes bestand aus Gummibäumen, aus denen Kautschuk gewonnen wurde. Dieser Rohstoff diente in Europa zur Herstellung von Gummi. Die Gummi-Gesellschaften gingen besonders brutal vor: Ihre bewaffneten Angestellten überfielen immer wieder Dörfer und verschleppten Frauen und Kinder in so genannte „Geiselhäuser". Die Männer bekamen ihre Familien nur zurück, wenn sie genug Gummi ablieferten. Geschah dies nicht rasch genug, wurden die Frauen und Kinder als Sklaven verkauft oder sie verhungerten. Diese Gräuel wurden schließlich in Europa bekannt.

Staatliche Kolonie   1908 wurde der belgische König gezwungen, den Kongo dem belgischen Staat zu übergeben. Die schlimmsten Übergriffe konnten nun gestoppt werden. Die wirtschaftliche Ausbeutung des Landes geht jedoch bis heute weiter.

Arbeite nach M1

Du bist dran

- Arbeite aus der Quelle den Zusammenhang zwischen den wertvollen Rohstoffen des Kongo, dem Bürgerkrieg und der dortigen Kinderarbeit heraus.
- Erläutere, was du auf die Frage antworten würdest: Was hat mein Handy mit dem Bürgerkrieg im Kongo zu tun?

Auch Kinder im Kongo arbeiten für unsere Handys (2016):

Q (Den) Vereinten Nationen zufolge zählt die Demokratische Republik Kongo zu den ärmsten Staaten der Welt. (…) Die wertvollen Rohstoffe befeuerten Konflikte, die oft seit der Kolonialzeit bestehen, und zwangen bisher Millionen Menschen zur Flucht vor gierigen Kriegstreibern. (…) Seit Jahren tobt ein blutiger Bürgerkrieg in dem bevölkerungsreichen Land. 40 bis 50 unterschiedliche bewaffnete Gruppen kontrollieren einen Großteil der 900 Minen und finanzieren sich mit dem Verkauf der begehrten Handy-Rohstoffe ihren mörderischen Lebensstil. Menschen aus den umliegenden Dörfern, darunter meist auch Kinder, werden von den Rebellen gezwungen, mit bloßen Händen oder einfachen Schaufeln die Stoffe aus dem Boden zu befördern. (…) Am Ende kostet ein neues Smartphone in den Läden Westeuropas bis zu 700 Euro. Ein Arbeiter im Kongo bekommt allerdings lediglich ein paar Cent …
(In: Katrin Pointner, Was hat mein Handy mit dem Bürgerkrieg im Kongo zu tun?)

Kinderarbeit im Kongo Auch Kinder arbeiten im Kongo in Minen, in denen nach den Rohstoffen für die Herstellung von Handys geschürft wird. (Foto 2012, Dorf Nizi, Kongo)

Das Kaiserreich China

„In China" Die französische Karikatur von 1898 zeigt einen Chinesen (Bildmitte), der bei der Teilung Chinas durch europäische Mächte zusieht: Ganz links ist Königin Victoria (Großbritannien) zu sehen, rechts von ihr der deutsche Kaiser Wilhelm II., rechts von ihm der russische Zar Nikolaus II., stehend die Figur der Marianne (verkörpert Frankreich) und ganz rechts ein Samurai (verkörpert Japan). („Le Petit Journal" Nr. 374, 16.1.1898)

Das Reich der Mitte China besitzt eine jahrtausendealte Tradition. Das Land blieb lange von äußeren Einflüssen unberührt. Die Chinesen nannten ihr Land „Reich der Mitte". Im Jahr 221 v. Chr. wurde in China das erste Kaiserreich begründet. Der erste Kaiser stammte aus dem Gebiet von „Chin", woraus sich der Name „China" ableiten lässt.
Söhne des Himmels So nannten sich die chinesischen Kaiser. Mehr als zwei Jahrtausende lang wurde China von Herrschern aus unterschiedlichen Dynastien* regiert.

Die Lehren des Konfuzius und das Beamtentum

Die Mandarine Die Entwicklung Chinas wurde stark von den Lehren des Philosophen* Konfuzius* geprägt. Er forderte von den Beamten unbedingten Gehorsam gegenüber dem Herrscher. An der Spitze der Beamten standen die Mandarine. Sie wurden bestens ausgebildet und waren äußerst angesehen. Sie fühlten sich dem Kaiser gegenüber sehr verpflichtet. Ihr Motto war: „Zittere und gehorche!" Diese Tradition bestand bis ins 19. Jh.

Europäische Großmächte bedrängen China

Rohstoffe und Absatzmärkte Im 19. Jh. suchten die europäischen Großmächte nach Absatzmärkten für Fertigwaren. Sie waren aber ebenso interessiert an neuen, billigen Rohstoffen. Mit allen Mitteln versuchten sie, wirtschaftlichen Einfluss im bevölkerungsreichsten Land der Erde zu erreichen. Besonders Großbritannien hatte wegen der hohen Teeimporte großes Interesse daran, Wirtschafts- und Handelsbeziehungen mit China aufzubauen. Der chinesische Kaiser lehnte jedoch den Handel mit dem Ausland ab.

1793 lehnte der Kaiser das Angebot des britischen Königs zur wirtschaftlichen Zusammenarbeit ab

Q Ich brauche die Waren deines Landes nicht. (…) Unser Himmlisches Reich besitzt alles in verschwenderischer Fülle, und innerhalb seiner Grenzen mangelt es an nichts. Deshalb ist es keine Notwendigkeit, die Waren fremder Barbaren im Austausch mit unseren eigenen Produkten einzuführen.
(In: H. Stoecker, Deutschland und China im 19. Jh.)

Der Opiumkrieg Das Rauschgift Opium spielte in dieser Auseinandersetzung eine wichtige Rolle. Seit 1800 überschwemmten die Briten den chinesischen Markt mit Opium. Einige Opiumhändler gelangten zu großem Reichtum, viele Chinesen wurden aber süchtig und krank. Trotz eines kaiserlichen Verbotes handelten britische Geschäftsleute diese Droge aus Indien im Austausch mit Seide, Porzellan und Tee. Dies führte zwischen Großbritannien und China zum Ersten Opiumkrieg (1839–1842). China verlor und wurde in den so genannten „Ungleichen Verträgen" zu harten Friedensbedingungen gezwungen: Es musste mehrere Häfen für den europäischen Handel freigeben.
Hongkong wurde britische Kolonie und wurde erst 1999 an China zurückgegeben. Nach 1860 musste China schließlich weitere Gebiete und

Arbeite nach M2

Du bist dran

- Beschreibe die Personen, ihre Kleidung, Tätigkeiten, Gesten, Gesichtsausdruck, Positionen zueinander etc.
- Erläutere, welchen Bezug jede der dargestellten Personen zum Thema „Imperialismus in China" hat.
- Erörtere, was der Zeichner mit der Darstellung des Chinesen ausdrücken wollte.

Arbeite nach A2

Du bist dran

- Fasse die Gründe zusammen, weshalb der Kaiser eine wirtschaftliche Zusammenarbeit mit Großbritannien ablehnte.
- Erkläre in eigenen Worten die Interessen der westlichen Mächte an China.

bedeutende Häfen an Großbritannien, Frankreich, Russland, die USA und an das Deutsche Reich abtreten. Die Folgen für China waren vernichtend: Große Teile der Wirtschaft brachen zusammen, Massenarmut war die unmittelbare Folge. China verlor seine Vormachtstellung in Asien.

Der deutsche Geograph Richthofen bereiste China von 1868–1872

Q Er wurde aufgrund seiner Berichte zum Wegbereiter der imperialistischen Politik des Deutschen Reiches in China. Er schrieb, dass China „das am wenigsten durchforschte, und zugleich wegen seiner ungeheuren Bevölkerung, seiner reichen Production und seiner steigenden Bedeutung im Weltverkehr im höchsten Grade eine Untersuchung werth (ist). Für uns handelt es sich in erster Linie um die Verwendung der Arbeitskraft im Land selbst. Das (…) Talent des Chinesen macht es ihm leicht, auf allen Gebieten (…) die ihm gelehrten Handgriffe mit Geschicklichkeit auszuführen. (…) Er erfüllt am vollkommensten das Ideal einer menschlichen Arbeitsmaschine (…), nicht allein weil er gleichförmig wie eine Maschine, sondern auch weil er zugleich intelligent arbeitet."
(In: Liu Jing, Wahrnehmung des Fremden: China in deutschen und Deutschland in chinesischen Reiseberichten)

Republik statt Kaiserreich 1911 wurde der letzte chinesische Kaiser von revolutionären Kräften gestürzt und die Republik ausgerufen.

Über die Folgen der imperialistischen Politik auf China bis in die Gegenwart schreibt der deutsche Historiker Wolfgang Mommsen 1998:

Q Was China angeht, so dürfte die imperialistische Politik des Westens gegenüber China dessen wirtschaftliche Entfaltung (…) eher abgebremst (…) haben. Vor allem wurden durch den europäischen und späterhin den japanischen Imperialismus wesentliche Voraussetzungen für den Aufstieg des chinesischen Kommunismus gelegt. Langfristig gesehen war die Strategie des Westens, was China angeht (…) – ein folgenreicher Fehlschlag.
(In: Wolfgang J. Mommsen, Kolonialherrschaft und Imperialismus: Ein Blick zurück)

Der Boxeraufstand (1900/01) Die als Boxer bezeichnete chinesische Bewegung richtete sich gegen Ausländer. Es kam zu Ausschreitungen und Verfolgungen gegenüber Fremden: Die ausländischen Mächte antworteten darauf mit blutigen Strafaktionen. Die Abhängigkeit Chinas von den Kolonialmächten wurde nach der Niederschlagung des Boxeraufstandes noch größer. (Chinesischer Gefangener, Foto 1900/01)

Der chinesische Beauftragte zur Bekämpfung der Opiumsucht schrieb 1839 an Königin Victoria:

Q Lasst uns fragen: Habt Ihr kein Gewissen? Ich habe gehört, dass in Eurem Lande das Opiumrauchen streng verboten ist. Und das, weil der Schaden, den das Opiumrauchen verursacht, klar erkannt wird. Wenn es nicht erlaubt ist, Eurem eigenen Lande Schaden zuzufügen, dann solltet Ihr (das Gift) umso weniger zum Schaden anderer Länder weitergeben lassen.
(http://www.zeit.de/zeit-geschichte/2012/01/Chinas-Niedergang/seite-2)

Du bist dran *Arbeite nach M1*
- Ermittle, mit welchem Argument der chinesische Beauftragte die Königin dazu bringen will, die Einfuhr von Opium nach China zu stoppen.

Du bist dran *Arbeite nach M1*
- Arbeite aus der Quelle heraus, wie der Geograph Richthofen die Chinesen wahrnimmt und beurteilt.
- Bewerte sein offensichtliches Hauptinteresse an ihnen.

Du bist dran *Arbeite nach M1*
- Stelle in eigenen Worten dar, wie der Historiker Mommsen die Folgen der imperialistischen Politik für China beurteilt.

Von der Samurai-Herrschaft zum modernen Japan

Die Samurai Yato Yomoshichi Norikane und Masuharu Sachu: Die Erzählung „Die 47 Ronin" ist eine in Japan berühmte Geschichte nach einem wahren Ereignis aus dem frühen 18. Jh. 47 Krieger rächen den Tod ihres Herrn. Dies gilt als vorbildliches Beispiel für die bedingungslose Treue der Samurai. (Farbholzschnitt, 1848, Blatt 41 aus der Serie „Wettbewerb ruhmreicher treuer Vasallen", 36,5 × 24 cm)

Samurai (Rekonstruktionszeichnung)

Der Tenno   Das japanische Kaiserreich entstand im 7. Jh. n. Chr. Es war eine Zeit adeliger Machtkämpfe. Dabei konnte einer der Fürsten die Macht an sich reißen und Kaiser über ganz Japan werden. Der Tenno, wie der Kaiser in Japan genannt wird, führte seine Herkunft auf die himmlische Schutzgöttin Japans, die Sonnengöttin, zurück.

Die Samurai   Die Kaiser der Folgezeit versuchten Japan zu einem einheitlichen Reich, ähnlich dem in China, umzugestalten. Doch zwischen den Fürsten kam es immer wieder zu blutigen Auseinandersetzungen. Diese Kämpfe wurden von den adeligen Samurai ausgetragen. Sie waren den europäischen Rittern des Mittelalters ähnlich: in ihren Aufgaben, ihrer Ausrüstung und den Idealen, für die sie eintraten. Einige Fürsten bauten große Heere von gut ausgebildeten Rittern auf. 1192 riss einer der Samurai-Fürsten die Macht an sich: Der Kaiser wurde politisch völlig entmachtet, blieb aber das offizielle Staatsoberhaupt. Seine Rechte wurden auf religiöse Handlungen eingeschränkt.

Der Shogun   Die gesamte politische Macht ging von nun an vom höchsten Samurai aus. Dieser wurde Shogun, das bedeutet Oberbefehlshaber zur Niederwerfung der Barbaren, genannt. Er war leitender Minister einer aus Samurai bestehenden Militärregierung. Diese Samurai-Herrschaft dauerte fast 700 Jahre lang.

Ideale und Erziehung der Samurai

Die Ideale und Vorstellungen der Samurai prägen die Denk- und Lebensweise Japans bis heute.

Harte Kampfausbildung   Treue und Pflichtbewusstsein waren oberste Werte für einen Samurai. Von klein auf wurde den Samurai Selbstkontrolle, Härte und Furchtlosigkeit beigebracht. Dazu gehörten zeitweiser Nahrungsentzug und das Bestehen von Mutproben. So musste ein junger Samurai zum Beispiel die Nacht allein auf einem Friedhof oder einem Hinrichtungsplatz verbringen, inmitten von Gehängten, Geköpften und Gekreuzigten. Der Kampf mit dem langen und dem kurzen Schwert, Bogenschießen, Schwimmen, Reiten und Jiu-Jitsu, die Kunst der Selbstverteidigung ohne Waffen, waren wichtige Unterrichtsfächer.

Hohe Bildung   Jungen Samurai wurde zudem nicht nur Lesen und Schreiben beigebracht, sondern auch die Lehren des Konfuzius, Mathematik, Medizin und Dichtung. Die vornehmen Samurai verließen die Schule daher als perfekte Kämpfer, aber auch als gebildete Menschen.

Das Ende der Samurai und der Shogun-Herrschaft: Der moderne Industriestaat Japan entsteht

Ende der Isolation   Lange Zeit konnte sich Japan von der übrigen Welt abschließen. Doch seit der Mitte des 19. Jh. zeigten die USA und europäische Großmächte Interesse an den Inseln. Schließlich zwangen sie Japan zu wirtschaftlichen Zugeständnissen, zB zu Handelsverträgen. Dies führte zu fremdenfeindlichen Reaktionen und gewalttätigen Zusammenstößen zwischen Japanern und Angehörigen ausländischer Mächte. Ein kaisertreuer Samurai zwang den unentschlossen handelnden Shogun 1867 zur Abdankung. Damit war die fast 700-jährige Herrschaft der Samurai zu Ende.

Die Meiji-Reformen   Der junge Kaiser Matsuhito* kam an die Macht. Er trat von Anfang an für eine Öffnung, Modernisierung und Industrialisierung seines Landes ein. Seine Meiji-Reformen (Meiji bedeutet Aufklärung, Öffnung) veränderten Japan vollständig. Anfänglich holte die Meiji-Regierung dazu auch ausländische Fachleute ins Land. In schnellem Tempo erfolgte die Umgestaltung des Landes zu einem modernen Industriestaat. Dabei übernahmen die Japaner westliche Techniken und Ideen.

Gegenseitige Kontaktaufnahmen   In den Jahren vor und nach dem Ende der Abgeschlossenheit sandte Japan Politiker und gebildete Männer in die westliche Welt. Diese sollten durch ihre Beobachtungen Japan einen schnellen Anschluss an die Weltmächte ermöglichen.

Die Vorstellungen vom Samurai leben weiter   Mehr als 150 Jahre nach dem Ende ihrer Herrschaft lebt die Welt der Samurai in Romanen, Comics und in Computerspielen weiter. Vor allem in japanischen, aber auch in US-Spielfilmen wird häufig ein sehr einseitiges, geschichtlich oft völlig falsches Bild von den Samurai gezeichnet: Dort sind sie meist furchtlose, ihrem Herrn absolut treu ergebene, Regeln streng einhaltende Helden. Dabei wird oft vergessen, dass sie Japan vor allem mit Gewalt und Unterdrückung beherrschten.

Der Japan-Kenner Roland Hagenberg schreibt 2010 über den Einfluss der Samurai-Herrschaft auf das moderne Japan:

Q Um seine Kämpfernatur in der Marketing-Welt zu unterstreichen, nennt Japans erfolgreichster Art Director Kashiwa Sato seine Firma „Samurai". Zu seinen Kunden zählen Weltmarken wie Microsoft und Apple. „Sato Kashiwa Design klingt zu langweilig," sagt der 45-jährige Tokioter. (…) Die Angestellten von heute haben zwar keine Schwerter mehr umgeschnallt und werfen sich zur Begrüßung vor hochrangigen Besuchern nicht mehr auf den Boden, aber ansonsten hat sich in Japan wenig geändert. In den modernen Großraumbüros sitzen immer noch vor allem Männer – eng zusammen und schweigsam an kleinen Tischen. Ihre Samurai-Montur ist der dunkle Anzug des mittleren Angestellten. Im eigenen Büro zu arbeiten würden sie als Bestrafung empfinden – es wäre für sie der Ausschluss aus der Gruppe. Und so beginnt die Rush Hour in Tokio erst um Mitternacht, weil alle Gruppen nach der Arbeit zunächst in die Kneipen gehen. (…) Heute trainieren Japaner noch immer in Schwertkampfschulen die wichtigsten Etappen des Kampfes. (In: http://www.arte.tv/sites/de/das-arte-magazin/2010/03/01/im-reich-der-samurai/)

Du bist dran   Arbeite nach M1

- Arbeite aus der Textquelle und dem Autorentext heraus, inwiefern die Vorstellungen von Samurais im Arbeitsleben und in der Freizeit in Japan heute noch eine Rolle spielen.

Der japanische Kaiser Matsuhito erklärte 1868:

Q Die verfehlte Politik, die von der Shogunatsregierung verfolgt wurde, hatte die öffentliche Meinung irregeleitet und zu der gegenwärtigen Verwirrung geführt. Die neue Staatsverwaltung veranlasst Uns, diese Politik der Abgeschlossenheit zu verlassen, und Wir geben hiermit kund, dass von jetzt an der internationale Verkehr auf der Grundlage internationaler Gebräuche eröffnet wird.
(In: A. Stead, Unser Vaterland Japan)

Du bist dran   Arbeite nach M1

- Vergleiche die Aussage von Matsuhito mit der Haltung des chinesischen Kaisers (S. 50).
- Erkläre die Folgen dieser unterschiedlichen Ansichten der beiden Herrscher für ihr Land.

Samurai-Übungen in einem Fitness-Studio in Tokyo (Foto 2010)

Das Eigene und das Fremde

- **Spanier und Portugiesen wollen nach Indien**   Seit 1453 versperrten die Osmanen den Handelsweg nach Indien. Die Portugiesen segelten deshalb um die Südspitze Afrikas und erreichten Indien 1498 (Vasco da Gama). Kolumbus wollte Indien auf dem Westweg erreichen und landete 1492 vor der Küste Amerikas.

- **Spanier erobern und beherrschen die „Neue Welt"**   Innerhalb weniger Jahrzehnte eroberten die Spanier ganz Mittel- und Südamerika. Um eine vollständige Ausrottung der indigenen Bevölkerung zu vermeiden, wurden seit dem 16. Jh. viele Millionen afrikanischer Sklavinnen und Sklaven nach Amerika verschifft.

- **Native Americans und ihre Vertreibung/Ausrottung**   Ca. 500 indigene Völker lebten vor der Ankunft der Europäer in Nordamerika. Vor allem Engländer, Franzosen, Holländer, Iren und Deutsche wanderten im 17. und 18. Jh. ein. In etwa 300 Kriegen vertrieben sie die Native Americans und rotteten sie beinahe aus. Erst 1924 erhielten die Natives die amerikanischen Bürgerrechte.

- **Aus englischen Kolonien werden die USA**   Es gab 13 englische Kolonien an der Ostküste Nordamerikas. Sie erklärten 1776 ihre Unabhängigkeit vom Mutterland. Im folgenden Unabhängigkeitskrieg siegten die Amerikaner unter George Washington. 1787 erhielten die United States of America (USA) eine demokratische Verfassung.

- **Vom Kolonialismus zum Imperialismus**   England, Frankreich und die Niederlande setzten sich zwischen dem 16. und 19. Jh. auch in vielen Gebieten der Welt fest. Im letzten Drittel des 19. Jh. setzte zwischen den Großmächten ein richtiger Wettlauf um die Kolonien ein.

- **Warum Imperialismus?**   Die imperialistischen Mächte strebten nach Weltherrschaft. Sie waren überzeugt von der Überlegenheit der „Weißen" und hielten sich von Gott für die Weltbeherrschung auserwählt. Daneben ging es um neue Siedlungsgebiete, Rohstofflieferanten und neue Absatzmärkte. Die Herrschaftsausübung war zum Teil sehr brutal (zB im Kongo).

- **Wie reagierten die Unterworfenen?**   Die Reaktion der einheimischen Bevölkerung war unterschiedlich: Anpassung, Kollaboration, (gewaltsamer) Widerstand.

- **Weltmacht Großbritannien**   Vor dem Ersten Weltkrieg beherrschte Großbritannien ein Weltreich. Indien war dabei der wichtigste Besitz (1877: Königin Victoria nimmt den Titel Kaiserin von Indien an). Daneben hatte Großbritannien viele Kolonien in Afrika und die größte Flotte der Welt. 1931 wurde der Commonwealth of Nations als Staatenbund gegründet. Die meisten der 53 Mitgliedstaaten (Stand: 2019) sind ehemalige britische Kolonien.

- **Das Kaiserreich China**   Seit dem 19. Jh. bedrängten europäische Großmächte China. Nach dem Opiumkrieg musste der chinesische Kaiser mehrere Häfen für die Europäer öffnen (zB Kolonie Hongkong). 1911 wurde der letzte Kaiser gestürzt und die Republik ausgerufen.

- **Das japanische Kaiserreich**   Bis zur Mitte des 19. Jh. schloss sich Japan von der übrigen Welt ab. 1867 wurde die Samurai-Herrschaft beendet. Kaiser Matsuhito leitete mit den Meiji-Reformen eine Öffnung des Landes und eine Umgestaltung zum modernen Industriestaat ein.

Wir trainieren Kompetenzen

1. Arbeitsauftrag: Betrachte das Bild. Versetze dich ins 16. Jh. Stell dir vor, du sollst in einer Druckwerkstatt arbeiten. Der Meister führt dich herum. Entwickle ein Gespräch zwischen dir und dem Meister.

Arbeite nach M2

Buchdruckerwerkstatt (Kupferstich von Jan Stradanus (1523–1605), Antwerpen 1588)

2. Arbeitsauftrag: Johannes Gutenberg wurde im Jahr 2000 zum „Mann des Jahrtausends" gekürt. Begründe, warum Gutenberg diese Auszeichnung erhielt.

3. Arbeitsauftrag: Vergleiche die Argumente Galileo Galileis für das Weltbild des Kopernikus mit den Gegenargumenten Bellarminos.

Arbeite nach M1

Galileo Galilei schrieb im Jahr 1630:

Q Die Beobachtung, welche am deutlichsten zeigt, dass die Erde jenem Mittelpunkte entrückt ist, die Sonne aber in demselben steht, ist die Tatsache, dass sich alle Planeten bald näher, bald weiter entfernt von der Erde befinden. Wenn es nun wahr ist, dass die Bahnen der Planeten um die Sonne als Zentrum gehen, so stimmt es erst recht, dass die Sonne ruht und nicht die Erde. Die Erde hat eine Bewegung von einjähriger Dauer. Wenn die Sonne ruht, folgt mit Notwendigkeit, dass sich die Erde auch täglich dreht. Denn steht die Sonne fest und die Erde dreht sich nicht um sich selber, sondern nur einmal im Jahr um die Sonne, so würde unser Jahr nur aus einem Tag und einer Nacht bestehen.
(In: Anna Mudry (Hg.), Galileo Galilei)

Kardinal Bellarmino, der Berater des Gerichts gegen Galilei, schrieb 1615:

Q Wenn man aber behaupten will, die Sonne stehe wirklich im Mittelpunkt der Welt und bewege sich nur um sich selbst, so läuft man damit große Gefahr, nicht nur alle Philosophen und Theologen zu reizen, sondern auch unseren heiligen Glauben zu beleidigen, indem man die heilige Schrift eines Fehlers überführt. Wenn ihr nicht nur die Väter, sondern auch die modernen Kommentare über die Bibel lesen wollt, werdet ihr finden, dass die Kommentare alle Stellen aus der Bibel wörtlich nehmen und so erklären, dass die Sonne am Himmel ist und sich um die Erde bewegt und dass die Erde unbeweglich im Mittelpunkt der Welt steht.
(In: Albrecht Fölsing, Galileo Galilei)

4. Arbeitsauftrag: Wähle eine Person aus einem der beiden Bilder auf S. 34 aus. Schildere die auf dem Bild dargestellten Szenen aus der Sicht dieser Person. Berücksichtige dabei auch, was du über den Künstler weißt.

1764
Spinnmaschine
von Hargreaves

ab 1750
starkes
Bevölkerungs-
wachstum

1769
Dampfmaschine
von Watt

1824
erste Gewerk-
schaften in
Großbritannien

1825
Stephenson
baut die erste
Eisenbahnlinie.

1837
erste Eisenbahnlinie
im Habsburgerreich

1861
Reis erfindet das Telefon.

1873
Wiener Weltausstellung

Die Industrialisierung
verändert die Gesellschaft

🌐 n89q25

SS Great Eastern Passagierschiff: Dieses Schiff war bei seiner Jungfernfahrt 1858 mit über 200 m Länge das größte Schiff der Welt.
Es fuhr lange Zeit zwischen Großbritannien und Amerika, zunächst als Passagierschiff und ab 1866 als Kabelschiff, um das erste
Transatlantische Telegraphenkabel zu verlegen. (Historisches Plakat, 1858)

GREAT EASTERN.

1874
erste Sozial-
demokratische
Partei in
Österreich

1875
Marcus baut
einen Motor-
Wagen.

1881
Berlin: erste
elektrische
Straßenbahn

1900
Zeppelin fliegt
über den
Bodensee.

1907
allgemeines und gleiches
Wahlrecht für Männer in Österreich

1919
Erstmals
wählen Frauen
in Österreich.

1927
Lindbergh fliegt
über den Atlantik.

1945
Erster Atom-
bombenabwurf

Vor etwa 250 Jahren begann in Großbritannien die Industrielle Revolution. Maschinen in den Fabriken ersetzten vielfach die menschliche Arbeitskraft. Nur langsam konnte die neue Klasse der (Fabriks-) Arbeiterschaft ihre äußerst schlechten Arbeits- und Lebensbedingungen verbessern. Zwei Vielvölkerstaaten zerbrachen im 19. Jh. am stark anwachsenden Nationalismus. In dieser Zeit begannen auch die großen Massenwanderungen, die auch heute die Menschen und die Politik vor enorme Probleme stellen.

Auf den folgenden Seiten sollst du erfahren:
- welche Bedeutung die Dampfmaschine für die Industrielle Revolution hatte.
- wie der Arbeiterstand lebte und was Armut auch heute noch bedeutet.
- welche Lösungsvorschläge es zur Verbesserung der Lage der Arbeiterschaft gab.
- welche Probleme Vielvölkerstaaten hatten.
- welche Herausforderungen die Migrationsströme der Gegenwart mit sich bringen und welche Bedeutung Asyl und Integration für die Menschen haben.

Mit Dampf ins Industriezeitalter

Die Industrielle Revolution begann in Großbritannien

Großbritannien hatte um 1750 die besten Voraussetzungen für die Industrielle Revolution:
- Es hatte reichlich Kohle und Eisenerz sowie Baumwolle aus den Kolonien.
- Die reichen britischen Unternehmer standen in großer Konkurrenz zueinander. Sie investierten* deshalb ihr Geld in neue Erfindungen, um ihre Produkte billiger erzeugen zu können.
- Die wichtigsten dieser Erfindungen waren: die Dampfmaschine*, die Spinnmaschine, der mechanische Webstuhl und die Dampflokomotive. Sie waren der Motor der Ersten Industriellen Revolution und traten den Siegeszug in die Welt an.

Dampfmaschine im Kohlebergbau: Mit einer Dampfmaschine werden die Pumpen in einem englischen Kohlebergwerk in Liverpool angetrieben. (Gemälde, England, 1792, Liverpool)

Du bist dran
Arbeite nach A2

- Diskutiert in der Klasse, ob ihr die neuen Maschinen eher als „eiserne Engel" oder als „schwarze Teufel" seht. Begründet eure Meinung.

Du bist dran
Arbeite nach M2

- Beschreibe die auf dieser Doppelseite dargestellten Dampfmaschinen.
- Arbeite die Einsatzmöglichkeiten der jeweiligen Maschine heraus.
- Beurteile den Einfluss dieser neuen Maschinen auf das Leben der Menschen damals sowie für uns heute.

Dampfpflug: Ein Bauer in Dakota pflügt mit einem Dampfpflug. (Kolorierte Zeichnung, um 1890)

Maschinen statt Handarbeit   Massenproduktion gab es schon in der Antike. Dabei wurden, wie später auch in der Manufaktur, alle Waren in Handarbeit und mit Arbeitsteilung hergestellt. Seit etwa 250 Jahren werden für Massenproduktionen Maschinen in Fabriken eingesetzt (= Industrie). Mit ihnen erhöhte sich das Tempo der Produktion um ein Vielfaches. Überall kamen Maschinen zum Einsatz: in der Landwirtschaft (Dresch- und Sämaschine), im Bergbau (Wasserpumpen), in den Eisenwerken (mechanische Hämmer), in den Textilfabriken (Spinnmaschinen, mechanische Webstühle). Damit begann die Industrielle Revolution.

Industrielle Revolution bis heute   Seither veränderten viele Erfindungen in immer rascherer Abfolge das tägliche Leben der Menschen in Arbeit und Freizeit: Telefon, Fernsehen, Computer, Internet, Flugreisen und vieles andere sind heute selbstverständlich. Erfindungen werden auch in Zukunft die Welt verändern. Im Verhältnis zur langen Geschichte der Menschheit vollzog sich diese Entwicklung sehr rasch. Daher bezeichnen wir sie als Revolution.

Die Dampfmaschine erhöht die Produktion

James Watt   Der schottische Mechaniker James Watt* meldete 1769 ein Patent* für eine leistungsfähige Dampfmaschine an. Der reiche Fabrikant Matthew Boulton* stellte das Geld für die Herstellung der neuen Maschine zur Verfügung. Die Unternehmer waren begeistert. Denn mit dieser Boulton-Watt-Dampfmaschine konnten die Arbeiterinnen und Arbeiter endlich ohne größere Schwierigkeiten das Grundwasser aus den Bergwerken pumpen, die Hämmer und Walzen in den Eisenwerken oder die Maschinen in den Baumwollspinnereien antreiben. Endlich waren die Handwerksbetriebe und Unternehmen nicht mehr auf Wind oder Wasser, tierische oder menschliche Muskelkraft angewiesen.

„Eiserne Engel" oder „schwarze Teufel"?   Diese „eisernen Engel" liefen Tag und Nacht, ohne Pause. Jetzt konnten die Fabriken viel mehr, viel schneller und damit viel billiger produzieren. Andere nannten diese Maschinen „schwarze Teufel": Denn ab nun bestimmten sie und nicht mehr die Menschen das Arbeitstempo.

Spinnmaschine und mechanischer Webstuhl

Kleidung wird Massenware   Vor 200 Jahren zwei Kleidergarnituren zu besitzen war ein Luxus, den sich kaum ein Bauer und schon gar nicht ein Tagelöhner leisten konnten. Denn das Garn wurde noch mit dem Tretspinnrad gesponnen und dann von Hand gewoben – und das war teuer. Doch dies änderte sich rasch mit der Erfindung der Spinnmaschine (1764): Um 1800 produzierte eine einzelne Arbeitskraft an der Spinnmaschine in einer Fabrik bereits so viel wie 200 Menschen zu Hause am Spinnrad. Als dann noch der mechanische Webstuhl in Betrieb genommen wurde, wurde Kleidung zur Massenware.

Erfolglose Weber-Aufstände   Etwa 250 000 Handweberinnen und -weber leisteten zuerst in Großbritannien, später auch in Mitteleuropa erbitterten Widerstand gegen die Einführung des mechanischen Webstuhls. Denn er gefährdete ihre Arbeitsplätze. Deshalb zerstörten sie die verhassten Maschinen, setzten ganze Fabriken in Brand. Ihr Widerstand gegen die Textilfabrikanten wurde aber überall von Polizei und Soldaten niedergeschlagen.

Die Eisenbahn – Volldampf im Verkehr

George Stephenson   Der Engländer Stephenson* baute die erste leistungsfähige Dampflokomotive und eine erste 15 Kilometer lange Bahnlinie (1825). Im Habsburgerreich wurde 1837 zwischen Wien-Floridsdorf und Deutsch-Wagram das erste Stück der Kaiser-Ferdinand-Nordbahn in Betrieb genommen. Schon 20 Jahre später war bereits die Südbahn durchgehend befahrbar. Sie führte von Wien über Graz bis zur Hafenstadt Triest.

Über den Semmering   Carl Ritter von Ghega* plante und erbaute dort die erste Gebirgsbahn der Welt. Die Eisenbahn beschleunigte das Reisen wesentlich: Die Strecke Wien–Graz konnte nun in knapp zehn Stunden bewältigt werden, die Postkutsche brauchte 29. Der Transport von Personen und Gütern nahm um ein Vielfaches zu und wurde viel billiger. Der Eisenbahnbau trieb die Industrialisierung unaufhaltsam voran. Tausende Loks und Waggons sowie Millionen von Schienen wurden jährlich erzeugt, hunderte Tunnels, tausende Kilometer Eisenbahntrasse weltweit errichtet. So erlebte die Wirtschaft insgesamt einen bisher nicht gekannten Aufschwung.

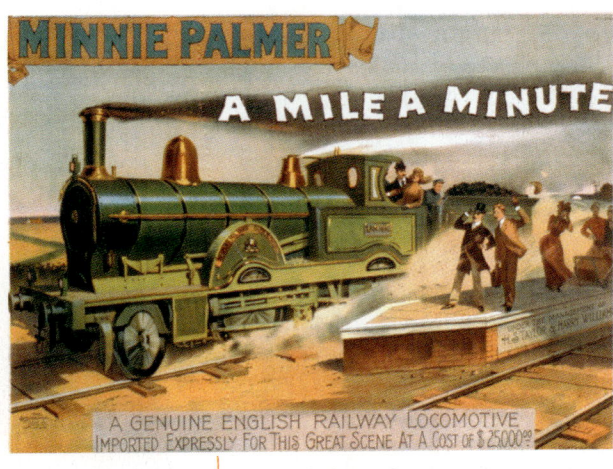

Dampflokomotive „Minnie Palmer": Werbung in den USA für eine in Großbritannien produzierte Lokomotive (Farblithographie, um 1891)

> **Du bist dran**
> - Versetze dich in die Lage einer Handweberin oder eines Handwebers. Stelle deine Lage nach der Erfindung des mechanischen Webstuhls dar.

> **Du bist dran**   **Arbeite nach M1**
> - Analysiere eines der Bilder. Formuliere mögliche Gründe, zu welchem Zweck das Bild angefertigt worden sein könnte.

> **Du bist dran**   **Arbeite nach A2**
> - Diskutiert in der Klasse darüber, welche Erfindungen oder Entdeckungen eurer Meinung nach unser Leben in Zukunft verändern werden. Denkt dabei auch an neue medizinische und technische Geräte.

Webstühle in einer britischen Tuchfabrik (Holzstich, um 1840, spätere Kolorierung)

Technik heute – eine Folge der Industriellen Revolution

Wiener Weltausstellung 1873: Vom 1. Mai bis zum 2. November 1873 fand im Wiener Prater die Weltausstellung statt. Etwa 7 Millionen Menschen, darunter prominente Persönlichkeiten wie der deutsche Kaiser, der Zar von Russland, die Könige von Belgien, Italien oder Schweden besuchten die Ausstellung. Die für diese Ausstellung errichtete Rotunde war zu ihrer Zeit die mit Abstand größte Kuppel der Welt. Leider wurde sie im Jahr 1937 durch einen Großbrand völlig zerstört. (Aquarell von Franz Alt (1824–1914), wiedergegeben als Farbdruck, 1873)

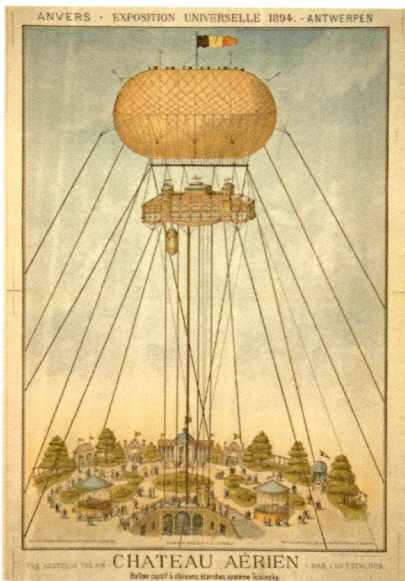

ANVERS - EXPOSITION UNIVERSELLE 1894. - ANTWERPEN

CHATEAU AÉRIEN

Antwerpen, Weltausstellung 1894
(Farblithographie, Plakat, 1894)

Beginn der Weltwirtschaft Seit der Erfindung der Dampfmaschine entwickelten sich Technik und Wirtschaft in einem hohen Tempo weiter. Von ca. 1770 bis 1870 trieben die Dampfmaschinen die „Erste Industrielle Revolution" in Europa und Nordamerika voran. Jahr für Jahr gab es neue Rekorde in der Kohle-, Eisen- und Textilindustrie. Die Eisenbahnnetze wurden immer dichter. Durch die Erfindung des Dampfschiffes* nahm der Verkehr auf den Flüssen und den Weltmeeren gewaltig zu: Waren wurden nicht mehr nur zwischen einzelnen Ländern, sondern auch zwischen den Kontinenten transportiert. Das stellt den Beginn der modernen Weltwirtschaft dar.

Die „Zweite Industrielle Revolution"

Elektrizität und Erdöl Kohle war der wichtigste Energieträger der „Ersten Industriellen Revolution". Elektrizität und Erdöl sorgten für die „Zweite Industrielle Revolution". Mit der Erfindung des Morse-Schreibtelegrafen* konnte erstmals in der Menschheitsgeschichte eine Nachricht in Sekundenschnelle über größte Entfernungen übertragen werden. Schon 1872 wurde das erste Telefon in Betrieb genommen. Und 1882 durften sich 400 Familien in New York besonders freuen: Sie waren die Ersten, die eine elektrische Beleuchtung erhielten.

Dynamo und Elektromotor Mit den Erfindungen des Deutschen Werner Siemens, dem Dynamo* und dem Elektromotor, wurde die Elektrizität auch für das Verkehrswesen genutzt. Schon 1881 fuhr in Berlin die erste Straßenbahn, bald danach in allen größeren Städten Europas. Die Eisenbahnen jedoch wurden erst nach dem Zweiten Weltkrieg auf elektrischen Betrieb umgestellt.

Der Kraftwagen Womit sollten die Menschen aber auf der Straße fahren? Ein Dampfmobil für die Straße hatte sich als unbrauchbar erwiesen. Zu groß wäre der Brennstoffverbrauch für ein solches Fahrzeug-Ungetüm gewesen. Die Lösung fand der Deutsche Nikolaus Otto* mit dem Benzinmotor, den der Österreicher Siegfried Marcus* erstmals in einen Kraftwagen einbaute (1875). Die dafür notwendige Energiequelle, das Erdöl, war erst wenige Jahre zuvor in den USA aus dem Boden gefördert worden.

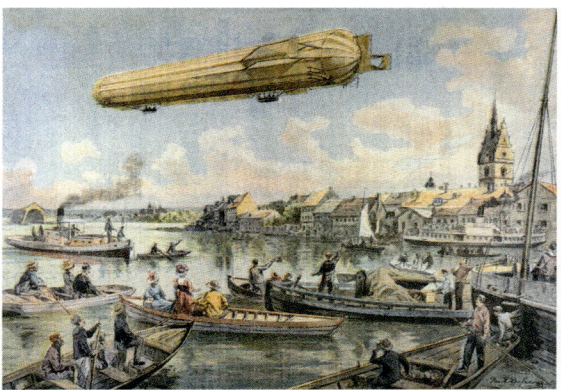

Zeppelin Probeflug über den Bodensee
(Aquarell in „Le petit Parisien", 1908)

Benz Patent-Motorwagen Nr. 3: Bertha Benz, die Ehefrau des
deutschen Ingenieurs und Automobilpioniers, unternahm im Jahr
1888 mit diesem Auto die erste Fernfahrt von Mannheim nach
Pforzheim, eine Strecke von ca. 104 Kilometern. (Foto 1890)

Die Verkehrsmittel Auto und Flugzeug

Das Fließband In Deutschland wurde 1901 der erste Mercedes gebaut,
wenige hundert Stück folgten Jahr für Jahr. Der Amerikaner Henry Ford
entwickelte mit dem Fließband* eine schnellere Produktionsmethode
und machte so das Auto zum Massenprodukt. Bereits zwei Millionen
Wagen liefen im Jahr 1926 vom Band – zu einem für viele erschwinglichen
Preis von 310 Dollar (das monatliche Durchschnittseinkommen
betrug 58 Dollar). Heute werden Autos zum größten Teil bereits von
Industrierobotern erzeugt. Fast jeder Haushalt in den Industrieländern
besitzt zumindest ein Auto.

Entwicklung des Flugzeugbaus Sie begann ebenfalls um 1900: Graf
Zeppelin flog in diesem Jahr mit seinem lenkbaren Luftschiff erstmals
über den Bodensee. Die amerikanischen Brüder Wright hoben 1903 mit
einem 8-PS-Motorflugzeug zu einem 36-Meter-Flug ab. Und 1927 gelang
Charles Lindbergh in 34 Stunden der Jungfernflug über den Atlantik.
Bald nach dem Zweiten Weltkrieg lösten allmählich Düsenflugzeuge die
Propellermaschinen ab. In den letzten Jahrzehnten hat der Luftverkehr
zugenommen. Das Flugzeug ist zum Massenverkehrsmittel geworden.

Die neuen Technologien: Chancen und Gefahren

Neue Energiequellen Seit den ersten Atombombenabwürfen auf
Hiroshima und Nagasaki im Jahr 1945 steht fest: Unvorstellbar viel
Energie wird bei der Kernspaltung freigesetzt. In Atomkraftwerken
wird diese Energie kontrolliert in elektrischen Strom umgewandelt.
Allerdings ist die Angst vor einem Atomunglück durch mehrere Unfälle in
Atomkraftwerken (zB Tschernobyl 1986 und Fukushima 2011) gestiegen.
Die Politik und die Forschung bemühen sich deshalb um die Förderung
alternativer Energieformen wie zB Solarenergie, Windenergie etc.

Neue Arbeitsmittel und Unterhaltungsgeräte Unsere Arbeits- und
Freizeitgestaltung ändert sich. Verantwortlich dafür ist vor allem die
Elektronik und deren kleinste Bauteile, die Mikrochips. Roboter und
Computer, Internet und Handys, Tablets, iPods und Digitalkameras sind
aus unserem Leben nicht mehr wegzudenken.

Begrenzte Rohstoffe Jahr für Jahr werden immer mehr Güter für immer
mehr Menschen produziert, deren Herstellung unsere Umwelt belastet.
Unsere Rohstoffe sind begrenzt, ein verantwortungsvolles Wirtschaften
mit Ressourcen ist daher sehr wichtig.

Du bist dran

■ Beurteile, welche Auswirkungen die Erfindung von Flugzeug und Auto auf die Gesellschaft hatten und haben.

Du bist dran

■ Listet auf, welche elektronischen Geräte ihr in der Schule und in der Freizeit verwendet, die euren Eltern in ihrer Kindheit noch nicht zur Verfügung standen.

Arbeite nach A2

Du bist dran

■ Ermittelt Organisationen, die für den Einsatz alternativer Energien stehen und so für den Schutz der Umwelt arbeiten.
■ Sammelt Zeitungsausschnitte, in denen über Umweltschutz-Maßnahmen berichtet wird. Gestaltet mit den Ausschnitten ein Plakat.
■ Diskutiert, welchen Beitrag die jeweiligen Organisationen zum Schutz der Umwelt leisten.

Kapitalismus – neue Klassen entstehen

Arbeite nach M2

Du bist dran

- Analysiere das Bild Schritt für Schritt. Arbeite mögliche Absichten des Fotografen bzw. des Auftraggebers oder der Auftraggeberin heraus.
- Du möchtest eine Fabrik gründen – 19. Jh. und heute. Entwickle Ideen, was du dafür benötigst. Stelle Unterschiede zwischen damals und heute fest.

Einmal Unternehmer oder Unternehmerin sein! In START UP kannst du spielerisch dein unternehmerisches Talent überprüfen. (startup.reload.co.at)

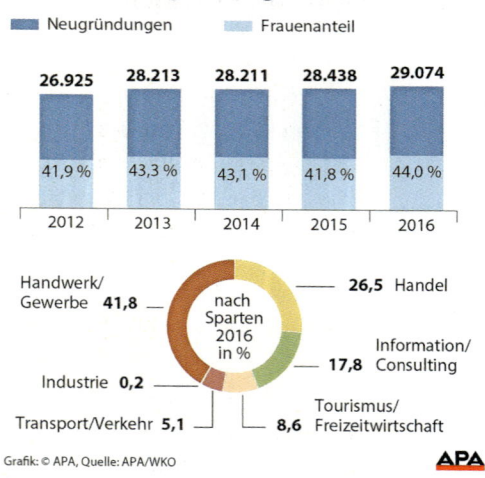

Unternehmensgründungen 2016

Neugründungen   Frauenanteil

2012	2013	2014	2015	2016
26.925	28.213	28.211	28.438	29.074
41,9 %	43,3 %	43,1 %	41,8 %	44,0 %

nach Sparten 2016 in %

- Handwerk/Gewerbe **41,8**
- Industrie **0,2**
- Transport/Verkehr **5,1**
- Handel **26,5**
- Information/Consulting **17,8**
- Tourismus/Freizeitwirtschaft **8,6**

Grafik: © APA, Quelle: APA/WKO   APA

Unternehmensgründungen in Österreich 2012–2016

Stahlfabrik: Martinwerk in der Gussstahlfabrik des Unternehmens Krupp in Essen an der Ruhr (handkoloriertes Foto, unbekannter Fotograf, 1910)

Gesellschaftlicher Wandel

Mit der Industriellen Revolution vollzog sich ein gesellschaftlicher Wandel. Erfolgreiche Fabrikherren, Großunternehmer und Bankenbesitzer bildeten nun die Spitze der Wirtschaft. Viele arme Landarbeiterinnen und -arbeiter wanderten im Zuge der Industrialisierung in die Städte ab (= Landflucht). Gemeinsam mit den oft arbeitslos gewordenen Handwerkern suchten sie Arbeit in den Fabriken der immer größer werdenden Industriezentren. Sie bildeten damit den „Vierten Stand" – die (Industrie-)Arbeiterschaft.

Wirtschaftsliberalismus = Kapitalismus

Die neuen Fabrikherren Sie stammten aus dem Bürgerstand und hatten oft ganz klein angefangen – als Techniker, Erfinder oder Kaufleute. Sie bildeten die Gründergeneration und konnten mit ihren Produkten manchmal riesige Vermögen erwirtschaften.

Aktiengesellschaften entstehen Um ihre Betriebe ausbauen zu können, benötigten diese Unternehmer häufig mehr Geld, als sie selbst besaßen. Dieses Kapital – für Fabrikhallen, Maschinen, Rohstoffe und Arbeitskräfte – mussten die Unternehmer deshalb bei einer Bank ausborgen (= Kredit) oder sie verkauften Anteile ihrer Fabrik. Je nach Kapitaleinsatz erhielt jeder Geldgeber entsprechend viele Anteilscheine (= Aktien). So entstanden Aktiengesellschaften. Vor allem Großunternehmen, zB der Ausbau von Eisenbahnstrecken, wurden so finanziert.

Freie Marktwirtschaft In dieser freien Marktwirtschaft bestimmten Angebot und Nachfrage den Preis. Jeder Unternehmer konnte erzeugen, was und wie viel er wollte. Und je mehr Waren angeboten wurden, desto geringer war der Preis. So entstand ein immer härterer Konkurrenzkampf. Viele kleinere Unternehmer

---

Arbeite nach M6

Du bist dran

- Erörtere deine Erfolge und Misserfolge als Chefin oder als Chef im Computerspiel „startup" mit deinen Sitznachbarinnen und Sitznachbarn.
- Arbeite aus der Grafik die Verteilung der Unternehmensgründungen auf die einzelnen Wirtschaftssektoren (Landwirtschaft, Industrie, Dienstleistungen) heraus.

wurden dadurch in den Ruin getrieben. Um diesen Wettbewerb zu verhindern, schlossen sich Unternehmen häufig zu Kartellen* zusammen.
Ihr Ziel war klar: Sie begrenzten die Warenmengen und konnten damit
die Preise stabil halten. Dennoch kommt es in einer freien Marktwirtschaft
(= Kapitalismus) bis heute immer wieder zu Krisen wegen Überproduktion.
Die Folgen sind: Zusammenbruch von Unternehmen, hohe Geldverluste
und Entlassung von Arbeiterinnen und Arbeitern.

Das Ende alter Handwerksberufe   Bis zur Industriellen Revolution
wurden (fast) alle Arbeiten mit der Hand ausgeführt. Nur wenige
Tätigkeiten verrichteten ausschließlich Maschinen (zB einfache
Wasserpumpen, Seilzüge). Von einem Handwerker wurde jedes Produkt
vom ersten bis zum letzten Arbeitsschritt selbstständig angefertigt.
Erst in den Manufakturen (S. 22) wurde die Arbeitsteilung eingeführt:
Jeder Arbeiter und jede Arbeiterin verrichtet dabei immer wieder
dieselben Arbeitsgänge. Der Einsatz von Maschinen in den Fabriken
verstärkte diese Arbeitsteilung und beschleunigte die Produktion um ein
Vielfaches. Damit wurden die Waren auch wesentlich billiger. Diese neue
Produktionsweise bedeutete für viele alte Handwerksberufe das Ende,
zB für Radmacher, Sensen- oder Nagelschmiede.

Die neue Arbeiterklasse entsteht   Auch in der Landwirtschaft setzten
sich die Maschinen langsam durch. Durch die Bauernbefreiung (S. 93)
konnten viele Bauern erstmals ihren Wohnsitz und ihren Beruf frei
wählen. Viele von ihnen zogen in die Städte. Dadurch entstand ein
Überangebot an Arbeitskräften. Das freute wiederum die Unternehmer:
Sie stellten besonders gern Frauen und Kinder ein, denn diese arbeitet-
en zu einem weitaus niedrigeren Lohn als die Männer. Wenn einem
Unternehmer eine Arbeitskraft nicht passte, wurde diese einfach
entlassen und durch eine neue ersetzt. Die Folgen waren: niedrige Löhne,
lange Arbeitszeiten (bis zu 16 Stunden), oft sieben Tage die Woche, kein
Urlaub, keine Unfall- oder Krankenversicherung.

Kinderarbeit   Auch Kinder arbeiteten schon mit sechs Jahren in langen
Schichten. Sie zwängten sich zB zwischen die Maschinen, um sie zu
reinigen. Schließlich schufteten auch Frauen und Kinder in Minen tief
unter der Erde; Jugendliche wurden dabei zum Ziehen der Kohlewagen
in den Gruben eingesetzt. Zunächst störte das kaum jemanden. Es war
ja schon in der vorindustriellen Zeit nicht ungewöhnlich, dass Kinder
auf den Feldern, in Werkstätten oder in Manufakturen Geld verdienen
mussten.

Aus der Arbeits-Ordnung der Hüttenverwaltung Donawitz (1886)

Q §17: Geldstrafen werden in folgenden Fällen verhängt:
1. Zuspätkommen zur Arbeit wird je nach Umständen mit
Nichtzulassung zur Arbeit für die betreffende Schicht, mit Zurück-
stellung zu niederer Arbeit oder bis 2 Gulden bestraft.
2. Blaumachen, das ist: unbefugtes Ausbleiben von der Arbeit, wird
gegen gewöhnliche Arbeiter mit 2, gegen Vorarbeiter mit 4 Gulden
bestraft.
6. Exzesse (= Ausschweifungen) und Raufereien in den Werk-
räumen werden, insoweit sie nicht zur strafweisen Entlassung
führen, mit 2 bis 5 Gulden bestraft.
(Arbeitsordnung Donawitz, 1886)

Preise für Vorarlberg 1835

	Gul-den	Kreu-zer	Einheit
Kartoffeln		48	Metzen
Weizen	4	2	Metzen
Roggen	2	59	Metzen
Mais	2	38	Metzen
Rindfleisch		8 3/4	Pfund
Wein		16	Maß
Bier		10	Maß

Metzen = ca. 61,5 l
Pfund = 560 g
Maß = 1,4 l
(Tafeln zur Statisik der
österreichischen Monarchie,
1835)

Tageslöhne in Vorarlberg im Jahr 1835

(60 Kreuzer = 1 Gulden = 13 Euro)

	Kreuzer
Handwerksgeselle	40
Spinner	27
Fabrikarbeiter	27
Weberin	12
Kinderarbeiterin	8–15
Stickerin	8–18

(In: G. Wanner, Vorarlbergs
Industriegeschichte)

Du bist dran

- Vergleiche und analysiere
die beiden Tabellen im
Hinblick auf die Löhne und
die Preise der Lebensmittel.

Du bist dran   **Arbeite nach A1+A2**

- Stelle die Arbeits-
bedingungen im 19. Jh. und
die Arbeitsbedingungen
heute dar.
- Bewerte die einzelnen
Punkte der „Arbeits-Ordnung"
von 1886.
- Informiert euch über die
Löhne, die heute in verschiedenen Berufsgruppen
bezahlt werden. Diskutiert
über die Unterschiede.

Ein Leben in Not und Elend

Arbeite nach M2

Du bist dran

- Beschreibe die Rekonstruktionszeichnung und stelle Vermutungen an, warum die Zeichnerin diese Szene so darstellt.

Küche, Schlaf- und Wohnraum einer Ziegelarbeiter-Familie
(Rekonstruktionszeichnung nach Vorgaben des Autorenteams)

Aus dem Leben einer Arbeiterin um 1900

Q Ich bin bei einer Frau zu Bett und zahle einen Gulden pro Woche. Es schlafen in dem Zimmer der Zimmerherr, die Zimmerfrau, vier Kinder und ich. Ich habe ein Bett, und in den zwei anderen Ehebetten schlafen der Mann und die Frau und haben die vier Kinder in der Mitte. (Durchschnittsverdienst: 5 Gulden pro Woche)
(In: A. Popp, Die Jugendgeschichte einer Arbeiterin)

Arbeite nach M1+M2+A2

Du bist dran

- Vergleiche deine Wohnverhältnisse mit den in den Quellentexten beschriebenen und in der Zeichnung dargestellten.
- Diskutiert in der Klasse, welche Auswirkungen diese Wohnverhältnisse auf das Privatleben, die Gesundheit und die Bildung der dort wohnenden Menschen hatten.

Wohnen damals – heute unvorstellbar!

Industriestädte wachsen schnell Die Industrialisierung bedeutete nicht nur Fortschritt, sondern verursachte auch große Probleme. Die neuen Fabriken zogen viele Menschen an – Männer, Frauen und Kinder. Kleinstädte wuchsen innerhalb weniger Jahrzehnte zu Großstädten heran. Doch es fehlten überall Wohnungen. Fast alle Fabrikarbeiterfamilien hausten in erbärmlichen Unterkünften.

Der Armenarzt Victor Adler* schrieb über die Wohnverhältnisse der Ziegelarbeiter am Rande Wiens um das Jahr 1880

Q (…) Die Partieführer (= Vorarbeiter) würden aber ihre Sklaven nicht ganz in der Hand haben, wenn diese auswärts schlafen gingen. Darum müssen alle Arbeiter im Werke schlafen.
Für die Ziegelschlager gibt es elende „Arbeiterhäuser". In jedem einzelnen Raum, so genannten „Zimmern" dieser Hütten, schlafen je drei, vier bis zehn Familien, Männer, Weiber, Kinder, alle durcheinander, untereinander, übereinander. Für diese Schlafhöhlen scheint die Gesellschaft sich noch „Wohnungsmiete" zahlen zu lassen. (…)
Da liegen dann in einem einzigen Raum 40, 50 bis 70 Personen. Holzpritschen, elendes altes Stroh, darauf liegen sie Körper an Körper geschlichtet. (…) Alte Fetzen bilden die Unterlage, ihre schmutzigen Kleider dienen zum Zudecken. Manche ziehen ihr einziges Hemd aus, um es zu schonen und liegen nackt da. Dass Wanzen und Läuse die steten Begleiter sind, ist natürlich. Vom Waschen, vom Reinigen der Kleider kann ja keine Rede sein. (…)
(In: V. Adler, Die Lage der Ziegelarbeiter)

Die Bettgeher 20 Jahre später lebten manche Familien bereits in einer eigenen Werkswohnung. Auch wenn sie diese mit anderen teilen mussten, galt das bereits als großer Fortschritt. Wegen der Wohnungsknappheit waren die Mietzinse in den Städten sehr hoch. Sie betrugen bis zu drei Viertel des Lohnes. Deshalb vermieteten viele Arbeiterfamilien innerhalb ihres kleinen Wohnraums auch noch Betten an Untermieter, an so genannte Bettgeher. Wer ein Bett für sich allein nicht zahlen konnte, teilte es mit einem anderen, manchmal auch fremden Menschen. Wenn der eine von der 12-stündigen Nachtschicht nach Hause kam, war das Bett noch warm vom anderen, der bereits auf dem Weg zur 12-stündigen Tagschicht war.

Ein Arbeiter erzählt aus seiner Kindheit um 1850

Q Ich vergesse es mein Lebtag nicht – es war an einem harten Winterabend – kein Brot, kein Öl, kein Brennmaterial im Hause! Wir Kinder waren vor Frost in die Betten gekrochen, als die Mutter eintrat, einen halben Laib Brot in der Schürze. Sie verteilte es unter die heißhungrigen Kinder und schickte sich wieder zum Fortgehen an, um nach weiterem Verdienst auszuspähen. Ich bat sie, doch auch etwas zu genießen. „Ich brauche nichts", sagte sie, „solange ihr hungrig seid." – Da entfiel der Bissen meinem Mund, ich kroch mit dem Kopf unter das Deckbett und fing bitterlich an zu weinen. Derartig freudlos war meine Kindheit.
(In: A. Lepp, Autobiographische Skizzen)

Viele Menschen hungern

Schlechte Ernährung Einmal richtig satt werden wünschten sich viele Arbeiterinnen und Arbeiter, vor allem aber deren Kinder. Selten reichte das Einkommen für eine abwechslungsreiche und nahrhafte Kost. In der Früh gab es meist Zichorien-* oder Feigenkaffee und ein Stück Brot, in den ländlichen Gegenden häufig eine „Brennsuppe" aus Hafer- oder Maismehl. Mus und Brei waren weit verbreitet, zu den wichtigsten Nahrungsmitteln zählten Mais und Kartoffeln. Sie wurden als Püree oder Sterz* zubereitet. Im Sommer gab es auch Gemüse, meist dick eingebrannt: Kohl, Rüben, Kraut und Bohnen. Abends wurden normalerweise zuerst die Reste des Mittagessens verzehrt. Fleisch gab es selten, vielleicht an Sonn- und Feiertagen. Und da langte zunächst der Familienvater zu. Für die Frau und die Kinder blieb meist nicht mehr viel übrig. Sie mussten ihren Kalorienbedarf mit Brot und Zucker decken – dementsprechend schlecht war daher auch oft der Zustand der Zähne. Wer sich nicht einmal das Zuckerbrot leisten konnte, musste sich mit einer Wassersuppe begnügen.

Der Suppenwürfel Er kam gegen Ende des 19. Jh. auf den Markt und war für viele Arbeiterhaushalte ein hoch geschätztes Nahrungsmittel. Damit konnte die Hausfrau eine Suppe schnell zubereiten, sie war nahrhaft und billig: 5 Heller* (nach heutigem Wert etwa 0,15 Euro) kostete 1910 ein „Maggi"-Rindsuppenwürfel, ein Kilo Suppenfleisch jedoch 1 Krone 50 Heller (ca. 4,5 Euro).

Straßenkinder: Ein Polizist entdeckt auf seiner Streife durch ein Londoner Elendsviertel Straßenkinder und alte Frauen, die einen Platz zum Schlafen gefunden haben. (Illustration von Charles J. Staniland (1838–1916), 1867)

Der magische Würfel für Suppen und Soßen: Zwischen 1900 und 1908 führt MAGGI den Suppenwürfel, den Soßenwürfel und schließlich den Fleischbrühwürfel ein. Besonders letzterer wurde ein voller Erfolg. Ungewöhnlich für diese Zeit war die Einstellung des Unternehmers: Julius Maggi wollte nicht nur für die Verbraucherinnen und Verbraucher, sondern auch für seine Mitarbeiterinnen und Mitarbeiter stets das Beste. Deshalb richtete er unter anderem Kantinen, eine Betriebskrankenkasse sowie Ferienheime für seine Mitarbeiterinnen und Mitarbeiter ein. (Werbeplakat um 1915)

Du bist dran

■ Versetze dich in die Lage eines 13-jährigen Arbeiterkindes Ende des 19. Jh. und erzähle über dein Leben und das deiner Eltern und Geschwister. Nütze dazu die Quellen und Darstellungen auf dieser Doppelseite.

Du bist dran

Arbeite nach M6+A2

- Bewerte die in der Grafik dargestellte Vermögensverteilung.
- Diskutiert in der Klasse darüber, welche Auswirkungen die Ungleichverteilung haben könnte.

Vermögensverteilung Österreich
(Quelle: AKOÖ, OENB)

Arbeiterinnen – mehrfach belastet

Geschlechterbeziehungen Im Laufe des 19. Jh. veränderten sich die Beziehungen zwischen Frau und Mann. Bis dahin waren Lebens- und Arbeitsbereich räumlich meist nicht voneinander getrennt, viele Frauen und Männer in Handwerksbetrieben oder auf Bauernhöfen teilten die Arbeit partnerschaftlich auf. Durch die Industrialisierung im 19. Jh. änderte sich dies, Wohnort und Arbeitsplatz waren nun häufig räumlich getrennt. Frauen und ihre Arbeit wurden von vielen Männern nicht mehr als gleichwertig anerkannt. Diese Ansicht wirkt bis heute nach, zB erhalten in vielen Berufsgruppen Frauen und Männer nicht die gleiche Bezahlung für gleiche Arbeit.

Schlechtere Bezahlung In den Fabriken arbeiteten nun auch viele Frauen. Ihre Arbeit wurde schlechter bezahlt, selbst wenn sie die gleiche Arbeit wie die Männer leisteten. Für Frauen mit Familie bedeutete die Fabrikarbeit eine schwere zusätzliche Belastung. Denn sie mussten auch noch den Haushalt führen, das hieß: kochen, waschen, nähen, putzen und Kinder versorgen. Arbeitsteilung zwischen Mann und Frau im Haushalt war nicht üblich. Schwangere Frauen erlitten häufig Fehlgeburten. Wurde eine Schwangerschaft vom Arbeitgeber bemerkt, entließ er die Frau meist gleich. Deshalb kehrten die Frauen sofort nach der Entbindung an ihren Arbeitsplatz zurück.

Fehlender Mutterschutz Er war auch schuld daran, dass nur die Hälfte aller geborenen Kinder das erste Lebensjahr überlebte. Erst ab 1895 durften Mütter vier Wochen nach der Geburt von der Arbeit fernbleiben.

Armut im reichen Österreich

Arm und reich Es geht uns doch allen gut. Wir haben zu essen, haben Kleidung und eine warme Wohnung. Das ist jedenfalls das Ergebnis einer oberflächlichen Betrachtung. In reichen Ländern wie Österreich ist Armut oft erst bei genauem Hinsehen sichtbar. Armut in Österreich unterscheidet sich nämlich stark von Armut in jenen Ländern, in denen es für viele Menschen oft weder Schulen noch Krankenhäuser gibt; wo Millionen Menschen täglich gegen Unterernährung und Seuchen kämpfen. In Österreich lebt jeder 8. Mensch unter der Armutsgrenze. Im Jahr 2016 verglich der Internationale Währungsfond (IWF) die Kaufkraft der Gesamtbevölkerung in 190 Staaten der Welt. Österreich zählte dabei mit dem 22. Platz zu den reichsten Ländern der Erde. Aber die Vermögen sind ungleich verteilt.

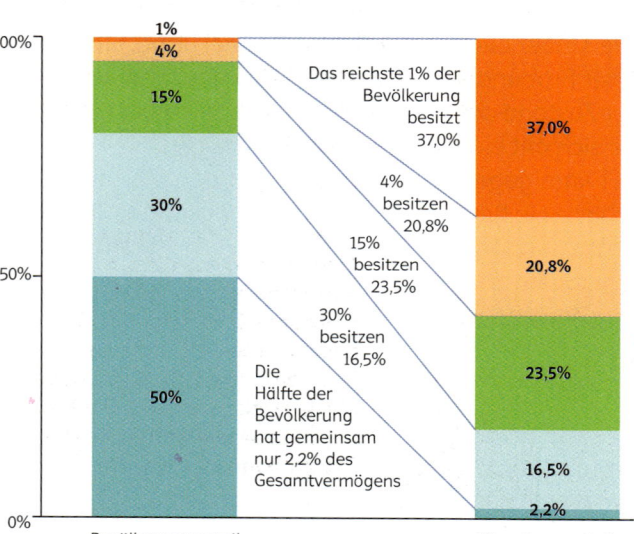

Armut in Zahlen 2017

18 % der österreichischen Bevölkerung (1 542 000 Menschen) sind armuts- oder ausgrenzungsgefährdet
(d.h. das Einkommen liegt unter der Armutsschwelle oder die Personen sind erheblich materiell depriviert oder leben in Haushalten mit keiner/ sehr geringer Erwerbsintensität)

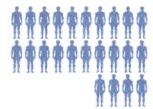

14,1 % der österreichischen Bevölkerung (1 208 000 Menschen) sind armutsgefährdet
(d.h. haben ein Einkommen unter der Armutsschwelle)

3 % der österreichischen Bevölkerung (257 000 Menschen) sind „erheblich materiell depriviert"
(darunter fallen Haushalte, die so ein geringes Einkommen haben, dass wesentliche Güter/ Lebensbereiche nicht leistbar sind – zB Waschmaschine, Handy, Wohnung angemessen warm zu halten, ein Mal im Jahr auf Urlaub zu fahren, unerwartete Ausgaben bis zu 1050 € etc.) Am stärksten betroffen sind Nicht-ÖsterreicherInnen, Langzeitarbeitslose, AlleinerzieherInnen und Familien mit drei oder mehr Kindern.

 steht für 50 000 Personen

Armut in Zahlen (Quellen: Armutskonferenz, Statistik Austria)

Armutsgefährdung   Als armutsgefährdet gelten jene Menschen, deren Haushaltseinkommen – und hierzu zählen auch Sozialleistungen wie zB Wohn- oder Kinderbeihilfe – unter einer bestimmten Schwelle liegt. In Österreich lag diese 2018 bei 1238 Euro zwölfmal pro Jahr für einen Ein-Personen-Haushalt. Leben mehrere Personen in einem Haushalt, liegt die Schwelle pro Person wesentlich niedriger.

Akute Armut   Von akuter Armut – auch manifeste Armut genannt – betroffen sein heißt, Einschränkungen in zentralen Lebensbereichen zu erfahren. Hierzu zählen: seine Wohnung nicht warmhalten zu können, sich keine Waschmaschine oder kein Telefon/Handy leisten oder nicht ein Mal im Jahr Urlaub machen zu können. Wer in Armut lebt, erlebt oft auch Ausgrenzung, Einsamkeit und Isolation. Arme Menschen können es sich nicht mehr leisten, Freundinnen und Freunde oder Verwandte zu sich zum Essen einzuladen, gelegentlich ins Café oder ins Kino zu gehen. Etwa 4% der Bevölkerung sind akut arm.

Wer ist von Armut betroffen?   Armut kann jede und jeden treffen. Wer erwerbslos, alleinerziehend oder zugewandert ist oder einen schlecht bezahlten und unsicheren Job hat, ist besonders armutsgefährdet. Hohe Wohn- und Lebenshaltungskosten führen immer mehr Familien zu einem Leben am Existenzminimum. Frauen sind stärker als Männer von Armut betroffen. Ein Viertel der Armutsbetroffenen sind Kinder.

Sozialmarkt Hier können Menschen mit niedrigem Einkommen kostengünstig einkaufen. Das Warenangebot reicht von Brot, Milchprodukten, Teigwaren, Obst und Gemüse bis hin zu Hygieneartikeln. Die Preise liegen deutlich unter jenen des Diskonthandels. (Foto 2009)

Frau B. berichtet (um 2010):

Q Ich bin 41 Jahre alt, habe eine 12-jährige Tochter und lebe getrennt von dem Vater. Nach der Geburt meiner Tochter musste ich aufgrund von fehlenden Kinderbetreuungsmöglichkeiten meinen Arbeitsplatz aufgeben, da eine Teilzeitregelung in diesem Betrieb nicht möglich war. Mit Gelegenheitsjobs verdiente ich dann laufend etwas dazu. Nach der Scheidung fand ich auch wieder eine Vollzeitstelle. Da Schulden aus der Zeit der Ehe zurückgezahlt werden müssen, bleibt aber trotz Vollzeitbeschäftigung nicht viel Geld zum Leben übrig. Aufgrund der Doppelbelastung von Beruf und Kinderbetreuung und der finanziellen Schwierigkeiten bekam ich schließlich gesundheitliche Probleme, weshalb ich meine Arbeitsstelle verlor. Derzeit leben meine Tochter und ich von der Notstandshilfe und dem Unterhalt meines Ex-Mannes. Unser Schuldenberg vergrößert sich und die laufenden Ausgaben können wir nicht mehr bezahlen. Ich hoffe, bald wieder eine Arbeit zu finden, mit der ich meine Tochter wieder ausreichend versorgen kann. (Volkshilfe Österreich, Armut ist weiblich)

Arbeite nach M1+A2

Du bist dran

- Arbeite aus den beiden Textquellen die Ursachen für Armut heraus.
- Erörtert in einer Klassendiskussion verschiedene Möglichkeiten, Armut zu verhindern oder zu lindern.

Nur Einigkeit macht stark!

Der Streik der Grubenarbeiter
(Farbholzstich nach einem Gemälde von Alfred Roll (1846–1919), 1892, Aus: Le Petit Journal, Supplement illustre, 3. Jg., Paris, 1. Oktober 1892. Berlin, Sammlung Archiv für Kunst und Geschichte)

Du bist dran   Arbeite nach M2

- Beschreibe die in dieser Szene dargestellten Personengruppen: Wer sind die Hauptakteure, wer die Randfiguren? Was könnten sie denken, sprechen oder fühlen?

Du bist dran   Arbeite nach A2

- Sucht nach einer Vorgeschichte für die dargestellte Situation. Ihr könnt dieses Bild auch in der Klasse nachstellen und mit verteilten Rollen spielen.
- Diskutiert, mit welcher Absicht Alfred Roll das Bild gemalt haben könnte.

Aus dem Strafgesetzbuch von 1852

Q Verabredungen von Handwerksgesellen, Hilfsleuten, Lehrjungen, Dienstboten oder überhaupt von Arbeitern, um sich durch gemeinschaftliche Weigerung oder durch andere Mittel einen höheren Tag- oder Wochenlohn oder andere Bedingungen von ihren Arbeitgebern zu erzwingen, sind Übertretungen und an den Rädelsführern mit verschärftem Arrest von acht Tagen bis zu drei Monaten zu bestrafen.
(In: Beiträge zur Historischen Sozialkunde 3/1980)

Die „Soziale Frage"   Die Not der Industriearbeiterschaft war groß: unmenschliche Arbeits- und Wohnbedingungen, niedrige Löhne, mangelhafte Ernährung und kein Schutz bei Unfall, Krankheit oder Arbeitslosigkeit. Dies war eine „Soziale Frage", die gelöst werden musste.

Die Arbeiterinnen und Arbeiter wehren sich – Gewerkschaften entstehen

Unterschiedlicher Widerstand   Schon seit Beginn der Industrialisierung wehrten sich Arbeiterinnen und Arbeiter da und dort gegen menschenverachtende Arbeits- und Lebensbedingungen: Manchmal protestierten die Arbeiterinnen und Arbeiter lautstark beim Fabriksherrn, ein anderes Mal demonstrierten sie auf der Straße oder streikten. Einige Male war der Widerstand gewalttätig: Arbeiter stürmten die Fabriken, zerstörten die Maschinen und bedrohten ihre Arbeitgeber. Doch all diese Aktionen waren erfolglos. Häufig endeten sie mit toten und verletzten Arbeitern, wenn Militär und Polizei brutal gegen die „Aufrührer" einschritten.

Arbeiterschaft gründet Gewerkschaften   Bald erkannten die Arbeiterinnen und Arbeiter, dass sie nur durch ein gemeinsames Vorgehen ihre Lage verbessern konnten. In Großbritannien schloss sich die Arbeiterschaft deshalb schon 1824 zu Gewerkschaften zusammen. Sie kämpfte für höhere Löhne, kürzere Arbeitszeiten, bessere Arbeitsbedingungen. In der Habsburger-Monarchie wurden diese Forderungen erst 1870 umgesetzt.

Sozialismus und Kommunismus – Ideen einer gerechteren Gesellschaft

Gerechtere Verteilung des Eigentums   Die „Soziale Frage" beschäftigte auch politische Denker. Für viele von ihnen war die Lösung klar: Das Eigentum der Menschen musste gerechter, das heißt auf alle Arbeitenden, verteilt werden. Eine Gesellschaftsordnung dieser Art bezeichnet man als Sozialismus*.

Klassenlose Gesellschaft   Die Lehre des Kommunismus* (lat. communis = gemeinsam) geht noch einen Schritt weiter: Alle Produktionsmittel (Boden, Rohstoffe, Fabriken, Maschinen etc.) müssen allen gemeinsam gehören. Erst dann wären alle Menschen wirklich frei und gleich. Niemand wäre ausgebeutet, jeder könnte seinen Fähigkeiten entsprechend für diese klassenlose Gesellschaft arbeiten. Dafür erhalten die Menschen von der Gemeinschaft Güter, die sie für ihre Lebensbedürfnisse benötigen. Wie aber sollten diese Umverteilung und dieser Wechsel zu einer neuen Gesellschaftsordnung vollzogen werden?

„Proletarier aller Länder, vereinigt euch": Seit 1890 gehen in den Industriestaaten die Arbeiterinnen und Arbeiter am 1. Mai auf die Straße. Eine ihrer ersten Forderungen war die Einführung des Acht-Stunden-Arbeitstages. (Illustration zur Proklamation des 1. Mai zum Tag der Arbeit, kolorierter Holzschnitt nach Walter Crane (1845–1915), 1889)

Der deutsche Philosoph Karl Marx schlug gemeinsam mit seinem Freund Friedrich Engels bereits im Revolutionsjahr 1848 eine radikale Lösung vor

Q Die Kommunisten (…) erklären es offen, dass ihre Zwecke nur erreicht werden können durch den gewaltsamen Umsturz aller bisherigen Gesellschaftsordnung. Mögen die herrschenden Klassen vor einer kommunistischen Revolution zittern! Die Proletarier (= Stand der Gesellschaft, der nichts besitzt als seine Arbeitskraft) haben nichts in ihr zu verlieren als ihre Ketten. Sie haben eine Welt zu gewinnen. Proletarier aller Länder, vereinigt euch!
(In: Karl Marx, Kommunistisches Manifest, 1848, Schlusssätze)

Arbeiterinnen und Arbeiter machen Politik

Politische Mitsprache statt Revolution   Karl Marx* und Friedrich Engels* beeinflussten mit ihrer Idee der klassenlosen Gesellschaft auch die österreichische Arbeiterbewegung. Statt einer gewaltsamen Revolution strebte die Mehrheit der Arbeitervertreter Verbesserungen innerhalb des bestehenden Staates an. Dazu benötigten sie aber politische Mitsprache. Deshalb gründeten sie 1874 die erste Sozialdemokratische Partei. Ihre wichtigsten Ziele waren: politische Gleichberechtigung der Arbeiterinnen und Arbeiter durch ein allgemeines Wahlrecht und ein verbesserter Arbeiterschutz.

Erfolge   Bis zum Beginn des 20. Jh. konnte die Arbeiterbewegung in Österreich wichtige Gesetze durchsetzen:
• Einführung von Gewerbeinspektoren (sie überwachten die Schutzvorschriften in den Betrieben),
• Verbot der Kinderarbeit (unter 14) und der Frauen-Nachtarbeit,
• Einführung einer Arbeiterkranken- und Unfallversicherung.
Nach dem Ende des Ersten Weltkrieges durften auch Frauen wählen (1919). Bei diesen Wahlen wurden die Sozialdemokraten zur stärksten Partei. Sie waren erstmals in einer Regierung vertreten.

Du bist dran   Arbeite nach M1

■ Fasse die wesentlichen Aussagen der Schlusssätze des kommunistischen Manifests zusammen.
■ Bewerte die radikale Lösung, mit der Marx und Engels die klassenlose Gesellschaft erreichen wollten.

Arbeiterlied aus dem Jahr 1863

Q Mann der Arbeit, aufgewacht!
Und erkenne deine Macht!
Alle Räder stehen still,
wenn dein starker Arm es will.
(Georg Herwegh, Bundeslied für den Allgemeinen Deutschen Arbeiterverein)

Du bist dran    Arbeite nach M1+A2

■ Deutet die Aussage dieses Liedes und diskutiert darüber, ob solche Aussagen heute noch Gültigkeit haben.

Vielvölkerstaaten: Die Habsburgermonarchie und das Osmanische Reich

Die Habsburgermonarchie um 1900

Lage	Mitteleuropa, Balkan
Fläche	676 000 km²
Einwohnerzahl	51 356 465 (1910)
Hauptstädte	Wien (Einwohner: 1910: 2 100 000, 1918: 1 900 000, 2017: 1 900 000); Budapest
Herrscher	Kaiser von Österreich und König von Ungarn: Franz Joseph I., Karl I. (bis 1918)
Amtssprache	Deutsch und Ungarisch; in Österreich auch „landesübliche" Sprachen: Polnisch, Tschechisch, Serbokroatisch, Slowenisch, Rumänisch, Ruthenisch und Italienisch
Umgangssprachen	Deutsch, Ungarisch, Tschechisch, Polnisch, Serbokroatisch, Ruthenisch (Ukrainisch), Rumänisch, Slowakisch, Slowenisch, Italienisch, Jiddisch
Staats- und Regierungsform (1910)	Zwei konstitutionelle Monarchien* (ab 1867) (S. 122)
Religionen	In Österreich Glaubens- und Gewissensfreiheit (seit 1867); in Ungarn hatte die Reformierte Kirche Religionsfreiheit.
Staats- und Regierungsform (1918)	Republik, Bundesstaat, Demokratie

(nach: de.wikipedia.org/wiki/Österreich-Ungarn)

Du bist dran

- Arbeite Gemeinsamkeiten und Unterschiede zwischen der Habsburgermonarchie und dem Osmanischen Reich heraus.

Das Osmanische Reich um 1900

Lage	Anatolien, Balkan, Südwestasien, Nordafrika
Fläche	3 400 000 (1900) km² ohne Vasallen*
Einwohnerzahl	24 028 900 (1906) ohne Vasallen
Hauptstädte	Istanbul (Einwohner: 1910: 920 000, 1918: 670 000, 2017: 15 000 000)
Herrscher	Sultan (weltlicher Herrscher mit religiöser Autorität): Abdülhamid II., Mehmed V., Mehmed VI. (bis 1922)
Amtssprache	Osmanisches Türkisch
Umgangssprachen	Türkisch, Arabisch, Griechisch, Armenisch, Kurdisch, Hebräisch
Staats- und Regierungsform (1910)	Konstitutionelle Monarchie (ab 1876)
Religionen	Staatsreligion: Islam, religiöse Toleranz gegenüber den anderen Buchreligionen (Christentum und Judentum)
Staats- und Regierungsform (1923)	Republik, Einheitsstaat, Demokratie (ab 1923)

(nach: de.wikipedia.org/wiki/Osmanisches_Reich)

Du bist dran

- Analysiere die Auswirkungen des Unterschieds zwischen den Amtssprachen und den Umgangssprachen für die Bevölkerung.
- Beurteile die Behauptung, dass sowohl die Habsburgermonarchie als auch das Osmanische Reich Vielvölkerstaaten waren.

Der Dolmabahçe-Palast in Istanbul:
Die Orientierung des Osmanischen Reichs an Europa zeigt sich in diesem 1856 fertiggestellten Bau am Ufer des Bosporus. Der Renaissance-Stil sollte die Abkehr von orientalischen Traditionen sichtbar machen. (Foto 2014)

Aus der Verfassung des Osmanischen Reichs von 1876:

Q Art. 11. Die Staatsreligion ist der Islam. (…) wird allen Religionen freie Übung gewährt.
Art. 12. Die Presse ist innerhalb des Gesetzes frei.
Art. 16. Alle Schulen stehen unter der Aufsicht des Staates.
Art. 17. Alle Osmanen sind vor dem Gesetze gleich und haben gleiche Rechte und Pflichten.
Art. 19. Alle Untertanen werden im Staatsdienste zu jenen Ämtern zugelassen, für welche sie geeignet und befähigt sind.
Art. 26. Die Folter und alle übrigen Arten der Tortur sind sämtlich unbedingt verboten.
(http://www.verfassungen.eu/tr/verf76.htm)

Du bist dran

Arbeite nach M1

- Beurteile aus heutiger Sicht, warum diese Artikel als fortschrittlich bezeichnet werden können.

Vielvölkerstaaten Sowohl die Habsburgermonarchie als auch das Osmanische Reich waren Staaten mit vielen Völkern innerhalb ihrer Grenzen. In ihnen waren ethnische* oder geographische Herkunft oft entscheidend für die Aufstiegsmöglichkeiten am Hof, im Heer und in der Verwaltung. In die Hauptstädte Wien und Istanbul kamen Menschen aus dem ganzen Reich, in denen Künste und Wissenschaften aufblühten. Aber spätestens im 19. Jh. galten Staaten mit vielen Nationalitäten* in ihren Grenzen als überholt. Die Völker wollten ihre eigenen Nationalstaaten.

Reformen im 19. Jh. Die beiden Großreiche erlebten durch den aufkommenden Nationalismus (S. 44) im 19. Jh. einen Niedergang. Verlorene Kriege führten zu Gebietsverlusten. Ansehen und Macht waren in der Krise. Um Revolutionen zuvorzukommen entschlossen sich die Herrscher zu Reformen. Im Habsburgerreich bekam Österreich eine Verfassung und Ungarn die innenpolitische Unabhängigkeit (S. 122). Im Osmanischen Reich erließ der Sultan im Jahre 1876 eine Verfassung nach westlichem Vorbild. Doch schon zwei Jahre später löste der Sultan nach einer Niederlage gegen Russland die Volksvertretung auf und herrschte von da an absolutistisch, um jede Kritik zu unterdrücken. Er befürchtete, für die Niederlage persönlich verantwortlich gemacht zu werden.

Der Zerfall der Großreiche Am Ende des Ersten Weltkrieges 1918 hatten sich die politischen Verhältnisse in Europa und im Nahen Osten erheblich verändert (S. 130 f.). Die Monarchien in Deutschland, Österreich-Ungarn und Russland waren beseitigt. Die Habsburgermonarchie zerfiel in eine Reihe von Nachfolgestaaten. Auch das Osmanische Reich war auseinandergebrochen. Die Türkei verlor alle Gebiete im Nahen Osten und wurde auf die Halbinsel Anatolien beschränkt. Die Siegermächte Großbritannien, Frankreich und Italien teilten das Erbe als so genannte Mandate des Völkerbundes unter sich auf. Großbritannien erhielt Palästina, Jordanien und Irak; Frankreich Syrien und den Libanon. Auch Italien bekam Gebiete wie zB Rhodos oder in Libyen. Mit der Unabhängigkeit entstanden auch hier neue Nationalstaaten. Damit waren die Probleme nicht gelöst. Nationalitätenprobleme und kriegerische Konflikte herrschten in Europa und im Nahen Osten noch lange vor und reichen bis in die Gegenwart.

Kaiser Karl I. in der Uniform eines ungarischen Feldmarshalls mit Sultan Mehmed V. in Istanbul im Mai 1918 Bei diesem Staatsbesuch knapp vor dem Ende des Ersten Weltkriegs (S. 123) versuchte Karl I., die osmanischen Verbündeten für seine Friedensbemühungen zu gewinnen. (Foto 1918)

Schmelztiegel Wien

Migrationsziel Wien Nach dem Abriss der alten Stadtmauern und der Errichtung der Ringstraße mit ihren Repräsentationsbauten nach 1858 wuchs Wien besonders rasch, in erster Linie durch Zuwanderung. Seit der Mitte des 19. Jh. war die Hälfte der Wiener nicht hier geboren. Aus allen Teilen der Habsburgermonarchie strömten Zuwanderer in die Reichshaupt- und Residenzstadt. Dabei sind besonders drei Ethnien* zu nennen: Tschechen, Deutschböhmen und Juden.

„Czechen, die alle nach Wien gehen, ohne Abgeordnete zu sein": Der Karikaturist stellt den um 1870 einsetzenden starken Zustrom von Migrantinnen und Migranten aus Böhmen nach Wien dar. Der Titel spielt auf die tschechischen Abgeordneten im österreichischen Parlament an. (Kolorierte Lithografie von Vinzenz Katzler (1823–1882), 1869, Wien Museum)

Über die Zuwanderung nach Wien im 19. Jahrhundert:

D Dem Lockruf der Prosperität (= Wohlstand) folgten hunderttausende Zuwanderer aus dem agrarischen Hinterland der Hauptstadt, täglich trafen sie in Scharen auf dem Nordbahnhof und Franz-Josefs-Bahnhof ein, sie drängten in die Großstadt, um Arbeit und Lebenschancen zu finden. Teils trieb die Not sie heran, die strukturschwachen agrarischen Gebiete in den Kronländern der Monarchie konnten sie nicht mehr ernähren, teils wurden sie angezogen, der Wirtschaftsboom – vor allem in der Bau- und Textilindustrie – versprach ausreichend Arbeit. Sie siedelten sich in den neu entstehenden Massenquartieren an, es bildete sich die triste Lebenswelt der Vorstädte heraus, die Welt der Zuwanderer, Parias (= Außenseiter), Proletarier.
(In: Haller Günther, Schmelztiegel Wien: Stubenmädchen, Rastlbinder, Ziegelböhm)

Du bist dran

Arbeite nach M2

- Beschreibe die Karikatur.
- Finde heraus, welche Absichten der Karikaturist mit dieser Geschichtsdarstellung vermutlich verfolgte.
- Nimm Stellung zu den Folgen dieser Geschichtsdarstellung.

Handwerksmigration Arbeit fanden viele Zuwanderer als Tischler, Schlosser, Schneider und Schuster. Sie lebten oft im Haushalt des Meisters und hatten kaum die Möglichkeit, eine eigene Familie zu gründen.
Taglöhner Gegen Ende des 19. Jh. gewann die Zuwanderung von Taglöhnern an Bedeutung. Vor allem aus Böhmen und Mähren wurden Jugendliche aus ärmeren Schichten nach Wien geschickt. Dort wurden sie von den Meistbietenden angeworben. Sie lebten als Bau- und Ziegelarbeiter sowie als Fabrikarbeiter in der aufstrebenden Maschinenbauindustrie täglich von der Hand in den Mund.
Migrantinnen Tschechische Bau- und Ziegelarbeiterinnen gab es schon um 1860 in größerer Zahl. In den späteren Jahrzehnten waren mehr als die Hälfte der Migrantinnen als Dienstmädchen, Köchinnen und Kinderfrauen in den Haushalten der Reichen und des Mittelstandes tätig. Diese Frauen lebten meist in völliger Abhängigkeit und hatten kaum Sozialkontakte.
Gegensätze Die bürgerlichen Wienerinnen und Wiener wohnten vorwiegend in den Innenbezirken, die Zuwanderinnen und Zuwanderer in den Vororten. Trotz dieser Trennung fühlten sich die Bürgerinnen und Bürger von den Fremden überrannt und bedroht. Sie sahen in den Vororten eine Zone des Verbrechens und des Sittenverfalls, die man nicht zu betreten wagte. Arbeitslose Menschen wurden in der Regel als Müßiggänger gesehen. Für sie gab es keine Unterstützung. Sie wurden von den städtischen Behörden in ihre Heimatgemeinden zurückgeschickt, wenn ihnen der Nachweis, dass sie die Mittel zu ihrem Unterhalt „redlich zu erwerben suchten", nicht gelang. Im Jahr 1873 wurden 5461 Personen aus Wien abgeschoben, die Hälfte davon unter 24 Jahren.

Du bist dran

- Die Seiten 70 bis 73 sind eine Darstellung, die eine Orientierung in einer bestimmten Absicht anbieten. Arbeite die Probleme der Vielvölkerstaaten heraus. Beurteile, inwieweit sich diese Probleme heute noch auswirken.

Diversität: Geschlecht – Ethnie – Klasse

Die Industrielle Revolution vom 18. Jahrhundert bis zur Gegenwart

- In der zweiten Hälfte des 18. Jh. begann in Großbritannien die Industrielle Revolution – das Zeitalter der maschinellen Massenproduktion in Fabriken.
- Die bedeutendste Erfindung war die Dampfmaschine von James Watt. Sie erleichterte die Arbeit in den Bergwerken, in den Eisenwerken und in der Textilindustrie.
- Die Spinnmaschine und der mechanische Webstuhl machten Kleidung zur erschwinglichen Massenware.
- Mit der Dampflokomotive und mit dem Dampfschiff begann das moderne Verkehrswesen.
- Der elektrische Strom und das Erdöl ergänzten die Kohle als Energieträger. Dynamo und Elektromotor, Benzin- und Dieselmotoren wurden als neue Kraftmaschinen genutzt.
- Straßenbahnen dienten den Massen als Fortbewegungsmittel, Autos hingegen der reichen Oberschicht.
- Die Erfindung des Fließbandes knapp vor dem Ersten Weltkrieg machte auch das Auto zum Massenprodukt.
- Am Ende des Zweiten Weltkriegs begann das Atomzeitalter. Seit wenigen Jahrzehnten sind Computer und Arbeitsroboter fester Bestandteil der Arbeitswelt.

Wirtschaftlicher und gesellschaftlicher Wandel im 19. Jahrhundert

- Die neuen Unternehmer (Gründergeneration) erwirtschafteten mit ihren Produkten manchmal riesige Vermögen.
- In der freien Marktwirtschaft (= Wirtschaftsliberalismus, Kapitalismus) wird der Preis durch Angebot und Nachfrage bestimmt. Durch Steuerung der Produktion versuchten die Kapitalisten die Preise hochzuhalten und dadurch höhere Gewinne anzuhäufen.
- Zu Beginn der Industrialisierung waren die arbeitenden Männer, Frauen und Kinder den Unternehmern schutzlos ausgeliefert: lange Arbeitszeiten, niedrige Löhne, kein Urlaub, keine Krankenversicherung usw.
- Die Arbeiterfamilien wohnten zusammengepfercht in Kleinstwohnungen ohne Wasseranschluss und Toiletten. Viele dieser Familien vermieteten Betten an so genannte Bettgeher, um die hohen Mieten zahlen zu können. Auch die Ernährung der Arbeiterfamilien war mangelhaft und eintönig.
- Armut in der Gegenwart: Im reichen Österreich lebt jeder 8. Mensch unter der Armutsgrenze. Ein Viertel davon sind Kinder. Frauen sind stärker als Männer von Armut betroffen.
- Karl Marx und Friedrich Engels riefen im Jahr 1848 zur kommunistischen Revolution auf. Ab etwa 1870 kam es in Europa zur Gründung von Sozialdemokratischen Parteien.
- In Österreich konnte die Arbeiterbewegung bis zum Ersten Weltkrieg einige wichtige Arbeiter-Schutzbestimmungen durchsetzen (zB Verbot der Kinderarbeit, Kranken- und Unfallversicherung).

Vielvölkerstaaten

- Das Habsburgerreich und das Osmanische Reich waren Vielvölkerstaaten (Nationalitätenstaaten).
- Die beiden Hauptstädte Wien und Istanbul übten eine große Anziehungskraft auf die Bewohner der beiden Reiche aus. Sie wuchsen besonders im 19. Jh. sehr schnell.
- In beiden Reichen führten verlorene Kriege zu Gebietsverlusten. Macht und Ansehen der Herrscher waren im Schwinden.
- Reformen sollten Revolutionen zuvorkommen. Diese Reformen zögerten den Zerfall der beiden Großreiche jedoch nur hinaus.
- Im Ersten Weltkrieg kämpften das Habsburgerreich und das Osmanische Reich auf der Verliererseite. Die Siegermächte bestätigten den Zerfall des Habsburgerreichs in eine Reihe von Nachfolgestaaten. Das Osmanische Reich teilten die Siegermächte unter sich auf. Der Türkei blieb nur die Halbinsel Anatolien.
- Seit der Mitte des 19. Jh. kamen vor allem Angehörige von drei Ethnien nach Wien: Tschechen, Deutschböhmen und Juden. Seit damals war die Hälfte der Wiener nicht hier geboren.
- Das bürgerliche Wien fühlte sich von Migrantinnen und Migranten überrannt und bedroht – die ersten Abschiebungen waren die Folge.

Wir trainieren Kompetenzen

1. Arbeitsauftrag: Dieses Schulbuchkapitel ist eine Darstellung, die eine bestimmte Absicht verfolgt und eine Orientierung anbietet. Untersuche, wie in diesem Kapitel die Industrialisierung und die sich daraus ergebende Veränderung der Gesellschaft dargestellt wird. Begründe deine Ergebnisse.

2. Arbeitsauftrag: Bewerte die Bedeutung der Eisenbahn für die Entwicklung der Industrialisierung. Begründe deine Bewertung.

3. Arbeitsauftrag: Beschreibe die Wohnsituation der Arbeiterklasse mit Hilfe der beiden Darstellungen. Erzähle, wie eine Arbeiterfamilie in Mitteleuropa heute wohnt.

Arbeite nach M1+M2

Wohnungselend im 19. Jahrhundert
(Karikaturistische Darstellung von Theodor Hosemann (1807–1875), um 1840)

Wie Arbeiterfamilien am Ende des 19. Jahrhunderts wohnen

D Für gewöhnlich bewohnten Arbeiterfamilien am Ende des 19. Jahrhunderts eine Wohnung bestehend aus: Küche, Stube oder Kochstube und einer nicht beheizbaren Kammer. In dem oft einzig beheizbaren Raum, der Küche, wurde gekocht, gespielt, gegessen, gewaschen, gelernt und auch gearbeitet. Häufig wurde dort außerdem geschlafen. Die Wohnungen waren in der Regel spärlich ausgestattet, besonders an Betten wurde dabei gespart, so dass häufig mehrere Familienmitglieder sich ein Bett teilen mussten. In diesen Familien war es ebenfalls üblich, dass sämtliche Kinder mit ihren Eltern in einem Raum schliefen. (In: Nora Müller, Arbeiterwohnen im 19. Jahrhundert)

4. Arbeitsauftrag: Beschreibe das Gemälde von Robert Köhler. Beurteile, ob der Maler eher auf der Seite des Fabrikanten oder der Arbeiterinnen und Arbeiter steht. Begründe deine Meinung.

5. Arbeitsauftrag: Vergleiche die beiden Streik-Darstellungen. Welche Gemeinsamkeiten und welche Unterschiede kannst du feststellen?

Arbeite nach M2

Der Streik (Gemälde von Robert Köhler (1850–1917), Öl auf Leinwand, 1886)

Warnstreik von Ärztinnen und Ärzten gegen die neue Dienstzeitregelung (Foto, Georg Hochmuth, 12.9.2016)

Migration: Kommen und Gehen

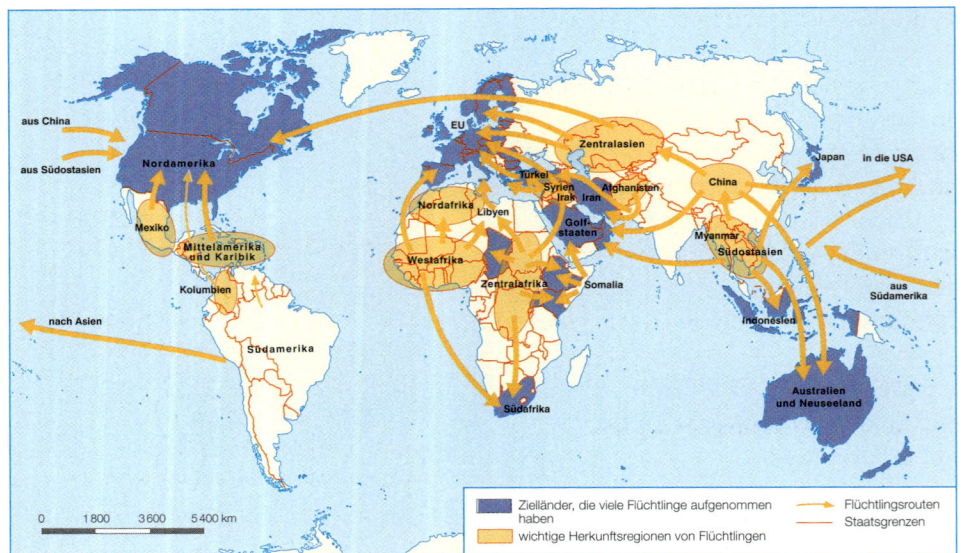

Migrationsströme weltweit seit 1990

Legende:
- Zielländer, die viele Flüchtlinge aufgenommen haben
- wichtige Herkunftsregionen von Flüchtlingen
- Flüchtlingsrouten
- Staatsgrenzen

Arbeite nach M4

Du bist dran

- Beschreibe und analysiere die Karte.
- Bildet Kleingruppen und recherchiert (mit Hilfe von Lexika und Internet) die möglichen Ursachen einer auf der Karte verzeichneten Migrationsbewegung.

Du bist dran

- Ordne den drei Aussagen im Kasten rechts die Begriffe „Auswanderung", „Einwanderung" und „Binnenwanderung" zu.
- Erkläre, bei welchen Beispielen zwei von diesen Begriffen zutreffen. Begründe deine Entscheidung.

Der deutsche Historiker Jochen Oltmer über Migration:

Q Der Mensch hat sich als wanderndes Wesen über die Welt ausgebreitet. In Zehntausenden von Jahren Menschheitsgeschichte hat er sich, von Afrika ausgehend, immer bewegt. Sesshaftigkeit ist historisch gesehen eher ungewöhnlich, Wanderung der Normalfall menschlicher Existenz.
(http://www.focus.de/wissen/mensch/geschichte/migration/tid-7164/interview_aid_70438.html)

Anjum wurde in der Nähe von Lahore (Pakistan) geboren. Als sie vier Jahre alt war, bekamen ihre Eltern, beide Ärzte, Arbeitsstellen in St. Pölten angeboten. Seitdem lebt Anjum dort.

Julian lebte mit seiner Familie in Imst (Tirol). Als sich die Eltern trennten, zog Julians Mutter mit ihm und seinem Bruder nach Eisenstadt. Sie will in der Nähe ihrer eigenen Eltern sein.

Lena zog mit ihrer Familie auf die spanische Insel Mallorca. Ihre Eltern eröffneten dort eine Urlauberpension.

Migration bedeutet Wanderung   Von Migration (lateinisch migrare = wandern) spricht man, wenn Menschen ihren Wohnsitz dauerhaft verlegen. Bezogen auf ein bestimmtes Gebiet kann man unterscheiden zwischen:
- Einwanderung: Menschen kommen in ein (Staats-)Gebiet.
- Auswanderung: Menschen verlassen ein (Staats-)Gebiet.
- Binnenwanderung: Menschen verlegen ihren Wohnsitz innerhalb eines (Staats-)Gebietes.
Der Begriff Migration bezeichnet Wanderungen von kleineren und größeren Menschengruppen und auch von Einzelpersonen.

„Niemand war schon immer da"   So lautete der Titel einer Ausstellung zum Thema Migration. Migration ist also normal. Es gibt sie, seit die Menschheit existiert. Mit der Globalisierung aber hat Migration stark zugenommen. Menschen, die migrieren, beeinflussen mit ihren Sitten und Bräuchen, ihrer Sprache und Religion die Gesellschaft und Kultur in ihrer neuen Heimat. So vermischt sich innerhalb eines Gebietes häufig Eigenes und Fremdes.

Ursachen für Massenwanderungen   Es gibt vielfältige Ursachen für die Migrationsströme vom 19. Jh. bis in die Gegenwart. Die Weltbevölkerung stieg von knapp 1 Milliarde Menschen um 1800 auf ca. 7,59 Milliarden (2018). Am stärksten wuchs die Bevölkerung im 19. Jh. in Europa. Zentren des Wachstums heute sind Afrika, Asien und Lateinamerika. Viele Menschen hatten und haben in ihrer Heimat keine Existenzgrundlage

mehr. Oft sind es mehrere Gründe, die Menschen dazu bringen, ihre Heimat zu verlassen:
- Armut, wirtschaftliche Not und Hoffnungslosigkeit in Hinblick auf die eigene Zukunft
- Aussicht auf bessere Ausbildung, auf Arbeit
- Menschen folgen ihren Familienmitgliedern (= Kettenwanderung)
- Abenteuerlust
- die Folgen von Naturkatastrophen wie Dürre, Überschwemmungen etc.

Allgemein versteht man unter Migration eine freiwillige Zuwanderung im Unterschied zu Flucht (S. 78).

Bevölkerung nach Migrationshintergrund bzw. nach Staatsangehörigkeit und Geburtsland im Überblick

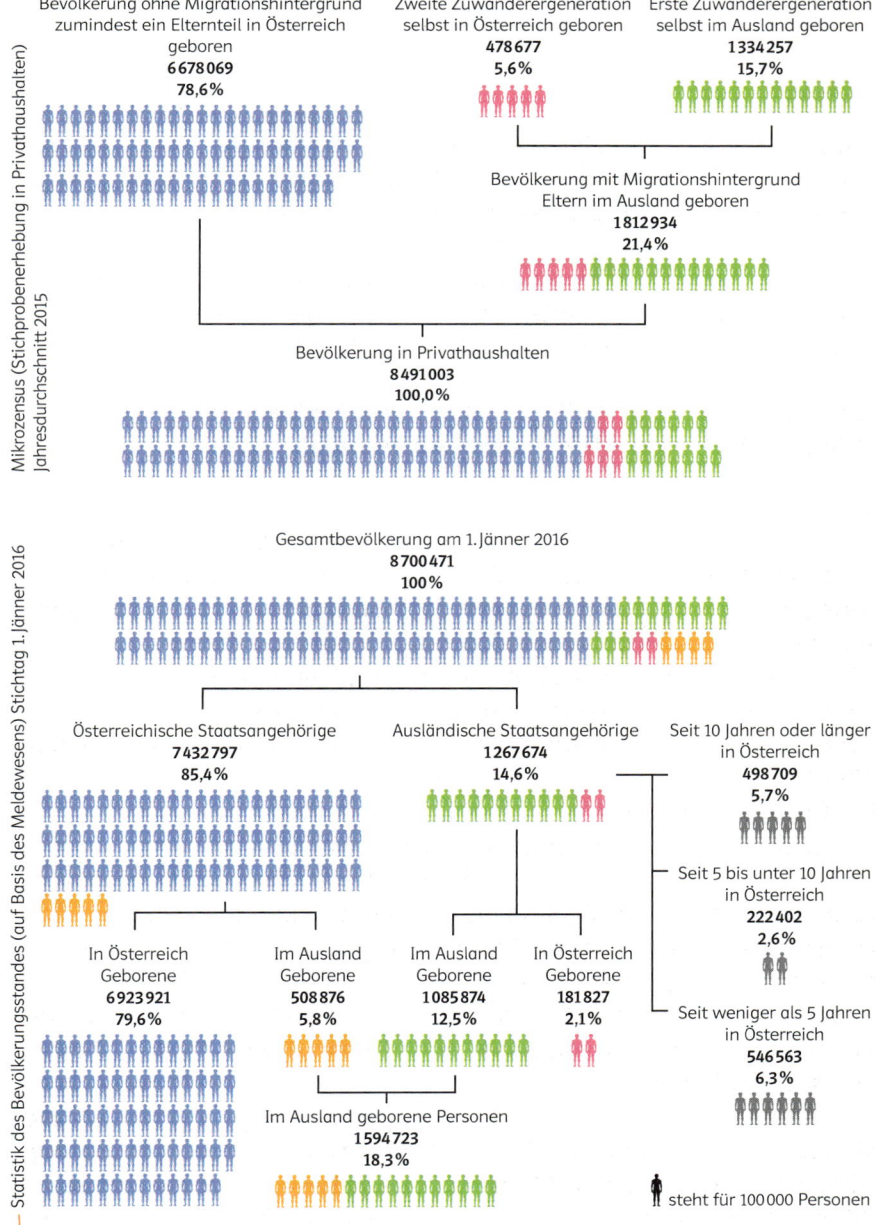

Anzahl der Menschen mit Migrationshintergrund in Österreich 2016
(Quelle: STATISTIK AUSTRIA)

Du bist dran
- Ermittle, ob Migration auch in der Geschichte deiner Familie eine Rolle spielt.
- Erstellt dazu einen Fragebogen, befragt euch gegenseitig und auch eure Eltern und Großeltern zu diesem Thema. Eventuell könnt ihr auch Interviews führen.
- Bringt auf einer großen Weltkarte farbige Stecknadeln an den Geburtsorten der Befragten an. Vielleicht könnt ihr auch Fotos von eurer Familie mitbringen.
- Diskutiert über Ursachen und Gründe der jeweiligen Migration.
- Verfasse im Anschluss daran eine Erzählung über die Geschichte eines Migranten oder einer Migrantin aus deiner Familie bzw. Bekanntschaft.

Du bist dran
- Erkläre den Begriff „Migrationshintergrund".
- Ermittle, wie viele Menschen in Österreich 2016 einen Migrationshintergrund besaßen.

Du bist dran    *Arbeite nach M6+A1*
- Beschreibe mit Hilfe des Schaubildes, wie viele Menschen 2016 nach Österreich zugewandert sind.
- Ermittle, aus welcher auf der Grafik dargestellten Gruppe die Zuwanderer und Zuwanderinnen stammen.
- Vergleiche die Ergebnisse mit den Zahlen für das aktuelle Jahr. Erläutere mögliche Zu- oder Abnahmen.

Flucht und Asyl

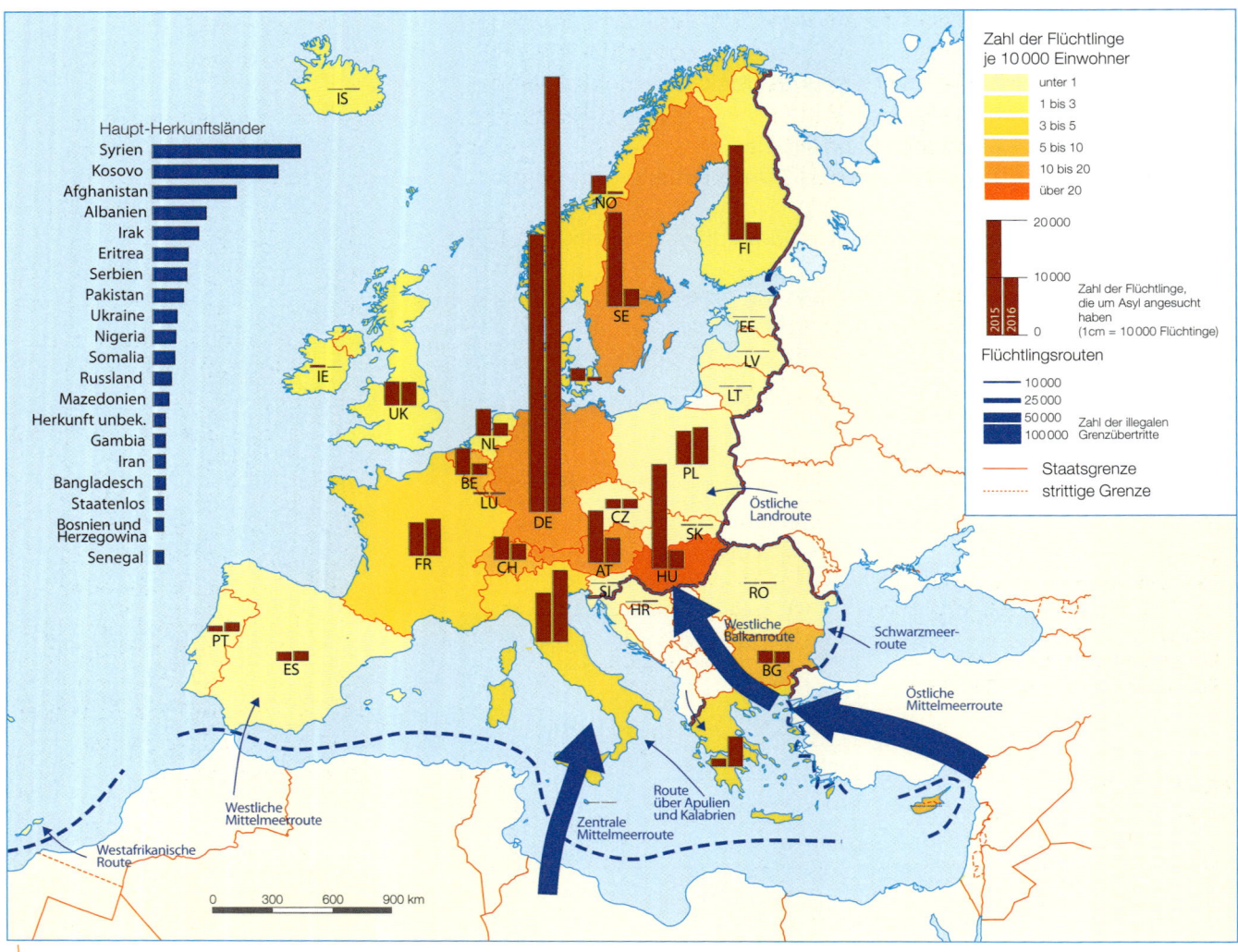

Zahl der Flüchtlinge je 10 000 Einwohner
- unter 1
- 1 bis 3
- 3 bis 5
- 5 bis 10
- 10 bis 20
- über 20

Zahl der Flüchtlinge, die um Asyl angesucht haben (1cm = 10 000 Flüchtlinge)

Flüchtlingsrouten
- 10 000
- 25 000
- 50 000
- 100 000 Zahl der illegalen Grenzübertritte
- Staatsgrenze
- strittige Grenze

Haupt-Herkunftsländer
Syrien, Kosovo, Afghanistan, Albanien, Irak, Eritrea, Serbien, Pakistan, Ukraine, Nigeria, Somalia, Russland, Mazedonien, Herkunft unbek., Gambia, Iran, Bangladesch, Staatenlos, Bosnien und Herzegowina, Senegal

Flüchtlingskrise in Europa 2015 befanden sich ca. 65 Millionen Menschen weltweit auf der Flucht. In der EU stellten 1,3 Mio. Menschen einen Asylantrag. Gründe für die Flüchtlingskrise in Europa waren der Bürgerkrieg in Syrien, bewaffnete Konflikte, Gewalt, Terror und Armut in vielen anderen Staaten.

Arbeite nach M6

Du bist dran
- Fasse die wichtigsten Inhalte der Grafik zusammen. Ermittle die Ursachen für die Fluchtbewegungen aus drei verschiedenen Ländern.
- Stelle fest, ob in deiner Umgebung Flüchtlinge bzw. Asylwerberinnen und Asylwerber leben.

Flucht und Vertreibung   Im Alltag werden die Begriffe Flüchtlinge, Migrantinnen und Migranten und Asylwerberinnen und Asylwerber häufig vermischt. Migrantinnen und Migranten werden in ihrer Heimat nicht verfolgt. Sie gehen meist aus wirtschaftlichen Gründen weg. Flüchtlinge verlassen ihre Heimat aber nicht freiwillig. Armut und Umweltkatastrophen (Wirtschafts- und Umweltflüchtlinge) werden in der Genfer Flüchtlingskonvention nicht als Fluchtgründe angeführt.

Asyl bedeutet „Zuflucht", „sicherer Ort"   Grundlage dafür, dass Menschen Asyl gewährt werden kann, ist ihre Anerkennung als Flüchtlinge nach der Genfer Flüchtlingskonvention. In Österreich kann ein Antrag auf Asyl bei der Polizei gestellt werden. Nachdem der Asylantrag gestellt wurde, darf die Asylwerberin bzw. der Asylwerber bis zur Entscheidung darüber von einer staatlichen Behörde nicht abgeschoben, dh zur Ausreise gezwungen werden. Das Bundesamt für Fremdenwesen und Asyl erteilt nach genauer Untersuchung jedes Falles einen Bescheid. Ist dieser positiv, dann darf die Asylwerberin bzw. der Asylwerber (vorläufig) bleiben, wenn nicht, muss sie bzw. er das Land verlassen. 2015 stellten in Österreich ca. 90 000 Asylwerberinnen und Asylwerber einen Asylantrag. 2016 waren es ca. 43 000 Menschen. 2015 erhielten etwa 14 400 Menschen einen positiven Bescheid, 2016 waren es ca. 22 300.

Die Europäische Union versucht eine einheitliche Asyl- und Flüchtlings-
politik umzusetzen. Die einzelnen EU-Staaten vertreten aber sehr
unterschiedliche Positionen. Manche wollen durch die Einführung
von so genannten Obergrenzen die Zahl der Flüchtlinge beschränken.
Menschenrechtsorganisationen üben Kritik an dieser Asylpolitik, da der
Schutz von Flüchtlingen nicht mehr gewährleistet ist.

Arbeite nach M1

Du bist dran

- Arbeite aus der Genfer Flüchtlingskonvention heraus, aus welchen
  Gründen dort Menschen als Flüchtlinge anerkannt werden.
- Beurteile, ob Migration aus wirtschaftlichen Gründen immer
  freiwillig erfolgt.

Asyl

MÜSSEN

Flucht

Flucht aus der Heimat in ein anderes
Land aufgrund einer Gefahr für Leib
und Leben
Verfolgt im Sinne der Genfer
Flüchtlingskonvention (GFK 1951)

Migration

WOLLEN

Wanderung

Freiwilliger, dauerhafter Wechsel
(zB in ein anderes Gebiet oder Land)
Meist wirtschaftliche Gründe, Hoffnung
auf ein besseres Leben

Genfer Flüchtlingskonvention von 1951 (Artikel 1)

Q Ein Flüchtling ist eine
Person, die sich außer-
halb des Landes befindet,
dessen Staatsangehörigkeit
sie besitzt oder in dem sie
ihren ständigen Wohnsitz
hat und die wegen ihrer
Rasse, Religion, Nationalität,
Zugehörigkeit zu einer bestimmten sozialen Gruppe
oder wegen ihrer politischen
Überzeugung eine wohlbe-
gründete Furcht vor Verfolgung hat und den Schutz
dieses Landes nicht in Anspruch nehmen kann oder
wegen dieser Furcht vor
Verfolgung nicht dorthin
zurückkehren kann.
(http://www.unhcr.at/mandat/
questions-und- answers/
fluechtlinge.html)

Arbeite nach M6+A1

Du bist dran

- Beschreibe die Entwicklung
  der Asylanträge in Österreich.
- Bildet Kleingruppen und
  ermittelt mit Hilfe von Lexika
  und Internet die Ursachen für
  die Ausschläge in der Grafik.

Asyl in Österreich

Anzahl der Asyl-Neuanträge

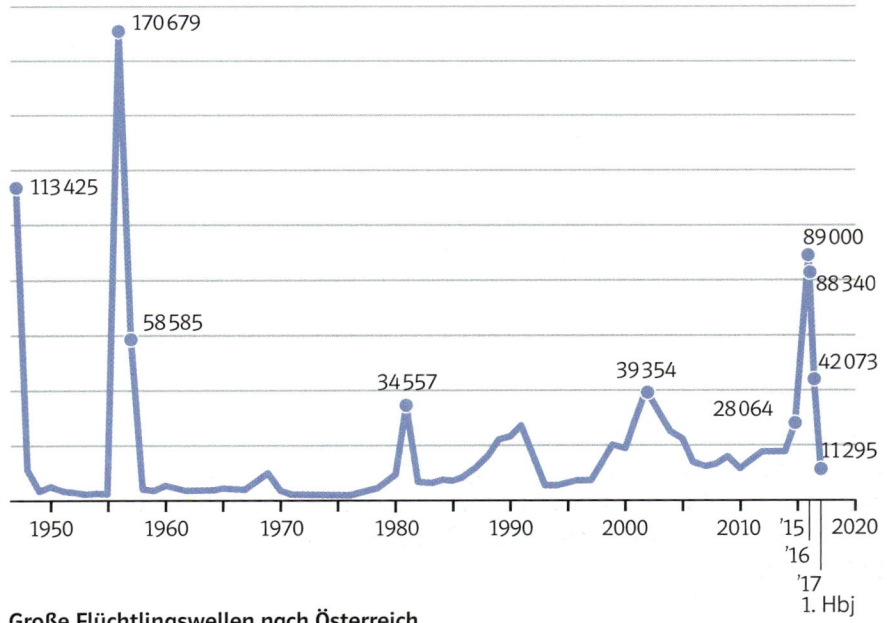

Große Flüchtlingswellen nach Österreich

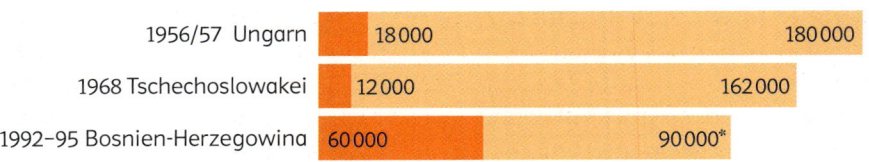

■ davon in Österreich geblieben

	davon in Österreich geblieben	gesamt
1956/57 Ungarn	18 000	180 000
1968 Tschechoslowakei	12 000	162 000
1992–95 Bosnien-Herzegowina	60 000	90 000*

*„Bosnien De Facto-Aktion" – vorläufiges Aufenthaltsrecht statt Asylantrag

— **Asylanträge in Österreich 1947–
1. Halbjahr 2017** (Quellen: BMI, UNHCR,
STATISTIK AUSTRIA)

Herausforderungen durch Migration

Kebab und Pizza traten ihren Siegeszug um die Welt auch aufgrund von Migration an. (Foto 2014)

PIZZA!

Du bist dran

Arbeite nach M1

- Beschreibe, welche Kosten durch Migrantinnen und Migranten entstehen.
- Listet auf, welche Speisen (außer Pizza und Kebab) und Getränke durch Migration und Globalisierung weltweit verbreitet worden sind.

Du bist dran

Arbeite nach M1

- Beschreibe, wie Österreich laut der Quelle ohne Migration aussehen würde.
- Fasse zusammen, welche Probleme sich für Österreich ergeben könnten, wenn keine Migration mehr stattfinden würde.

Du bist dran

Arbeite nach A2

- Diskutiert in der Klasse aus der Perspektive von Migrantinnen und Migranten, welche Vor- und Nachteile Migration haben kann.

Herausforderungen für Einwanderungsländer

Sprachkenntnisse   Das Erlernen der Sprache des Einwanderungslandes ist für Migrantinnen und Migranten die wichtigste Voraussetzung, damit sie überhaupt Fuß fassen können. Für ein positives Miteinander ist es auch notwendig, sie mit den politischen und kulturellen Werten vertraut zu machen, die im Einwanderungsland gelten.

Wohnen, Bildung, Arbeit   Für eine gelungene Integration benötigen Migrantinnen und Migranten Zugang zu Bildung und Arbeit sowie Hilfe bei der Wohnungssuche. All dies bedeutet zunächst einen großen finanziellen Aufwand für das Einwanderungsland.

Fremdenfeindlichkeit   Darunter versteht man eine ablehnende und feindselige Haltung gegenüber Menschen, die sich durch Herkunft, Nationalität, Religion oder Hautfarbe von der eigenen Umwelt unterscheiden. Fremdenfeindlichkeit kann sich zeigen in Ausgrenzung, Gewalt und Vertreibung bis hin zur Ermordung von Menschen. Durch Migration entsteht oder verstärkt sich bei manchen Menschen die Fremdenfeindlichkeit. Dies kann zu Problemen innerhalb einer Gesellschaft führen.

Was kosten Migrantinnen und Migranten?

Q Man geht davon aus, dass der Beitrag der Migranten größer ist als das, was sie in Anspruch nehmen. Zu Beginn brauchen sie mehr vom Sozialsystem und zahlen sie weniger ein. Mittelfristig sind Einheimische teurer (Gesundheit, Pensionen) und durch Firmengründungen schaffen Migranten sogar Arbeitsplätze. (Zit. nach: Broschüre „Kommen und Gehen in Vorarlberg")

Chancen für Einwanderungsländer

Was bringen Migrantinnen und Migranten mit?   Menschen, die zuwandern, bedeuten für ein Land mehr Vielfalt, neue Ideen und neue Anregungen.

Die Medien-Servicestelle „Neue Österreicher" (MSNÖ) über die Frage: „Wie würde Österreich ohne Migration aussehen?":

Q Ohne Zuwanderung würde die Bevölkerung schrumpfen und altern. Im Jahr 2075 würde es voraussichtlich mehr als doppelt so viele Über-75-Jährige als Unter-14-Jährige geben. Nur rund 1,6 Millionen Österreicher wären jünger als 30 Jahre – zum Vergleich: mit Zuwanderung wären es etwa 2,8 Millionen. (…) In vielen Berufsbranchen würde es einen starken Arbeitskräftemangel geben, etwa in den Branchen Sachgütererzeugung, Handel, Bauwirtschaft, Tourismus und Gesundheit. (…) Auch im Sport und in der Kunst gäbe es große Lücken. So würde der Kader der österreichischen Nationalmannschaft ohne Spieler mit Migrationshintergrund quantitativ und qualitativ um einiges schrumpfen. (http://diepresse.com)

Altersstruktur und Bevölkerungsentwicklung

Anteile der Altersgruppen in Prozent, Bevölkerungsstand in absoluten Zahlen, Europa, 1950 bis 2050

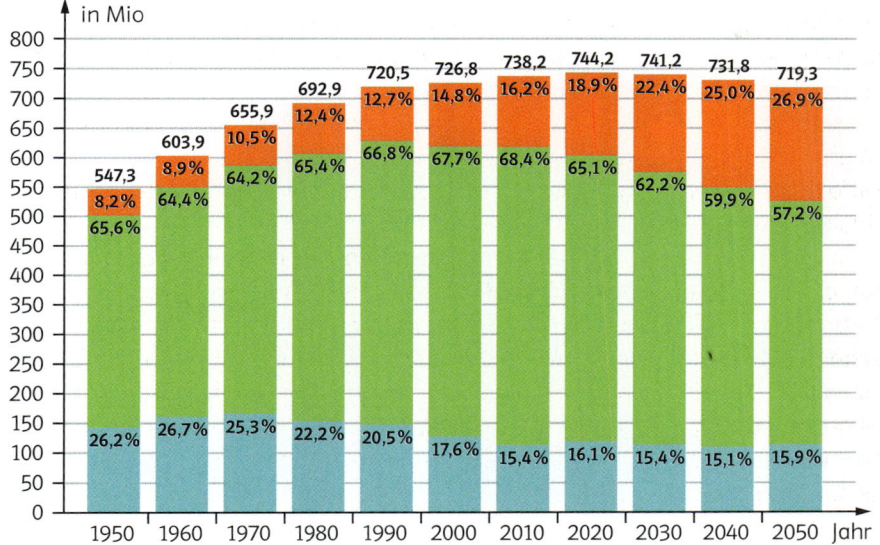

Jahr	1950	1960	1970	1980	1990	2000	2010	2020	2030	2040	2050
in Mio	547,3	603,9	655,9	692,9	720,5	726,8	738,2	744,2	741,2	731,8	719,3
oben (orange)	8,2%	8,9%	10,5%	12,4%	12,7%	14,8%	16,2%	18,9%	22,4%	25,0%	26,9%
mitte (grün)	65,6%	64,4%	64,2%	65,4%	66,8%	67,7%	68,4%	65,1%	62,2%	59,9%	57,2%
unten (blau)	26,2%	26,7%	25,3%	22,2%	20,5%	17,6%	15,4%	16,1%	15,4%	15,1%	15,9%

Altersstruktur und Bevölkerungsentwicklung in Europa seit 1950
(Quelle: Bundeszentrale für politische Bildung, UN-Department of Economic and Social Affairs, Population Division)

Folgen für Auswanderungsländer

Brain Drain Man meint damit, dass einem Auswanderungsland durch Migration auch viele gut ausgebildete oder talentierte Menschen (zB Akademiker, Unternehmerinnen, Künstler und Facharbeiterinnen) verloren gehen. Diese würden dringend gebraucht werden, um das eigene Land vorwärts zu bringen.

Chancen Manche Migrantinnen und Migranten kehren nach Jahren oder Jahrzehnten in ihr ursprüngliches Heimatland zurück. Einige bringen Geld und Know-How mit, gründen Firmen und investieren in die Zukunft ihres Ursprungslandes.

Q Nach Berechnungen überweisen Migranten das Dreifache der offiziellen Entwicklungshilfe in ihre Heimatländer. Über eine Milliarde Menschen sind auf solche Zahlungen angewiesen, um Ausbildung, Gesundheitsversorgung, Wasser und Hygiene bezahlen zu können. (Zit. nach: Broschüre „Kommen und Gehen in Vorarlberg")

Du bist dran *Arbeite nach M6*

- Beschreibe und analysiere das Schaubild:
  - Arbeite heraus, wie sich die Anteile der Altersgruppen in Europa bis zur Gegenwart entwickelt haben und wie sie sich laut Prognosen bis 2050 entwickeln werden.
  - Erläutere, welche Folgen sich daraus für Europa ergeben könnten.

Du bist dran *Arbeite nach M2*

- Beschreibe die Karikatur.
- Erörtere die mögliche Botschaft des Karikaturisten.
- Recherchiere Leben und Werk einer darauf erwähnten Person.
- Stellt eure Ergebnisse der Klasse vor.

„Brain Drain aus Kriegsgründen" Der österreichische Künstler Oliver Schopf nannte seine Karikatur „Brain Drain aus Kriegsgründen". Er bezieht sich dabei auf österreichische Flüchtlinge (Wolfgang Pauli, Eric Kandel, Martin Karplus, Frederic Morton, Billy Wilder), denen es als Migranten in den USA gelang, große Karrieren zu machen. (Der Standard, 20.9.2015)

Integration – Chancen für alle

Im Sport scheint oft möglich zu sein, was vielen im Alltag schwerfällt: jemanden zu bewundern für seine Leistung bzw. seine Persönlichkeit, egal wo der Mensch herkommt. Im österreichischen Fußball-Kader für die EM 2016 in Frankreich standen zwölf Migranten. Drei Fußballer wurden selbst im Ausland geboren: Okotie (Pakistan), Junuzovic (Serbien/Bosnien) und Harnik (D) . Migrationshintergrund haben beispielsweise Özcan (Eltern in Türkei geboren), Dragovic (Eltern aus Serbien), Alaba (Mutter von den Philippinen, Vater aus Nigeria) und Arnautovic (Vater aus Serbien). (Foto 2015)

Du bist dran

Arbeite nach A2

- Diskutiert, was eine Trainerin oder ein Trainer, was die neue Spielerin bzw. der neue Spieler, was die Mitglieder der Mannschaft konkret machen könnten, um eine neue Spielerin oder einen neuen Spieler zu integrieren.
- Du hast vielleicht einen Lieblings-Sportclub. Ermittle, wie viele Spielerinnen und Spieler dort Migrationshintergrund haben. Denke dabei auch an Binnenmigration.

Integration Vielleicht spielst du eine Sportart wie Fußball oder Volleyball. Wenn ein neuer Spieler oder eine neue Spielerin kommt, sollte er oder sie in die Mannschaft integriert werden. Das bedeutet, er oder sie soll in die Mannschaft hineinwachsen, sich wohlfühlen und zum Erfolg der Mannschaft beitragen. Für eine gelungene Integration sind alle beteiligten Personen, also Trainerteam, bisherige und neue Spielerinnen und Spieler zuständig. In den letzten Jahren hört man den Begriff Integration (von lat. integrare – von Neuem beginnen, ergänzen) oft in Zusammenhang mit Migrantinnen und Migranten. Gemeint ist damit ein Vorgang, bei dem die Menschen, die sich neu in einem Land niederlassen, aufgenommen und Teil der Gesellschaft werden. Zuständig dafür sind die Menschen, die schon dort leben, aber auch die Migrantinnen und Migranten selbst. Und die Politik muss gute Möglichkeiten dafür anbieten.

Anpassung: ganz oder gar nicht? Umstritten ist die Frage, wie Integration gelingen kann oder wie weit sie gehen sollte: Ist eine völlige Anpassung an das neue Land (Sprache, Religion, Kleidung, Essen, Kultur, Politik) richtig und notwendig? Reicht es, die Sprache zu beherrschen, aber die eigenen Bräuche und Sitten, die eigene Religion beizubehalten? Kann und soll man die eigenen Wurzeln völlig aufgeben?

Gegenseitiger Respekt Dieser ist eine Voraussetzung für gelingende Integration. Alle Beteiligten, die Migrantinnen und Migranten und die Menschen, die schon in einem Land leben, sollten bereit sein, sich zu öffnen, sich gegenseitig zu akzeptieren und voneinander zu lernen.

Maßnahmen, damit Integration gelingen kann:

- gemeinsame Grundwerte akzeptieren
- Bereitschaft, die Sprache zu erlernen
- unterschiedliche Religionen akzeptieren
- die Gesetze anerkennen und einhalten
- Bereitschaft zu gegenseitigen Kontakten
- Zusammenarbeit mit Medien
- das Erlernen der Sprache ermöglichen
- Zugang zu Bildung und Arbeit
- Toleranz hinsichtlich verschiedener Bräuche

Ein mögliches Symbol für Integration (Grafik der südkoreanischen Künstlerin und Grafikerin miztanya (Künstlername), 2014)

Jugendliche zum Thema Integration

Burak, 13 Jahre, kam mit 5 Jahren aus der Türkei nach Österreich:

Q Für mich bedeutet Integration: Die Sprache lernen, Sitten und Gebräuche (zB hier in Österreich) kennen und respektieren, österreichische Freunde haben, die Gesetze des Landes beachten. Meine eigene Religion und die wichtigsten Bräuche aus der Heimat meiner Eltern will ich aber auch nicht aufgeben. Gut fände ich aber, wenn sich die Einheimischen mehr für die Migranten interessieren, mehr über sie erfahren wollen. Es gibt so viele gebildete Muslime, Türken etc., aber im TV wird meist eine andere, nur kleine Gruppe gezeigt, Ungebildete, sogar Kriminelle. Das macht mir und anderen das Leben schwer.
(Integrationsprojekt, Bericht 2, BORG Götzis, März 2015)

Helia, 14 Jahre, geboren in Österreich, die Eltern aus dem Iran:

Q Integriert bin ich, weil ich die Sprache, sogar den Dialekt, perfekt beherrsche. Ich habe viele gute Freundinnen, sie stammen aus Österreich, dem Irak, Italien und vielen anderen Staaten. Wir wissen viel voneinander, auch von anderen Religionen, Sitten und Bräuchen. Ich finde das interessant. Mein Traum ist es, später in fremde Länder zu reisen, vielleicht auch im Ausland zu arbeiten. Leider wollen manche Menschen gar keinen Kontakt mit uns, sie nennen uns „Ausländer". Meine Mutter ist Hausfrau, sie hat sehr wenig Kontakte, sie ist, glaube ich, nicht integriert.
(Integrationsprojekt, Bericht 2, BORG Götzis, März 2015)

Sara, 16 Jahre, geboren in Österreich, lebte 6 Jahre in Ägypten:

Q Ich habe mit meiner Familie 6 Jahre in Ägypten gelebt, das war ganz schön hart, zumindest bis ich Arabisch konnte. Natürlich musste ich auch bestimmte Kleidervorschriften beachten und einige besondere ägyptische Sitten und Bräuche. Meine Religion und bestimmte Vorstellungen über das Leben, die meine Privatsache sind, würde ich aber nie aufgeben. Mir gefällt es, dass ich jetzt in Österreich ganz leicht mit vielen Menschen aus verschiedenen arabischen Ländern sprechen kann. Ich werde vielleicht Dolmetscherin.
(Integrationsprojekt, Bericht 2, BORG Götzis, März 2015)

Du bist dran — Arbeite nach M2

- Beschreibe und analysiere, wie die Grafikerin das Thema Integration in der Illustration umgesetzt hat.

Du bist dran — Arbeite nach M1

- Fasse zusammen, was die drei Jugendlichen unter Integration verstehen.
- Erörtere, was alle drei als unbedingt notwendig für Integration anführen.
- Beschreibe, welche Vorteile sie aufgrund ihrer Erfahrung für sich sehen.
- Beurteile die Perspektive, die die drei Jugendlichen jeweils einnehmen.

Du bist dran — Arbeite nach A2

Angenommen, du würdest mit deiner Familie in ein Land mit anderer Kultur übersiedeln. In welchen Lebensbereichen (zB Kleidung, Sprache, Essen, Sitten und Bräuche, Religion, Freizeitverhalten, …) würdest du dich anpassen wollen, in welchen nicht?
- Liste deine Argumente auf und begründe sie.
- Diskutiert eure Ergebnisse in der Klasse.

Weggehen, ankommen, bleiben

Du bist dran

Schreibwerkstatt „Migrationsgeschichte"

- Erfinde eine Geschichte zu einer Person auf dem Foto, die gerade in Ellis Island auf ihre Einwanderung in die USA wartet.
- Überlege vor dem Schreiben:
  - Woher könnte sie kommen?
  - Welche Gründe hat sie für die Migration?
  - Welche anderen Personen begleiten sie?
  - Aus welchen Gründen hat sie sich für das Zielland USA entschieden?
  - Wen und was lässt sie in ihrer alten Heimat zurück?
  - Welche Vorbereitung musste sie für die Auswanderung treffen?
  - Welche Hoffnungen, Erwartungen und Ängste hat sie bei der Einwanderung?
  - Welche Probleme könnten sich nach der Einwanderung ergeben?

1883 begründete der 24-jährige Österreicher Alois Bell seine Auswanderung in die USA so:

Q Hierzulande muss ich als Bauersmann ohne Vermögen für mein Leben ein armer Dienstbot bleiben, während ich in Amerika, so wie viele andere, die von hier dahin ausgewandert sind, die Aussicht habe, durch Tätigkeit und Sparsamkeit nach und nach zu einem eigenen schönen Besitz zu kommen und so mir mein Lebensglück zu begründen. (In: M. Pichler, Auswanderer von Vorarlberg in die USA 1800–1838)

Ellis Island Zwischen 1892 und 1954 war hier die zentrale Einwanderungsstelle in New York für alle Einwanderinnen und Einwanderer der 3. Klasse und der Zwischendecks. Rund 12 Millionen Menschen passierten in diesem Zeitraum die Kontrolle der Einwanderungsbehörde. (Foto, 1.4.1920)

Auf nach Amerika! Im 19. und zu Beginn des 20. Jh. fand die bisher größte Massenauswanderung der Geschichte statt: Zwischen 1820 und 1914 verließen ca. 44 Millionen Menschen Europa. Die meisten wanderten zwischen 1880 und 1914 aus. 85% der europäischen Migrantinnen und Migranten fanden auf dem amerikanischen Kontinent eine neue Heimat.

Österreich-Ungarn – ein Auswanderungsland Heute ist Österreich, eines der reichsten Länder der Welt, ein Einwanderungsland. Damals war es umgekehrt: Zwischen 1876 und 1910 wanderten ca. 3,5–4 Millionen Einwohnerinnen und Einwohner der Doppelmonarchie aus: Fast 3 Millionen von ihnen in die Vereinigten Staaten, 358 000 nach Argentinien, 158 000 nach Kanada, 64 000 nach Brasilien und 4 000 nach Australien. Der Rest verteilte sich auf andere Länder. Aus dem Burgenland wanderten in den 1920-er Jahren über 60 000 Personen in die USA aus.

Armut daheim, dort der „American Dream" Viele Migrantinnen und Migranten aus Österreich-Ungarn stammten aus armen, oft kinderreichen Bauernfamilien. Sie hatten keine Aussicht auf eine eigene Landwirtschaft, fanden keine oder nur schlecht bezahlte Arbeit als Taglöhner oder in einer Fabrik. Viele ließen sich daher das (geringe) Erbe auszahlen und kauften sich damit die Schiffskarten.

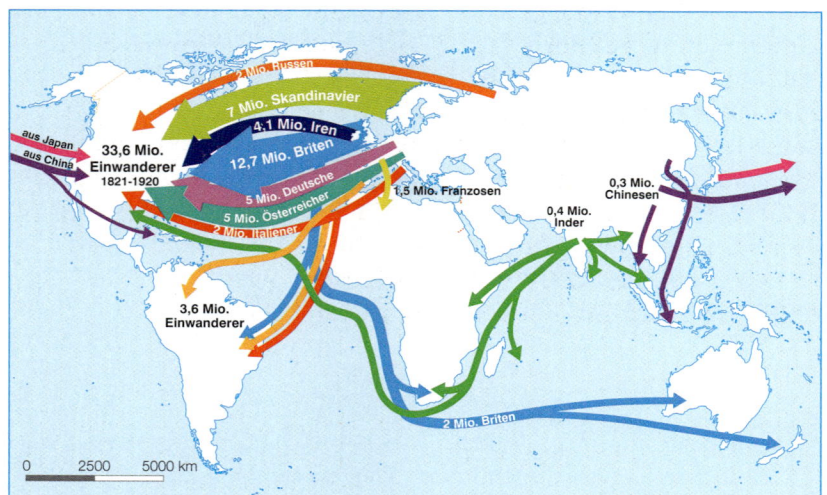

Überseeische Migration 1820–1914 (Quelle: Universität Augsburg)

Arbeite nach M4

Du bist dran

- Benenne die wichtigsten Auswanderungsströme zwischen 1820 und 1914.
- Stelle einen Zusammenhang mit den in diesem Kapitel beschriebenen Motiven für Migration her.

„**Gastarbeiter**" So wurden Menschen genannt, die seit Beginn der 1960-er Jahre von österreichischen und deutschen Unternehmern aus der Türkei, aus Jugoslawien und Spanien geholt wurden. In Mitteleuropa gab es aufgrund des wirtschaftlichen Aufschwungs einen großen Mangel an Arbeitskräften. Eigentlich gingen die Unternehmer und Zuwanderungsländer davon aus, dass sie nach einer bestimmten Zeit wieder in ihre Heimat zurückkehren würden. Diese so genannten Gastarbeiter und Gastarbeiterinnen arbeiteten vor allem in Fabriken und auf Baustellen. Viele von ihnen blieben: Aus der Arbeitermigration wurde eine dauerhafte Zuwanderung.

„Der Kolaric", ein Plakat im Auftrag der Aktion Mitmensch der Werbewirtschaft Österreich, gestaltet von der Agentur Lintas, zum Thema Rassismus und Fremdenfeindlichkeit (Plakat, 1973)

A. Emrić berichtet 2016 von ihren Eltern, die sich 1968 vom damaligen Jugoslawien als „Gastarbeiter" auf den Weg nach Österreich machten:

Q „Sie stammen beide aus kleinbäuerlichen, kinderreichen bosnischen Familien. In der Migration sahen sie ihre einzige Chance, den Lebensunterhalt der Familie zu sichern." (…) Die Mutter ging voran und fand sofort Arbeit in einer kleinen Fabrik im siebten Wiener Bezirk – für sich und den Ehemann. (…) Arbeit lag damals auf der Straße. (…) Monatelang dauerte es, bis das Ehepaar Emrić eine Wohnung fand, um das wenige Monate alte Baby aus Bosnien nachzuholen. Ohne Deutschkenntnisse waren sie auf die Hilfe einer Dolmetscherin angewiesen, die gleichzeitig ihre Maklerin war. (…) Erst vier Monate nach der Ankunft konnte Familie Emrić in eine Hausbesorgerwohnung ziehen. (…) A. Emrićs erste Erinnerung an Wien: Sie spielte im Innenhof mit den anderen Kindern und lernte Deutsch, während die Mutter vergeblich auf eine Kaffee-Einladung ihrer Nachbarinnen wartete. „Meine Mutter war damals sehr einsam, glaube ich. Sie fühlt sich heute noch gekränkt, weil sie nie auf einen Plausch eingeladen wurde, immer nur zum Putzen. Dabei war und ist sie eine sehr kontaktfreudige Person und wollte unbedingt ein Teil der Hausgemeinschaft sein." (Ihr) wurde klar: „Meine Eltern haben diese Stadt mit aufgebaut, meine Kinder sind hier geboren. Ich bin ein Teil dieser Geschichte, ich habe das Recht, hier zu sein." (…) „Sie sind Österreicher", sagt Emrić über ihre Kinder, Nichten und Neffen.
(Text: Olivera Stajic, 3.7.2016, https://derstandard.at/2000039577423/Ich-bin-ein-Teil-dieser-Geschichte)

> **Du bist dran** | Arbeite nach M2
> - Beschreibe das Plakat.
> - Erläutere die mögliche Botschaft dieser Bildquelle.

> **Du bist dran** | Arbeite nach M1
> - Fasse die wichtigsten Aussagen der Textquellen zusammen.
> - Erläutere, welche Ursachen für Migration erkennbar werden.
> - Beurteile, ob jeweils der Begriff Migrant bzw. Migrantin oder Flüchtling angebracht ist.

Ali flüchtete als Kind mit seiner Familie aus dem Irak nach Syrien. 2013 vertrieb sie der Krieg nach Österreich. Ali studiert heute Kunst in Wien. Er jobbt in einem Restaurant, um sich sein Kunststudium zu finanzieren. Später möchte er im Irak ein Kunstprojekt durchführen:

Q Ich bin so glücklich, dass ich Kunst studieren kann. In meiner Arbeit beschäftige ich mich mit Gender, Religion und Sexualität. Das alles definiert aber nicht, wer du bist. Ich wünsche mir von den Menschen, dass sie respektvoll miteinander umgehen. Worte können sehr verletzen. (UNHCR, Kippbild, Folder, 2016)

Ali (Foto, UNHCR, 2016)

Migration vom 19. Jahrhundert bis in die Gegenwart

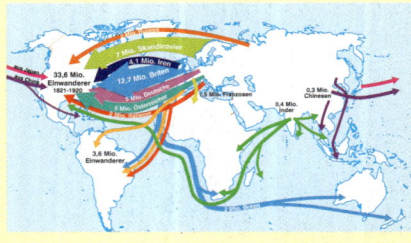

I haaß Kolaric
du haaßt Kolaric
Warum sogns' zu dir Tschusch?

- **Migration: Kommen und Gehen**   Migration bedeutet Wanderung. Man spricht von Migration, wenn Menschen ihren Wohnsitz dauerhaft verlegen. Migration gab es immer schon. Aufgrund der Globalisierung hat sie aber stark zugenommen. Migrantinnen und Migranten beeinflussen durch ihre Sprache, Religion, Sitten und Bräuche auch die Gesellschaft und Kultur ihrer neuen Heimat.

- **Ursachen für Massenwanderungen**   Es gibt viele Gründe, warum Menschen migrieren. Zu den häufigsten zählen: Armut, wirtschaftliche Not und Hoffnungslosigkeit für die Zukunft; die Aussicht auf bessere Ausbildung, auf Arbeit; Menschen folgen ihren Familienmitgliedern (Kettenwanderung); Abenteuerlust; die Folgen von Naturkatastrophen.

- **Flucht und Asyl**   Im Unterschied zu Migrantinnen und Migranten, die ihre Heimat meist aus wirtschaftlichen Gründen verlassen, werden Flüchtlinge verfolgt. Sie wechseln den Wohnort aufgrund einer Gefahr für Leib und Leben. Viele von ihnen suchen nach ihrer Flucht um Asyl an: Das Wort bedeutet Zuflucht, sicherer Ort. Die Genfer Flüchtlingskonvention von 1951 definiert, welche Personen als Flüchtlinge anerkannt werden müssen.

- **Herausforderungen und Chancen für Einwanderungsländer**   Zu den Herausforderungen gehören, Migrantinnen und Migranten Zugang zum Erlernen der Sprache, zu Bildung und Arbeit zu ermöglichen. Positive Effekte sind beispielsweise die Vielfalt in vielen Bereichen, die durch Migration entsteht. Auch kann durch Zuwanderung eine Abnahme und Überalterung der europäischen Bevölkerung sowie ein Arbeitskräftemangel abgemildert werden.

- **Folgen für Auswanderungsländer**   Auch viele gut ausgebildete Menschen verlassen ihr Land. Damit ist ein Wissens-Abfluss (Brain Drain) verbunden. Zu den möglichen positiven Folgen gehören die Investitionen und Geldüberweisungen von Migrantinnen und Migranten in ihr ehemaliges Heimatland.

- **Integration**   Dies ist ein Vorgang, bei dem Menschen, die sich neu in einem Land niederlassen, aufgenommen und Teil der Gesellschaft werden. Umstritten ist die Frage, wie Integration gelingen kann und wie weit die Anpassung an das neue Land gehen soll.

- **Auswanderung nach Amerika**   Die größte Massenauswanderung der Geschichte fand im 19. und zu Beginn des 20. Jh. statt: Viele Millionen Menschen wanderten aus Europa aus. Die meisten fanden in Amerika eine neue Heimat. Aus Österreich-Ungarn wanderten zwischen 1876 und 1910 ca. 3,5–4 Millionen Menschen aus. Fast 3 Millionen von ihnen emigrierten in die USA.

- **Gastarbeiter**   Aufgrund eines Mangels an Arbeitskräften holten deutsche und österreichische Unternehmen seit Beginn der 1960-er Jahre Menschen aus der Türkei, aus Jugoslawien und Spanien. Viele von ihnen blieben. Aus der Arbeitermigration wurde eine dauerhafte Zuwanderung.

Wir trainieren Kompetenzen

1. Arbeitsauftrag: Beschreibe und interpretiere die Abbildung. Versetze dich in die Lage einer der dargestellten Personen und schildere deine Geschichte.

Arbeite nach M2

2. Arbeitsauftrag: Beschreibe und interpretiere die beiden Quellentexte. Erläutere, wie Duden und wie Löher Amerika beschreiben. Verfasse auf der Grundlage eines der beiden Berichte einen kurzen Brief an die Eltern, die in Europa geblieben sind.

Arbeite nach M1

Auf einem Auswandererschiff von Deutschland nach Amerika (Zeichnung, unbekannter Künstler, um 1890)

Zwei Berichte über die USA (1829 und 1853)

Q Die große Fruchtbarkeit des Bodens, dessen ungeheure Ausdehnung, das milde Klima, die herrlichen Wasserverbindungen, der durchaus freie Verkehr in einem Raume von mehreren tausend Meilen, die vollkommene Sicherheit der Personen und des Eigenthumes, bei sehr geringen Staatslasten, das ist es, was man als die eigentlichen Pfeiler der glücklichen Lage der Amerikaner zu betrachten hat. In welchem andern Lande der Erde findet man dieses alles vereint? (Gottfried Duden, Bericht über eine Reise nach den westlichen Staaten Nordamerikas und einen mehrjährigen Aufenthalt am Missouri, 1829)

Der heiße Geschäftsdrang, das unaufhörliche Marktgewühl wird widerwärtig; die nackte, rohe Selbstsucht in der Politik, die grandiose Heuchelei im religiösen Leben tritt hervor; man empfindet das Unfreudige und streng Einförmige und Einseitige des amerikanischen Charakters; man merkt den Mangel tieferen geistigen Lebens, die Seltenheit wahrer Bildung bei aller äußeren Politur. (In: Franz Löher, Die deutschen Auswanderer der gebildeten Stände in Nord-Amerika, 1853)

3. Arbeitsauftrag: Werte die drei Grafiken aus. Vergleiche sie und stelle Zusammenhänge her. Nimm anhand der Grafiken Stellung zur wirtschaftlichen Situation der Bevölkerung nach Migrationshintergrund in Österreich.

Arbeite nach M6

Bildungsstand der Bevölkerung (25–64-Jährige)
in Österreich nach Migrationshintergrund (2015)

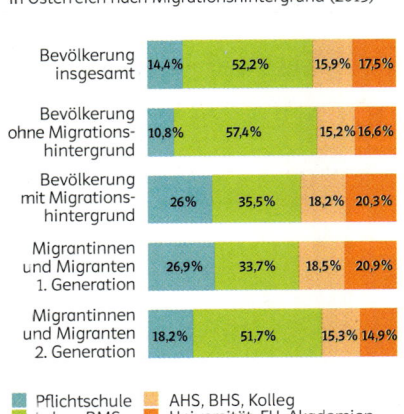

Bevölkerung insgesamt	14,4%	52,2%	15,9%	17,5%
Bevölkerung ohne Migrationshintergrund	10,8%	57,4%	15,2%	16,6%
Bevölkerung mit Migrationshintergrund	26%	35,5%	18,2%	20,3%
Migrantinnen und Migranten 1. Generation	26,9%	33,7%	18,5%	20,9%
Migrantinnen und Migranten 2. Generation	18,2%	51,7%	15,3%	14,9%

■ Pflichtschule ■ AHS, BHS, Kolleg
■ Lehre, BMS ■ Universität, FH, Akademie

Arbeitslosenquote 2015
nach Staatsangehörigkeit und Ausbildung

Staats-angehörigkeit	Insge-samt	Pflicht-schule[1]	Lehre, BMS[1]	AHS, BHS, Universit.[1]
Insgesamt	9,1%	29,0%	7,0%	4,6%
Österreich	8,1%	25,5%	7,0%	4,4%
Nicht-Österreich	13,5%	35,9%	6,6%	5,0%
EU-Staaten vor 2004/EWR/Schweiz	8,1%	22,8%	9,6%	5,0%
EU-Beitrittsst. ab 2004	10,8%	31,2%	6,2%	4,0%
Ehem. Jugoslawien (außerhalb der EU)	14,5%	33,8%	5,9%	3,5%
Türkei	19,8%	41,2%	5,4%	5,0%
Sonstige Staaten[2]	25,1%	50,3%	5,3%	11,7%

1) AMS Erwerbskarrierenmonitoring
2) Ohne Personen mit unbekannter Staatsangehörigkeit

Netto-Jahreseinkommen* 2014
nach Staatsangehörigkeit

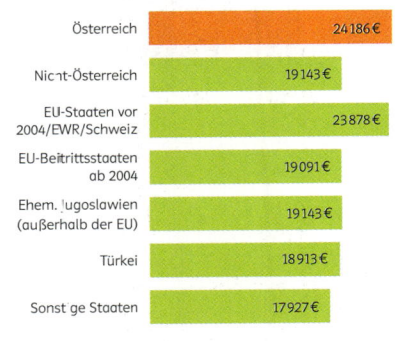

Österreich	24 186 €
Nicht-Österreich	19 143 €
EU-Staaten vor 2004/EWR/Schweiz	23 878 €
EU-Beitrittsstaaten ab 2004	19 091 €
Ehem. Jugoslawien (außerhalb der EU)	19 143 €
Türkei	18 913 €
Sonstige Staaten	17 927 €

*Median des Netto-Jahreseinkommens der ganzjährig unselbstständig Erwerbstätigen

1740–1780
Maria Theresia

1774
Allgemeine
Schulpflicht in
Österreich

1783
Der Philosoph Kant
veröffentlicht die Schrift
„Was ist Aufklärung?".

1781
Joseph II.: Untertanen-
und Toleranzpatent

1793–1794
Schreckensherrschaft der Jakobiner in Frankreich

1792
Frankreich wird Republik.

1789
Beginn der Französischen Revolution;
Erklärung der Menschen- und Bürgerrechte

Reformen und Revolutionen –
Gefühle und Einstellungen

85j88h

„Die Freiheit führt das Volk." (Gemälde des französischen Malers Eugène Delacroix (1798–1863), 1830, Louvre in Paris)

1830
Revolution in
Frankreich

1848
Revolutionen in den deutschen
Staaten und im Habsburgerreich

1867
Verfassung im
Kaisertum Österreich

1897
Erste Promotion einer Frau
an der Universität Wien

1907
Allgemeines und
gleiches Wahlrecht für
Männer in Österreich

1918
Wahlrecht für Frauen
in Österreich

1917
Ende der Zarenherrschaft
in Russland und
Oktoberrevolution

Im 18. Jh. traten Vertreter der Aufklärung für die Herrschaft der Vernunft ein. In Österreich setzten Maria Theresia und Joseph II. erfolgreich Reformen durch. In Frankreich, Deutschland, Österreich und Russland kam es zu Revolutionen, die zu Verfassungen und eigenen Nationalstaaten führten.
Das Verständnis von Liebe und Ehe änderte sich; Bildung und Wissen erreichten einen neuen hohen Stellenwert; ein neues Rechtsverständnis ermöglichte die Entwicklung der Demokratie.

Auf den folgenden Seiten sollst du erfahren:
- welche Bedeutung die Aufklärung für die Selbstbestimmung der Menschen hatte.
- welche Reformen in Österreich den Staat modernisierten.
- wie es zum Ausbruch von Revolutionen kam.
- welche Veränderungen im Verhältnis von Liebe und Ehe in der Neuzeit feststellbar sind.
- welche Bedeutung Wissen und Bildung sowie Recht und Gesetz für die Demokratie und den Rechtsstaat besitzen.

Wissen ist Macht – die Aufklärung

Der Philosoph* Immanuel Kant* 1783

Q Aufklärung ist der Ausgang des Menschen aus seiner selbst verschuldeten Unmündigkeit. Unmündigkeit ist die Unfähigkeit, seinen Verstand ohne Anleitung durch einen anderen zu gebrauchen. Selbst verschuldet ist diese Unmündigkeit, wenn es nicht am Mangel des Verstandes, sondern der Entschließung und des Mutes liegt, ihn ohne Anleitung durch einen anderen zu gebrauchen. Faulheit und Feigheit sind die Ursachen, warum ein so großer Teil der Menschen dennoch gerne unmündig bleibt; und warum es anderen so leicht wird, sich zu deren Vormündern aufzuspielen. Es ist so bequem, unmündig zu sein.
(In: I. Kant, Was ist Aufklärung?)

Eine Wende im Denken ...

Wissenschaftlicher Fortschritt   Seit Beginn der Neuzeit gelangten die Gelehrten und Forscher immer wieder zu neuen umwälzenden Erkenntnissen: Johannes Kepler und Galileo Galilei vertraten die Auffassung, dass nicht die Erde, sondern die Sonne der Mittelpunkt des Universums sei. Isaac Newton* entdeckte die Schwerkraft und William Harvey* den Blutkreislauf. Edward Jenner* entwickelte eine Schutzimpfung gegen die Pockenseuche, die bis dahin viele Opfer forderte.

Vernünftig und nützlich   Diese großartigen Denkleistungen verstärkten den Glauben an die geistigen Fähigkeiten aller Menschen. Die Gelehrten sahen sich in der Lage, mit diesen Fähigkeiten alles zu beherrschen, zu verändern und zu verbessern: die Natur, die Gesellschaft, den Staat und die Kirche, die Wirtschaft, die Bildung und das Rechtswesen. Gelehrte, die diese Auffassung vertraten, wandten sich gegen alles, was nicht vernünftig zu erklären und nicht nützlich war. Sie stammten meist aus dem Bürgertum und bezeichneten sich als Aufklärer. Ihr Ziel war es, die Menschen von überholten Vorstellungen zu befreien und zu einem besseren Leben zu führen.

... gegen Absolutismus und Kirche ...

Volkssouveränität   Im Absolutismus leitete der Fürst seine Rechte von Gott ab. Die Aufklärer vertraten die Auffassung, dass alle Macht vom Volk ausgeht (Volkssouveränität). Der Fürst hat die Aufgabe, für das Wohl seiner Untertanen zu sorgen, ihr Leben und ihren Besitz zu schützen. Kann er das nicht, hat das Volk das Recht, ihn abzusetzen.

Religiöse Toleranz   Manche Aufklärer kritisierten auch den Herrschaftsanspruch der katholischen Kirche. Sie forderten die Freiheit für die Menschen, ihren Glauben selbst bestimmen und ausüben zu können. Sie traten auch gegen den damals weit verbreiteten Hexenglauben (S. 14 ff.) auf.

Du bist dran — Arbeite nach M1

- Erkläre, was „den Verstand ohne Anleitung durch einen anderen gebrauchen" bedeutet.

Du bist dran — Arbeite nach M1

- Beschreibe und interpretiere die Karikatur.
- Finde heraus, welche Absicht der Karikaturist mit dieser Darstellung wahrscheinlich verfolgte.

Neue Erkenntnisse Der englische Arzt Edward Jenner impft eine Frau gegen Pocken. (Karikatur von James Gillray (1757–1815), 1802)

Unterricht in einer Dorfschule im 17. Jh.: Lehrer hatten keine besondere Ausbildung. Lesen und Schreiben fiel ihnen meist selber schwer. Der äußerst geringe Lohn zwang sie zu Nebenverdiensten. Die Frau des Schulmeisters half beim Unterrichten. (Gemälde von Jan Steen (1626–1679), „Die Dorfschule", um 1670/72, Öl auf Leinwand, 81,7 × 108,6 cm, Edinburgh, National Gallery of Scotland)

Unterricht in einer Bürgerschule zu Beginn des 19. Jh.: Die Kosten für die Schule und das Gehalt des Lehrers mussten die Eltern aufbringen. (Kolorierter Stahlstich, Renner und Schuster, 1835)

> **Arbeite nach M2**
>
> **Du bist dran**
>
> - Beschreibe das Verhalten der Kinder.
> - Bewerte die Rolle der Lehrer und der Lehrerin.
> - Beschreibe die Klassenzimmer in Hinblick auf ihre Ausstattung.
> - Stelle den in den Abbildungen dargestellten Schulalltag von damals jenem von heute gegenüber.

… für mehr Bildung und Gleichheit vor dem Gesetz

„Wissen ist Macht" (Francis Bacon, englischer Philosoph, Jurist und Staatsmann (1561–1626), angeblicher Leitspruch) Für die Aufklärer war eine gute Bildung die beste Grundlage für ein gutes Leben. Deshalb verlangten sie die Errichtung von (Volks-)Schulen, um allen Menschen den Zugang zur Bildung zu ermöglichen. Die Aufklärer forderten die Gleichheit aller Menschen vor dem Gesetz. Die Folter ist menschenunwürdig und deshalb abzuschaffen. In wirtschaftlicher Hinsicht betonten sie die Bedeutung der Landwirtschaft: Nicht mehr das Geld, sondern der bebaute Boden wurde als die Grundlage des Reichtums gesehen.

Aufgeklärter Absolutismus

„Alles für das Volk, aber nichts durch das Volk" (Joseph II.)
Die aufgeklärten Herrscher wie zB Friedrich II. von Preußen* oder Joseph II. (S. 93) sahen sich als erste Diener ihres Staates. Ihre Hofhaltung war einfacher als die ihrer Vorgänger zur Zeit des höfischen Absolutismus. In ihren Staaten verwirklichten sie viele Forderungen der Aufklärung. Am Absolutismus als Herrschaftsform hielten sie allerdings fest.

> **Arbeite nach M1**
>
> **Du bist dran**
>
> - Fasse die wesentlichen Forderungen der Aufklärer zusammen.
> - Prüfe, inwiefern die Ideen der Aufklärung bis heute Gültigkeit haben.

Reform statt Revolution

Maria Theresia war eine herausragende Monarchin des aufgeklärten Absolutismus. (Ölgemälde von Johann-Gottfried Auerbach (1697–1753) von 1749, 153 × 120 cm, Privatbesitz)

Du bist dran

Arbeite nach M2

- Analysiere den Aufbau und vergleiche die beiden Darstellungen Maria Theresias (Porträt, Karikatur).
- Untersuche, in welchem Zusammenhang die Karikatur mit Maria Theresias Reformen steht.

Aus der Allgemeinen Schulordnung Maria Theresias

Q Beim Unterricht muss nicht bloß auf das Gedächtnis gesehen, noch die Jugend mit dem Auswendiglernen über Gebühr geplagt, sondern der Verstand derselben aufgeklärt, ihr alles verständlich gemacht und die Anleitung gegeben werden, über das Erlernte sich ruhig und vollständig auszudrücken.
(In: H. Engelbrecht, Geschichte des österreichischen Bildungswesens)

Der Kampf um das Erbe Mit dem Tod Kaiser Karls VI. im Jahre 1740 starben die Habsburger in männlicher Linie aus. Nun übernahm seine 23-jährige Tochter Maria Theresia die Herrschaft in den habsburgischen Ländern. Obwohl die europäischen Mächte die „Pragmatische Sanktion" (S. 24) anerkannt hatten, kam es sofort nach dem Regierungswechsel zu Erbfolgekriegen. Besonders umkämpft war das wirtschaftlich gut entwickelte Schlesien. Dieses Land ging schließlich an Friedrich II. von Preußen verloren. Das übrige Erbe verteidigte Maria Theresia erfolgreich.

Bedeutende Reformen Die Kriege um ihr Erbe hatten Maria Theresia gezeigt, dass ihr vor allem eine schlagkräftige Armee und ausreichend Geld fehlten. Um dies zu ändern, führte sie zahlreiche Reformen durch. Unterstützt wurde sie dabei von Beratern, die in vielen Bereichen die Ideen der Aufklärung vertraten.

Heerwesen	Militärakademie in Wiener Neustadt (Offiziersausbildung); Aushebung von Soldaten aus dem Bauernstand zu lebenslänglichem Wehrdienst
Verwaltung	Besteuerung von Adel und Geistlichkeit; Grundbuch*; Volkszählung*; Neuordnung der Staatsverwaltung (Zentralbehörden)
Rechtswesen	neues Strafgesetzbuch; Abschaffung der Folter
Wirtschaft	neue Manufakturen; Begrenzung der Frondienste* der Bauern auf drei Tage/Woche; Gewerbeschulen zur Ausbildung von Facharbeitern
Schulwesen	sechs Jahre „Allgemeine Schulpflicht"; Volksschule in jeder Pfarre, Hauptschule in jeder Stadt; einheitliche Lehrpläne; staatliche Beaufsichtigung der Universitäten
Kirche	weniger Feiertage; Aufsichtsrecht des Staates über die Kirche

„Die Einführung der Schulpflicht war nur eine Frage der Zeit …" Maria Theresia und Franz I. im Kreise ihrer Kinder (Karikatur, Bruno Haberzettl, 2009)

Du bist dran

Arbeite nach A2

- Beurteilt die Auswirkungen der Reformen Maria Theresias für den Staat. *Haten mehr Geld und Land.*
- Diskutiert, ob diese Reformen auch heute noch Bedeutung haben.
- Bewertet die Vor- und Nachteile der Reformen für die einzelnen Bevölkerungsgruppen. *manche wurden bevorzugt, manche wurden vernachlässigt*
- Diskutiert, worauf heute im Vergleich zur Zeit Maria Theresias im Unterricht Wert gelegt wird. *Ordnung, Struktur*

Joseph II. – ein „aufgeklärter" Reformer

Aufgeklärter Absolutismus   Der älteste Sohn und Nachfolger Maria Theresias war ein überzeugter Anhänger der Aufklärung. Prunk und Pracht lehnte er ab. Er war bestrebt, die Lebensbedingungen seiner Untertanen zu verbessern.

Neue Freiheiten und Wohlfahrt für viele Menschen

Einige der Maßnahmen des Kaisers bewirkten bleibende Veränderungen in der Gesellschaft Österreichs:

Aufhebung der Leibeigenschaft   Das Untertanenpatent (1781) hob die Leibeigenschaft auf und gab den Bauern die persönliche Freiheit. Sie durften nun ohne die Erlaubnis des Grundherrn heiraten, einen anderen Beruf ergreifen oder auch einen anderen Wohnsitz wählen.

Religionsfreiheit   Das Toleranzpatent (1781) gestattete auch den evangelischen und den orthodoxen Christen die freie Religionsausübung. Die Juden mussten nicht mehr in einem Getto leben, einen Bart sowie den spitzen, hohen Judenhut tragen, die sie von den anderen Menschen unterschieden. Ab nun durften sie sich in allen Berufszweigen wie dem Handwerk, den Künsten, der Landwirtschaft und akademischen Berufen betätigen, was ihnen davor nicht erlaubt war.

Kranken- und Armenfürsorge   Bis zum Ende des 18. Jh. lag die Kranken- und Armenfürsorge fast ausschließlich in den Händen von Kirchen und Klöstern. Joseph II. ließ dafür in Wien das Allgemeine Krankenhaus, eine Taubstummen- und Blindenanstalt, Armen-, Waisen- und Invalidenhäuser errichten. Die kaiserlichen Schlossparks und das Jagdgebiet im Prater öffnete er für die Erholung suchende Wiener Bevölkerung.

Staatliche Aufsicht über die Kirche

Klosteraufhebungen   Joseph II. hob fast 700 Klöster auf, deren Nonnen und Mönche nach Ansicht des Kaisers keine nützliche Tätigkeit wie Krankenpflege, Armenfürsorge, Unterricht oder Seelsorge ausübten. Ihr Besitz wurde eingezogen. Mit dem Geld, das dadurch hereinkam, wurden neue Bistümer, Pfarren und Kirchen errichtet. Damit sollte erreicht werden, dass niemand länger als eine Stunde für seinen Kirchgang brauchte. Aber auch die Ausbildung und Bezahlung der Priester wurde davon finanziert.

Kein kirchlicher Prunk   Aus Gründen der Sparsamkeit verbot der Kaiser kirchlichen Prunk. So verringerte er zB die Anzahl der Wallfahrten und Prozessionen und legte die Höchstzahl der Kerzen fest, die bei einer Messe angezündet werden durften.

Nicht alle Maßnahmen hatten Erfolg

Gescheiterte Reformen   Der Kaiser wollte aus seinen vielen Ländern einen von Wien aus zentral verwalteten Staat machen. Dazu führte er überall Deutsch als Amtssprache ein. Gegen diese Maßnahme wehrten sich vor allem die Ungarn. Sie erreichten die Rücknahme der Anordnung. Ihre Amtssprache blieb – Latein. Bei seinen Anordnungen nahm Joseph II. wenig Rücksicht auf die Bedürfnisse der Menschen und musste selbst noch manche seiner Reformen zurücknehmen.

Kaiser Joseph II. (1780–1790) mit seinem Bruder und Nachfolger Leopold II. (1790–1792) (Ölgemälde von Pompeo Batoni, Rom 1769, 173 × 122 cm, Wien, Kunsthistorisches Museum)

Reform
eine planmäßige Neuordnung, Umgestaltung der bestehenden Verhältnisse, mit dem Ziel, diese zu verbessern. Beispiele: Schulreform, Pensionsreform, Steuerreform, …
Revolution
eine sehr schnelle und radikale Umwälzung, Veränderung des bestehenden Zustandes. Diese kann gewaltsam oder friedlich vor sich gehen. Beispiele: Französische Revolution, Industrielle Revolution, …

Du bist dran

- Arbeite mit Hilfe des Autorentextes die Reformen Josephs II. in den Bereichen Kirche, Religion, Staat, Kranken- und Armenfürsorge, Bauern und Grundherren heraus.
- Erörtere mögliche Gründe, aus denen die Bevölkerung einige seiner Reformen ablehnte.

Die Französische Revolution: die alte Ordnung stürzt

Wer trägt die Lasten? Auf dem Säbel steht „Gerötet vom Blut", auf der Hacke „Mit Tränen getränkt". Dem Dritten Stand ist die Jagd verboten, deshalb können Vögel und Hasen Saat und Ernte fressen. (Anonyme Karikatur, 1789, koloriert)

Arbeite nach M6

Du bist dran

- Begründe, warum Adel und Klerus nach Ständen und der Dritte Stand nach Köpfen abstimmen wollten.
- Interpretiere die Grafiken und vergleiche sie mit dem Autorentext.

Der König braucht Geld

1 Phase

Hohe Schulden Zur Zeit Ludwigs XIV. stand Frankreich am Gipfel seiner Macht. Unter seinen Nachfolgern geriet der Staat immer mehr in eine Krise: Er war hoffnungslos verschuldet. Die luxuriöse Hofhaltung in Versailles, die zahlreichen und kostspieligen Kriege, die Geschenke und Pensionen an Hofwürdenträger sowie die Zinsen für die Staatsschulden waren durch die Steuern des Dritten Standes allein nicht mehr finanzierbar.

Die Revolution des Dritten Standes in Versailles

Generalstände König Ludwig XVI. wollte, dass die Generalstände* einen Ausweg suchten. Da diese Versammlung in der Zeit des Absolutismus nicht zusammengekommen war, mussten die Abgeordneten erst gewählt werden. Jeder Stand wählte für sich: Die 350 000 Adeligen und die 130 000 Geistlichen wählten je 300 Vertreter. Die 24 Millionen Angehörigen des Dritten Standes wählten 600 Vertreter.

Der Dritte Stand Die Abgeordneten traten in Versailles zusammen. Anstatt über die Finanzen zu beraten, stritten sie sich, ob nach Ständen oder nach Köpfen abgestimmt werden sollte. Der König befahl schließlich, getrennt zu beraten und abzustimmen. Daraufhin erklärte sich der Dritte Stand am 17. Juni 1789 zur Nationalversammlung mit der Aufgabe, eine Verfassung* auszuarbeiten.

Die Revolution in Paris und auf dem Land

Ludwig XVI. zog Truppen zusammen, um die Nationalversammlung aufzulösen. Als dies in Paris bekannt wurde, stürmten die Bürger am 14. Juli 1789 die Bastille. Dieses Gefängnis galt ihnen als Symbol der ungerechten Rechtsprechung im Absolutismus. Bald danach erhoben sich die Bauern. Sie plünderten die Schlösser ihrer Gutsherren und töteten viele Adelige.

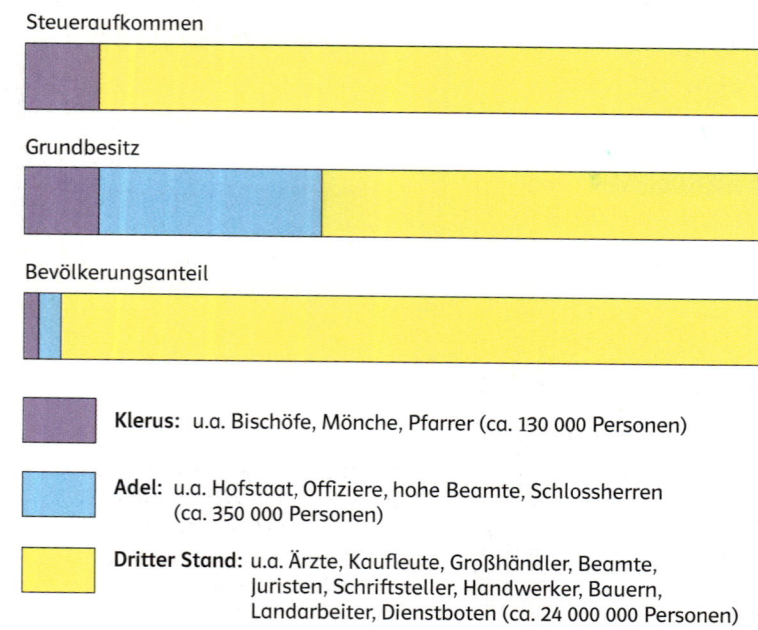

Klerus: u.a. Bischöfe, Mönche, Pfarrer (ca. 130 000 Personen)

Adel: u.a. Hofstaat, Offiziere, hohe Beamte, Schlossherren (ca. 350 000 Personen)

Dritter Stand: u.a. Ärzte, Kaufleute, Großhändler, Beamte, Juristen, Schriftsteller, Handwerker, Bauern, Landarbeiter, Dienstboten (ca. 24 000 000 Personen)

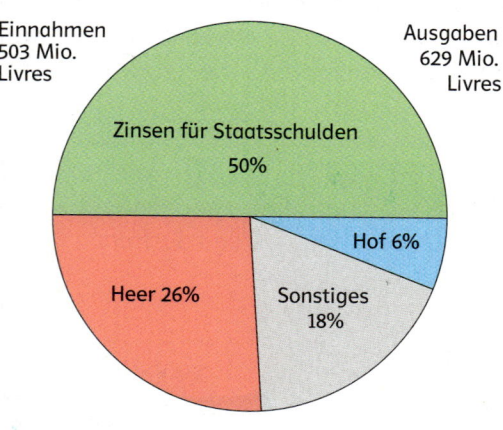

Der französische Staatshaushalt 1788 und die Ständegesellschaft: Beachte das ungerechte Verhältnis bezüglich des Grundbesitzes und der Steuerleistung zwischen den einzelnen Ständen. (Paul Hartig, Die französische Revolution)

— **Pariser Bürger erstürmen am 14. Juli 1789 die Bastille:** Die Befehlshaber des Gefängnisses wurden getötet. Danach wurden die Gefangenen befreit. Zwei Tage nach der Eroberung begannen die Bürger die Festung dem Erdboden gleichzumachen. (Aquarell des Weinhändlers Claude Cholat, der selbst an der Erstürmung der Bastille teilnahm, 1789, Paris, Musée Carnavalet)

Europe Angst – Sturz Monarchie 2. Phase

Beschlüsse der Nationalversammlung

Gleichheit   Im August 1789 fiel die alte Gesellschaftsordnung: Die Nationalversammlung hob die Vorrechte von Adel und Geistlichkeit auf. Alle Franzosen sollten gleichberechtigte Bürger sein. Bald darauf erfolgte die „Erklärung der Menschen- und Bürgerrechte".

Konstitutionelle Monarchie   1791 beschloss die Nationalversammlung eine Verfassung. Sie beruhte auf dem Grundsatz der Gewaltenteilung: Die gesetzgebende Gewalt hatte die Nationalversammlung; der König stand an der Spitze der Verwaltung (ausführende Gewalt); die Richter waren unabhängig. Frankreich war nun eine konstitutionelle Monarchie.

Frankreich wird Republik

Ende der Monarchie   Österreich und Preußen wollten Ludwig XVI. helfen. Daraufhin erklärte Frankreich an Österreich den Krieg. Das schlecht ausgebildete Revolutionsheer erlitt viele Niederlagen. Das Volk sah im König den Schuldigen, stürmte die Tuilerien, das Königsschloss in Paris, und nahm den König und seine Familie gefangen. Eine neugewählte Nationalversammlung setzte Ludwig XVI. ab, rief die Republik aus (1792) und verurteilte den König zum Tod.

— **Zug der Frauen nach Versailles:** Im Oktober 1789 zogen etwa 7000 Pariser Frauen nach Versailles. Sie zwangen den König, seine Familie und die Nationalversammlung, nach Paris zu übersiedeln. (Kolorierte Radierung, 1789)

Aus der Erklärung der Menschen- und Bürgerrechte

Q 1. Die Menschen werden frei und gleich an Rechten geboren.
2. Der Zweck jeden Staates ist die Erhaltung der unverlierbaren Menschenrechte. Diese Rechte sind Freiheit, Eigentum, Sicherheit und Widerstand gegen Unterdrückung.
3. Der Ursprung aller Herrschaft liegt beim Volk.
4. Die Freiheit besteht darin, alles tun zu können, was einem anderen nicht schadet.
10. Die freie Äußerung von Gedanken und Meinungen ist eines der kostbarsten Menschenrechte.
(In: I. und P. Hartig, Die Französische Revolution)

Arbeite nach M1+A1+A2

Du bist dran

- Finde heraus, ob die oben genannten Artikel für alle Menschen galten.
- Bewerte die Bedeutung der Artikel für die Bevölkerung.
- Diskutiert, inwieweit diese Artikel in unserer heutigen Gesellschaft Gültigkeit haben.
- Recherchiere die Hintergründe zum Zug der Frauen nach Versailles. Was war der unmittelbare Anlass dafür? Welche Forderungen stellten sie?

Die Französische Revolution: der Terror und sein Ende

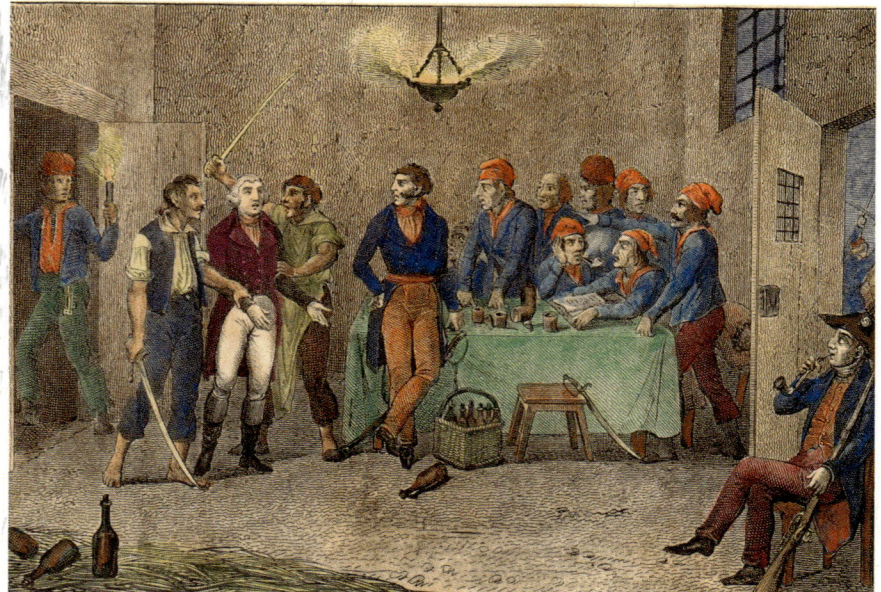

Ein Angeklagter steht vor einem Revolutionsgericht: Eine Verteidigungsmöglichkeit war vor solchen Gerichten nicht vorgesehen. Durch sie beseitigten die Jakobiner ihre Gegner. (Kolorierte Radierung nach einer zeitgenössischen Darstellung, 1849, 9 × 13,5 cm, Berlin, Sammlung Archiv für Kunst und Geschichte)

Du bist dran — Arbeite nach M2

- Analysiere die Darstellung Schritt für Schritt.
- Beurteile, ob es sich um eine faire oder eine unfaire Gerichtsverhandlung gehandelt haben könnte. Arbeite mögliche Botschaften heraus.

Ein Terrorgesetz 1794

Q Ein öffentlicher Feind ist und wird mit dem Tod bestraft, wer
- die Freiheit gefährdet,
- für die Wiederherstellung des Königtums eintritt,
- die Volksvertretung beleidigt,
- die Flucht eines Verschwörers unterstützt,
- falsche Nachrichten verbreitet,
- die öffentlichen Sitten verdirbt. (…)
Verhöre und Verteidigung gibt es nicht mehr. Zeugen werden keine vernommen.
(In: M. Göhring, Geschichte der Großen Revolution)

Du bist dran — Arbeite nach M1

- Bewerte die einzelnen Punkte des Terrorgesetzes von 1794.
- Stelle dieses Gesetz deinem Verständnis von einem demokratischen Rechtsstaat gegenüber.

Feinde der Revolution Die Hinrichtung Ludwigs XVI. löste die Probleme Frankreichs nicht. Es herrschte eine große Geldentwertung, und die Lebensmittelversorgung, besonders in Paris, war sehr schlecht. Das Volk litt Not, deshalb gab es immer wieder Unruhen. Dazu kam die Bedrohung der Revolution durch die äußeren Feinde, die Kriegsgegner Österreich, Preußen, Russland, Spanien und England.

Die Schreckensherrschaft der Jakobiner

3. Phase

Jakobiner In dieser bedrohlichen Lage setzten sich die radikalen Revolutionäre durch. Diese wurden Jakobiner genannt, weil sie im aufgelassenen Kloster St. Jakob in Paris ihren Versammlungsort hatten. Sie setzten sich für tiefgreifende gesellschaftliche, wirtschaftliche und politische Veränderungen ein. Die Jakobiner verlangten:
- die gesellschaftliche Gleichheit aller Franzosen,
- eine staatliche Umverteilung des Besitzes,
- die Lenkung der Wirtschaft durch den Staat,
- ein allgemeines Wahlrecht.

Liberale Forderungen

Der Rechtsanwalt und Politiker Maximilien de Robespierre führte die Jakobiner an. Seine Anhängerschaft bestand vor allem aus der städtischen Unterschicht: Kleinbürger, Taglöhner und Fabriksarbeiter. Diese Menschen fühlten sich benachteiligt, sie hatten auch nichts zu verlieren. Dementsprechend radikal waren ihre Ansichten.

Girondisten Die Gegner der Jakobiner waren die Girondisten, so benannt nach ihrer Herkunft im Südwesten Frankreichs. Sie stützten sich auf das wohlhabende Bürgertum (Kaufleute, Manufakturbesitzer). Im Volk fehlte ihnen eine breite Anhängerschaft. Deshalb unterlagen sie letztendlich den Jakobinern.

Terror Die Jakobiner verfolgten alle, die ihre Ansichten nicht teilten, mit unerbittlicher Härte und Grausamkeit. Sie erklärten ganz offiziell den Schrecken (= Terror) zu ihrem Regierungsmittel. Ihre Gegner wurden vor Revolutionsgerichte gestellt und hingerichtet, in Paris meist mit der Guillotine, im übrigen Frankreich gab es auch Massenerschießungen und Massenertränkungen.

Revolutionen in der Habsburgermonarchie

Revolution in Wien   Auch in Wien brach im März 1848 die Revolution los. Bürger, Studenten und Arbeiter wollten die Forderung nach einer Verfassung beim Kaiser vorbringen. In der Herrengasse schoss das Militär in die Menge. Ein Barrikadenkampf folgte und die Regierung gab nach. Sie erließ schon im April 1848 eine Verfassung, die ein Wahlrecht nur für Reiche vorsah. Im Herbst 1848 kam es deshalb in Wien zu neuerlichen Aufständen, die von kroatischen und böhmischen Truppen niedergeschlagen wurden. Ab 1851 regierte Kaiser Franz Joseph I. wieder absolutistisch.

Nationale Aufstände der Tschechen, Italiener und Ungarn   In Prag kam es zu Aufständen, die durch das kaiserliche Militär niedergeschlagen wurden. Auch in den oberitalienischen Städten Mailand und Venedig flammte Widerstand gegen die österreichische Herrschaft auf. Nach heftigen Kämpfen eroberten österreichische Truppen unter Feldmarschall Radetzky* die Gebiete in Italien zurück. Im ungarischen Teil der Monarchie verlangten Reformer die Einführung der ungarischen Amts- und Unterrichtssprache, die Abschaffung der Vorrechte des Adels und der Kirche, Freiheit für die Bauern, Presse-, Versammlungs- und Religionsfreiheit. Zahlreiche Menschen in Ungarn forderten die Loslösung Ungarns von der Monarchie. Sie riefen die Republik aus und erklärten die Habsburger für abgesetzt. Der österreichische Kaiser rief nun den russischen Zaren zu Hilfe. Mit Unterstützung russischer Truppen wurde die ungarische Revolutionsarmee nach erbittertem Widerstand besiegt. Es folgte eine Hinrichtungswelle, die das Klima zwischen dem österreichischen Kaiserhaus und Ungarn für lange Zeit vergiftete. Das Ziel der Aufstände war überall die Schaffung von eigenen, unabhängigen (National-)Staaten. Alle diese Revolutionen wurden durch das kaiserliche Militär niedergeschlagen, die Revolutionäre streng bestraft.

Die Bauernbefreiung

Verfassung   Schon im April 1848 erließ die Regierung eine Verfassung. Diese sah jedoch politische Mitbestimmung nur für Reiche vor. Für die Masse des Volkes war kein Wahlrecht vorgesehen. Es kam deshalb zu neuen Unruhen. Nun sollte ein von den Wahlberechtigten gewählter Reichstag* eine neue Verfassung ausarbeiten. Die Beratungen darüber gerieten jedoch sehr bald ins Stocken – zu unterschiedlich waren die Vorstellungen der einzelnen Nationen.

Ende der Grundherrschaft   Dennoch beschloss der Reichstag ein wichtiges Gesetz: die Befreiung der Bauern aus der Abhängigkeit der Grundherren. Sie konnten Eigentümer des Bodens werden, den sie bebauten. Da die Entschädigungszahlungen an die Grundherren niedrig waren, wurde die Bauernbefreiung innerhalb weniger Jahre durchgeführt. Dieses Gesetz stellte eine bleibende Errungenschaft der Revolution dar.

Du bist dran

- Erkläre, aus welchen Gründen es 1848 in weiten Teilen Europas zu Revolutionen kam.
- Begründe, warum viele Herrscher ihren Untertanen Versprechungen und Zugeständnisse machten.

Hans Kudlich: Der Student und Bauernsohn aus Österreich-Schlesien stellte den Antrag zur Bauernbefreiung. (Lithographie von Eduard Kaiser (1820–1895), 1848)

Du bist dran   *Arbeite nach M1*

- Beurteile die Meinung Kudlichs zu Demokratie und Leibeigenschaft.

Hans Kudlich in seiner Rede beim konstituierenden Reichstag in Wien, Juli 1848

Q Es ist eine Ironie, wenn man hört, dass ein souveränes österreichisches Volk sich selbst eine auf demokratischen Grundlagen zu erbauende Verfassung gibt, und dass in allen Provinzen ein Zustand herrscht, der im wesentlichen von der alten Leibeigenschaft nicht sehr verschieden ist, so ist es im Widerspruche, wenn wir Untertanen neben Staatsbürgern sitzen haben; ich kann diese beiden Begriffe: „Untertanen" und „Staatsbürger" nun und nimmer vereinigen. (http://www.habsburger.net/de/kapitel/der-bauer-ist-frei?language=de)

Revolutionen: vom Zarenreich zur Sowjetunion

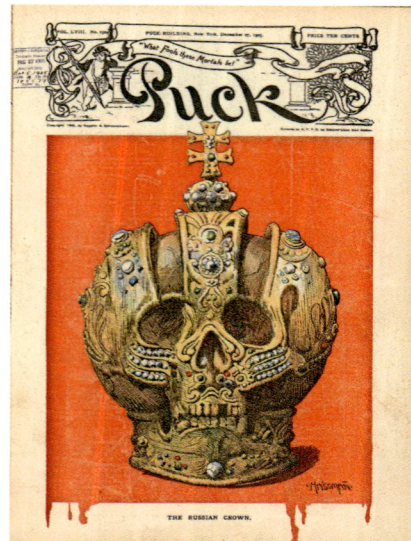

Die russische Krone Das amerikanische Satiremagazin „Puck" zeigte im Dezember 1905 auf seiner Titelseite die russische Krone als Totenkopf.

Du bist dran

Arbeite nach M2+M1

- Beschreibe die Darstellung und ihren Bildhintergrund.
- Erläutere, was diese Karikatur vermutlich aussagen wollte.
- Arbeite heraus, welche Gründe zum Ausbruch der Revolutionen in Russland und zum Ende des Zarenreiches führten.

Das Zarenreich vor der Revolution

Rückständige Bauerngesellschaft Der größte Teil der russischen Bevölkerung waren Bauern. Erst im Jahr 1861 hob Zar Alexander II.* die Leibeigenschaft auf. Den Bauern war es jedoch weiterhin verboten, Beruf und Wohnort frei zu wählen. Die meisten Bauern hatten nicht das Geld, sich eigenen Grund und Boden zu kaufen. So gehörten zwei Drittel des russischen Grundbesitzes dem Zaren, den Adeligen oder der Kirche. Auch die Industrialisierung kam in Russland nur schwer voran. Erst mit dem Ausbau des Eisenbahnnetzes entwickelte sich eine Schwerindustrie. Doch sie blieb im riesigen Zarenreich auf wenige Zentren beschränkt.

Absolute Herrschaft Der Zar regierte sein Land diktatorisch. Seine Polizei sperrte politisch Verdächtige ein oder verbannte sie nach Sibirien. Eine strenge Zensur* überwachte jedes Flugblatt. Die Gegner dieses Absolutismus kamen zuerst aus einer kleinen gebildeten Schicht. Ihr schlossen sich bald Menschen aus allen Bevölkerungsgruppen an. Doch vorerst scheiterten alle Umsturzpläne.

Das Ende der Zarenherrschaft

Revolutionsjahr 1905 Die Unzufriedenheit der Menschen in den Städten und auf dem Land führte 1905 zur ersten Revolution: Etwa 150 000 Menschen demonstrierten in St. Petersburg für demokratische Grundrechte und eine Regierungsbeteiligung. Sie forderten bessere Lebens- und Arbeitsbedingungen und wählten Räte (= Sowjets). Diese sollten die Interessen der Arbeiterinnen und Arbeiter vertreten sowie Streiks und Demonstrationen organisieren. Auch die Bauern erhoben sich. Doch diesmal konnte der Zar seine Herrschaft noch retten: Er stimmte einer Volksvertretung (= Duma) zu und erließ eine Verfassung.

Februarrevolution 1917 Im Februar 1917 gelang ihm das nicht mehr. Russland stand im dritten Kriegswinter des Ersten Weltkrieges. Es herrschten Hunger und Elend. In St. Petersburg demonstrierten Frauen für mehr Brot. Einen Tag später gingen bereits tausende Arbeiterinnen und Arbeiter auf die Straße und verlangten die Beendigung des Krieges. Der Zar gab einen Schießbefehl, um die Großdemonstration auseinanderzujagen. Doch die Soldaten weigerten sich zu schießen und liefen in Massen zu den Aufständischen über.

Der Zar dankt ab Eine Woche später trat Zar Nikolaus II.* zurück. Eine ziemlich machtlose „Provisorische Regierung" wurde gebildet. Dagegen gewannen die Petersburger Arbeiter- und Soldatenräte immer mehr an politischem Einfluss. Die Bolschewiki*, ein Flügel der russischen Sozialdemokraten, hatten dort die Mehrheit. Sie versprachen Frieden, Land und Brot.

Russland 1917: Barrikade in St. Petersburg (Foto 1917)

Unmittelbar nach dem Sturz der Provisorischen Regierung verkündete Lenin einen „Aufruf an die Völker und Regierungen aller Krieg führenden Länder":

Q Die Arbeiter- und Bauernregierung (…) schlägt allen (…) vor, sofort Verhandlungen über einen gerechten demokratischen Frieden zu beginnen. (…) Ein solcher Friede ist nach Auffassung der Regierung ein sofortiger Friede ohne Annexionen (= Aneignung fremder Gebiete) und ohne Kontributionen (= Geldzahlungen) (…). Wenn irgend einer Nation (…) das Recht vorenthalten wird, in freier Abstimmung über die Formen ihrer staatlichen Existenz (…) selbst zu entscheiden, so ist eine solche Angliederung eine Annexion, eine Eroberung und Vergewaltigung.
(In: J. Reed, Zehn Tage, die die Welt erschütterten)

Erstürmung des Winterpalais Diese wurde 1920 als Massenspektakel zum 3. Jahrestag der Revolution nachgestellt, mehr als 2000 Schauspieler, Tänzer, Statisten und Zirkusleute waren beteiligt. (Foto 1920)

Die Oktoberrevolution 1917

Krieg oder Frieden Die Provisorische Regierung forderte „Krieg bis zum Sieg". Der Führer der Bolschewiki, Wladimir Iljitsch Lenin*, verlangte jedoch „Frieden um jeden Preis". Als die Armee im Sommer 1917 eine neue Großoffensive gegen deutsche Truppen einleitete, meuterten viele Soldaten. Die Bolschewiki erhielten immer größeren Zulauf. Lenin wagte schließlich im Oktober den Umsturz.

Sieg der Bolschewiki „Rote Garden" stürmten ohne Gegenwehr das Petersburger Winterpalais, den Sitz der Provisorischen Regierung. Sie wurde gestürzt und durch den „Rat der Volkskommissare"* mit Lenin als erstem Vorsitzenden ersetzt. Die neue Regierung vereinbarte einen Waffenstillstand mit den kriegführenden Staaten, der den Austritt aus dem Ersten Weltkrieg bedeutete.

Große Gebietsverluste Der Friedensvertrag mit dem Deutschen Reich im März 1918 brachte Sowjet-Russland große Verluste: Die baltischen Provinzen – Estland, Lettland, Litauen – gingen ebenso verloren wie die Ukraine, Polen und Finnland. Ende des Jahres 1917 erhielten die Bolschewiki bei den Wahlen zur Nationalversammlung nur ein Viertel der Stimmen. Da die Nationalversammlung nicht bereit war, die uneingeschränkte Macht der Sowjets anzuerkennen, wurde sie von der bolschewistischen Regierung aufgelöst.

Gründung der Sowjetunion

Bürgerkrieg Dieser brach bereits im Jahr 1918 aus. Ehemalige Generäle des Zaren, unterstützt von ausländischen Regierungen und von Gegnern der Bolschewiki, kämpften gegen die neue Regierung. Inzwischen hatte Lenins Kampfgefährte Trotzki* die „Rote Armee" aufgebaut. Sie konnte in einem drei Jahre dauernden Krieg alle ihre Gegner besiegen. Etwa elf Millionen Menschen starben, fast die Hälfte davon war verhungert. Die Wirtschaft lag am Boden. Die Fabriken standen still, die Bauern produzierten nur für den Eigenbedarf. Doch die Bolschewiki, die sich seit 1918 Kommunisten nannten, blieben an der Macht. Die Banken, die Industrie und der Außenhandel blieben unter staatlicher Aufsicht. Im Jahr 1922 wurde schließlich die Sowjetunion gegründet. Dieser Staat bestand bis 1991.

Du bist dran

Arbeite nach M2+M2

- Vergleiche die Forderungen des „Aufrufes an die Völker" mit dem Friedensvertrag mit dem Deutschen Reich im März 1918 und den Pariser Friedensverträgen von 1919 (S. 130 f.).
- Erörtere, weshalb die Sowjets die Erstürmung des Winterpalais als Massenspektakel nachstellen ließen.

Lenin bei einer Rede vor Soldaten, 5. Mai 1920: Lenin spricht zu Einheiten der Roten Armee in Moskau vor ihrem Abmarsch an die Front. Der Maler Isaak Israilowitsch Brodsky verwendete als Vorlage eine retuschierte Fotografie. An der Stelle des Stenografen stand eigentlich Trotzki. (Gemälde von Isaak Israilowitsch Brodsky, 1920)

Reformen und Revolutionen

Auf einen Blick

Die Aufklärung

- Im 17. und 18. Jh. schufen Gelehrte ein neues, naturwissenschaftlich bestimmtes Weltbild.
- Die Aufklärer forderten religiöse Toleranz, Abschaffung der Folter, Bildung für alle, Volkssouveränität und Gleichheit aller Menschen vor dem Gesetz.
- Die Aufklärer kämpften gegen die Bevormundung durch Kirche und Staat. Damit legten sie Grundlagen für Reformen und Revolutionen.
- Im 18. Jh. wurden manche Forderungen der Aufklärung von Herrschern des aufgeklärten Absolutismus (zB Friedrich II. von Preußen oder Joseph II. von Habsburg) verwirklicht.

Reformen

- Maria Theresia musste um ihr Erbe Kriege führen. Schlesien ging an Preußen unter Friedrich II. verloren.
- Um eine schlagkräftige Armee finanzieren zu können, führte sie mit Unterstützung ihrer Berater zahlreiche Reformen in der Verwaltung und in der Wirtschaft durch. Aber auch Schulwesen und Rechtsprechung reformierte sie.
- Joseph II. war ein Anhänger der Aufklärung, ein Vertreter des aufgeklärten Absolutismus. Er hob zahlreiche Klöster auf und gestattete den evangelischen und den orthodoxen Christen freie Religionsausübung. Er schaffte die Leibeigenschaft ab und gründete Einrichtungen für die Kranken- und Armenfürsorge.

Revolutionen

- Vor dem Ausbruch der Revolution war Frankreich hoch verschuldet. Adel und Geistlichkeit zahlten kaum Steuern. Die gesamte Last trug der Dritte Stand.
- Die Pariser Bürger stürmten am 14. Juli 1789 die Bastille, die Bauern erhoben sich gegen ihre Grundherren.
- Die Nationalversammlung hob alle Vorrechte von Adel und Geistlichkeit auf und beschloss die „Erklärung der Menschen- und Bürgerrechte".
- Der König wurde abgesetzt, die Republik ausgerufen (1792).
- In den Jahren 1793 und 1794 errichteten die Jakobiner eine Schreckensherrschaft unter der Führung von Robespierre. Robespierre wurde hingerichtet. Nun kam das Direktorium an die Macht.
- Im Februar 1848 kam es in Paris zu einer neuerlichen blutigen Revolution. Der König musste fliehen, die Republik wurde ausgerufen.
- In den deutschen Staaten erarbeitete die Nationalversammlung in Frankfurt eine Verfassung für einen einheitlichen deutschen Staat. Der preußische König lehnte die ihm angebotene Krone ab. Die Revolution war gescheitert.

- Im März 1848 brachen auch in Wien Aufstände aus. Sie wurden durch das Militär niedergeschlagen. Das einzige bleibende Ergebnis dieser Revolution war das Ende der Grundherrschaft – die Bauernbefreiung.
- Die Februarrevolution 1917 führte zum Ende der Zarenherrschaft in Russland.
- In der Oktoberrevolution 1917 brachte Lenin die Bolschewiki an die Macht. Nach dem Bürgerkrieg wurde die Sowjetunion (1922–1991) gegründet.

Wir trainieren Kompetenzen

1. Arbeitsauftrag: Interpretiere die Aussagen Rousseaus. Stelle aufgrund dieser Aussagen dar, warum absolutistische Herrscher manche Aufklärer verhaften ließen.

Arbeite nach M1

2. Arbeitsauftrag: Ein Philosoph der Aufklärung beschreibt in einer kurzen Erzählung ein Land, wie er es sich vorstellt. Schreibe seine Erzählung auf. Vergleiche sein Land mit unserem heute.

Über die Freiheit jedes Menschen sagte der Philosoph Jean-Jacques Rousseau 1762:

Q Der Mensch wird frei geboren, und überall ist er in Ketten. (…) Solange ein Volk gezwungen wird zu gehorchen und gehorcht, so tut es wohl; sobald es aber das Joch abwerfen kann und es abwirft, so tut es besser. (…) Rechtmäßige Gewalt kann nur auf einer Übereinkunft der Menschen gründen. (…) Auf seine Freiheit verzichten heißt, auf seine Menschheit, die Menschenrechte, ja selbst auf seine Pflichten verzichten. Eine solche Entsagung ist mit der Natur des Menschen unvereinbar.
(In: Heinrich Weinstock (Hg.): Jean-Jacques Rousseau, Der Gesellschaftsvertrag oder die Grundsätze des Staatsrechts)

3. Arbeitsauftrag: Bei der Erstürmung der Bastille am 14. Juli 1789 gab es über 100 Tote. Diskutiert, warum es in Frankreich trotzdem wichtig ist, das Ereignis jedes Jahr zu feiern.

Arbeite nach A2

4. Arbeitsauftrag: Beschreibe, analysiere und interpretiere die Karikatur. Arbeite heraus, was der Zeichner mit der Karikatur ausdrücken wollte.

Arbeite nach M2

Der Zenit des französischen Ruhmes „Fahrt hin Religion, Gerechtigkeit, Treue und all ihr Schrecken unaufgeklärter Geister" (Englische Karikatur auf die Hinrichtung Ludwigs XVI. von James Gillray (1757–1815), 1793)

Vor die Revolutionsgerichte zerrten die Revolutionäre angebliche „Feinde der Republik". Das waren erst Adelige und Priester, dann reiche Bürger und gemäßigte Abgeordnete des Konvents, am Ende auch Revolutionäre wie Jakobiner. In einem zeitgenössischen Bericht heißt es:

Q Verhöre und Verteidigungen gibt es nicht mehr. Zeugen werden keine vernommen. Wer im Gefängnis sitzt, ist bereits zum Tode verurteilt. Der öffentliche Ankläger kommt kaum mehr zur Ruhe. In einem Raum neben seinem Büro wirft er sich nachts für einige Stunden auf seine Pritsche, um dann aufgeschreckt wieder an seinen Schreibtisch zu wanken. (…) Es gibt Verhandlungen, wo 100 oder 150 Angeklagte schon vor der Verhandlung als schuldig in die Listen eingetragen wurden. (…) Der eine Richter vertreibt sich die Zeit damit, Karikaturen der Angeklagten zu zeichnen, andere sind oft betrunken.
(In: Martin Göhring, Geschichte der großen Revolution)

5. Arbeitsauftrag: Analysiere den Quellentext. Arbeite die zeitgenössische Beurteilung der Revolutionsgerichte heraus. Vergleiche die Karikatur mit dem Quellentext. Stelle Gemeinsamkeiten und Unterschiede fest.

Arbeite nach M1+M2

Ehe und Liebe

Die Familie Kaiser Maximilians I.:
Links hinten der Herrscher, rechts hinten Maria von Burgund (*1482), zwischen ihnen ihr Sohn Philipp der Schöne (*1506), vorne von links ihre Enkel Ferdinand (*1503) und Karl (*1500), rechts Ludwig von Böhmen und Ungarn (*1506). Das Bild soll die Erbansprüche des Hauses Habsburg darstellen. (Bernhard Strigel (1460–1528), nach 1515, Öl auf Holz, Kunsthistorisches Museum Wien)

Eine „Ehe zur linken Hand" – Liebe ohne Standesgrenzen: Michele Arnolfini war ein reicher Kaufmann in Brügge. Als solcher konnte er die vermögenslose Elisabeth nicht auf die übliche Art heiraten. Um ihr seine Liebe zu zeigen, heiratete er sie „zur linken Hand". Dabei verzichtete die Ehefrau jedoch auf alle Rechte aus dieser Ehe und behielt auch ihren niedrigeren Stand. Außerdem waren weder sie noch die Kinder aus dieser Ehe erbberechtigt. (Jan van Eyck (1390–1441), 1434, Öl auf Holz, National Gallery, London)

Die Ehe im Mittelalter

Wenig Platz für Liebe zwischen Ehemann und Ehefrau Zu Beginn des 13. Jh. legte die Kirche die unauflösliche Ehe als Sakrament fest und beanspruchte zugleich, dass sie ihrer Gesetzgebung und Rechtsprechung unterliegen sollte. Für eine eheliche Verbindung war ab nun die (formelle) Zustimmung der Brautleute notwendig. Die mittelalterliche Ehe zeigt allerdings kaum Übereinstimmungen mit unserer heutigen Sichtweise auf die Ehe. Familiäre, soziale, wirtschaftliche und politische Interessen waren ausschlaggebend für eine Eheschließung, Zuneigung und Liebe spielten dagegen – wenn überhaupt – nur eine untergeordnete Rolle. Der Zweck der Ehe lag in der Zeugung legitimer Nachkommenschaft und in der Möglichkeit, erworbenen Besitz problemlos weiterzugeben.

Arbeite nach M2

Du bist dran

- Beschreibe die Darstellung der Personen auf dem Bild der Familie Kaiser Maximilians.
- Analysiere das Verhältnis der Personen zueinander.
- Beurteile die Darstellung in Hinblick auf die Erbansprüche der dargestellten Personen.
- Formuliere drei Fragen, die dich im Zusammenhang mit dem Bild interessieren.

Die Ehe in der Renaissance

Die Frauen in der Renaissance

D Für die Frauen in der Renaissance war das Leben sehr unterschiedlich. Jene, die das Glück hatten, einer wohlhabenden bürgerlichen oder sogar einer adligen Familien anzugehören, profitierten vom neuen humanistischen Denken. Vor allem dann, wenn sie in der Stadt lebten. Diese weibliche Oberschicht erfuhr eine spürbare Aufwertung und hatte – in begrenztem Rahmen – die Möglichkeit ihr Leben selbst in die Hand zu nehmen. (…) Für die normale Renaissance-Frau, vor allem auf dem Land, änderte sich aber im Vergleich zum Mittelalter nicht viel. Sie unterlag weiterhin der Autorität des Mannes, war von ihm finanziell abhängig und hatte eine rechtlose Stellung. (…) Es herrschte noch immer das Frauenbild der Bibel vor. Die Frau galt demnach als minderwertig, weil sie laut der Schöpfungsgeschichte nur aus Adams Rippe entstanden war und beim Sündenfall die Schuld an der Verbannung aus dem Paradies trug. (https://www.scheidung.de)

Arbeite nach M1

Du bist dran

- Arbeite die unterschiedliche Stellung einer Frau, die der gesellschaftlichen Oberschicht angehörte, im Verhältnis zu einer Frau aus einer unteren gesellschaftlichen Schicht heraus.
- Bewerte die Aussagen der obigen Darstellung und gib eine persönliche Stellungnahme dazu ab.

Die Bauernhochzeit Das Bild ist eine realistische Darstellung einer bäuerlichen Hochzeitsgesellschaft in Flandern im ausgehenden 16. Jh. Für die bäuerliche Bevölkerung änderte sich in den Geschlechterbeziehungen bis zum 19. Jh. nicht viel. Die Ehe war vor allem eine durch den Mann beherrschte Zweckgemeinschaft. Sie war von familiären, sozialen und wirtschaftlichen Interessen bestimmt. Heiraten durfte nur, wer die Mittel besaß, einen Hausstand zu gründen. Deshalb war etwa jede und jeder dritte im heiratsfähigen Alter unverheiratet und lebte als Magd oder Knecht auf dem Hof seines Herrn. (Pieter Bruegel der Ältere (1525–1569), um 1568, Öl auf Eichenholz, Kunsthistorisches Museum Wien)

Die Ehe in Aufklärung und Romantik

Die „Erfindung der Liebesehe"

D Die „Liebesehe" ist eine Schöpfung des aufstrebenden Bürgertums im 18. Jahrhundert. (…) Bei den städtischen wie bäuerlichen Unterschichten blieb die Ehe eine wirtschaftliche Zwangsgemeinschaft. Die Romantik* gab dem Bürgertum das Ideal von der Vereinbarkeit von Liebe, Sexualität und der Ehe. Damit verbunden war die Betonung der gutbürgerlichen Sittlichkeit durch das häusliche Ehe- und Familienleben. Die Kleinfamilie stand fortan im Mittelpunkt – einhergehend mit der Reduzierung der Frauen auf ihre reine Hausfrauenrolle und der Disziplinierung der Männer durch die Verpönung (= Verbot) von Schankwirtschaft und Prostitution.
(In: Daniela Schmohl: Die Geschichte der Ehe – ein Abriss, 2005)

Arbeiterehe im 19. Jh.   In vielen Arbeiterfamilien arbeiteten der Vater, die Mutter und die größeren Kinder an sechs Tagen in der Woche 12 bis 14 Stunden lang. Die Löhne reichten oft nur für das Nötigste: eine kleine Wohnung, Essen und Kleidung. Eine Arbeiterehe war häufig ein gemeinsamer Kampf ums Überleben.

liebe ist…

…das schönste Geschenk

Liebe als Grundlage der Ehe Die bürgerliche romantische Liebesehe ist auch heute für viele Menschen (noch) das gesellschaftliche Leitbild für die Verbindung von Mann und Frau. (Geschenkbuch aus dem Korsch-Verlag, Gilching, 2015)

Ein Pfarrer über den Hauptgrund zu heiraten:

Q Ich behaupte, dass kaum ein junger Mann oder ein junges Mädchen aus der Chemnitzer Arbeiterbevölkerung, das über 17 Jahre alt ist, noch keusch und jungfräulich ist. (…) Wird eine dann schwanger, so heiratet man in der Regel auch, ganz gleich, ob man schon lange oder nur erst wenige Wochen beisammen ist, ob man sich kennt oder nicht, ob man etwas taugt oder nicht, zusammenpasst oder nicht.
(In: Paul Göhre, Drei Monate Fabrikarbeiter und Handwerks-bursche, 1891)

Arbeite nach M1+M2

Du bist dran

- Beschreibe das Bild „Die Bauernhochzeit".
- Formuliere zwei Fragen, die mit Hilfe des Bildes beant-wortet werden können.
- Arbeite Bewertungen aus den Darstellungen und den Quellen dieser Doppelseite heraus und analysiere diese.

Bildung und Wissen

Eine Auswahl dessen, was man sich unter Bildung vorstellen kann

„Bildung ist die mächtigste Waffe, die du verwenden kannst, um die Welt zu verändern."

Nelson Mandela (1918–2013) war ein führender südafrikanischer Aktivist und Politiker im Jahrzehnte andauernden Widerstand gegen die Apartheid*. Von 1994 bis 1999 war er der erste Schwarze* Präsident seines Landes. (Foto 2008)

Du bist dran

- Nimm Stellung zum Zitat Nelson Mandelas.

Du bist dran   **Arbeite nach A2**

- Formuliere drei Fragen, die sich aus dem Autorentext zur Entwicklung des Wahlrechts ergeben.
- Überprüfe, inwieweit diese auch beantwortet werden.

Der feine Unterschied

Bildung ist mehr als Wissen   Bildung und Wissen werden oft gleichbedeutend gebraucht. Wenn jemand zB sagt: Die Frau oder der Mann ist sehr gebildet, hat eine ausgezeichnete Allgemeinbildung, meint er oder sie damit, dass diese Person viel weiß. Bildung umfasst sowohl das ganze Wissen eines Menschen, als auch den Weg, wie dieses Wissen erworben wird. Bildung findet also überall statt: in der Familie, im Freundeskreis, in der Schule, an der Universität, …

Herzensbildung

D Mit dem Begriff „Bildung" ist aber auch noch etwas anderes gemeint, und das geht über die Ansammlung von Wissen hinaus. Gemeint ist die innere Bildung, die sogenannte Herzensbildung, also die geistige und seelische Ausbildung des Menschen. Sie gibt ihm die Fähigkeit, in seinem Leben verantwortlich zu handeln, seine Anlagen und Talente verantwortlich umzusetzen. Dazu gehört auch die Bereitschaft, an seine Mitmenschen zu denken und entsprechend zu handeln. (https://www.hanisauland.de/lexikon/b/bildung.html)

Du bist dran   **Arbeite nach A2**

- Erkläre die Bedeutungen von Bildung, Allgemeinbildung und Wissen und ihren Zusammenhang.
- Diskutiert in der Klasse über die Bedeutung von Bildung für euer Leben.

Bildung und Gesellschaft in der Vergangenheit

Aufklärung   Für die Aufklärer des 18. Jh. schien es sicher, dass Wissen und Einsicht alle Not und Unterdrückung aus der Welt schaffen können. Aus diesem Grund vertraten sie die Idee einer allgemeinen Volksbildung und bekämpften jede Art von Bildungsprivilegien. In Österreich folgte Maria Theresia diesen Vorstellungen und führte 1774 die Allgemeine Schulpflicht ein. Allerdings gingen noch 30 Jahre später erst etwa 25 Prozent der eigentlich schulpflichtigen Kinder in die Schule.

Bürgertum   Träger der Aufklärung und damit des Gedankens einer allgemeinen Volksbildung waren die Bürger in den Städten. Für die ländliche Bevölkerung änderte sich bis weit in das 19. Jh. kaum etwas. Ebenso wurde die große Mehrheit der Frauen nicht von dieser Bildungsoffensive erfasst: Erst um 1900 gelang es einigen Frauen an der Wiener Universität zu studieren.

Wahlrecht   Vor dem 20. Jh. war das Wahlrecht in vielen europäischen Staaten an Bedingungen wie Stand, Besitz, Bildung oder Steuerleistung (Zensuswahlrecht, S. 122) geknüpft. Dies beschränkte das Wahlrecht auf einen kleinen Teil der (männlichen) Bevölkerung. Erst im Verlauf des 20. Jh. wurden nach und nach diese Beschränkungen abgeschafft und nach langen Kämpfen der Frauenbewegung auch das Frauenwahlrecht eingeführt.

Bildung und Gesellschaft im 21. Jh. Ist Bildung erblich? Mehr als jedes zweite Akademikerkind wird wieder Akademiker – aber nur jedes zwanzigste jener Kinder, deren Eltern maximal einen Pflichtschulabschluss haben, studiert.

Ein Gedankenspiel mit ernstem Hintergrund:

D Wenn Anfang dieser Woche drei Kinder geboren werden – Marie, Kevin und Bülent –, dann würde selbst der unseriöseste Wettanbieter keine brauchbaren Quoten stellen. Der Weg der Kinder ist zu deutlich vorgezeichnet. Maries Eltern sind Akademiker in Wien. Also wird Marie studieren und mindestens doppelt so viel verdienen wie Kevin. Dessen Eltern sind über die Pflichtschule nicht hinausgekommen, damit ist Kevins Zukunft klar: Hauptschule, höchstens eine Lehre. Er wird sechs Jahre früher sterben als Maries Bruder (ebenfalls Akademiker). Besonders schlecht hat es Bülent in der Geburtslotterie erwischt: türkische Eltern, Hilfsarbeiter, die am Land leben. Bülent kann froh sein, wenn er den Pflichtschulabschluss schafft – und er wird drei Mal so oft arbeitslos sein wie Marie.
(In: Eva Linsinger und Christa Zöchling, Profil, 12.6.2013)

Mädchen auf der Überholspur Vor 1970 betrug der Anteil der Schülerinnen an Gymnasien nur ein Drittel und an den Universitäten ein Viertel der Studierenden. Seither hat sich im Verhältnis der Geschlechter beim Bildungsgrad viel verändert: Die Mädchen haben die Buben bei der Schul- und Hochschulbildung überholt. Bei den Einkommen liegen sie allerdings weiterhin zurück …

Die Bedeutung von Bildung

D Ein hoher Bildungsstand der Bevölkerung und eine hohe Qualität des Bildungssystems sind wichtige Voraussetzungen für wirtschaftliche Erfolge und für die Wettbewerbsfähigkeit eines Landes, aber auch die Basis für Kreativität und die Nutzung von technischen, sozialen und organisatorischen Innovationen. Gleichzeitig helfen Aus- und Weiterbildung, die Herausforderungen, die aus Globalisierung oder Alterung resultieren, zu bewältigen; sie schaffen die Rahmenbedingungen, auf technologischen Wandel zu reagieren und aus der Globalisierung Nutzen zu ziehen. Auf individueller Ebene schlägt sich höhere Ausbildung, die am Arbeitsmarkt verwertbar ist, in höheren persönlichen Einkommen nieder und reduziert das Arbeitslosigkeitsrisiko, insbesondere jenes im Alter. Darüber hinaus beschreibt eine Arbeit (…) den positiven Zusammenhang zwischen Bildungsstand und Gesundheit, Lebenserwartung, Familienbeziehung, Bildungsstand der Kinder, Gesetzestreue, Lebensweise, Sparquote und Teilnahme an Wahlen.
(In: Julia Bock-Schappelwein, Martin Falk: Die Bedeutung von Bildung im Spannungsfeld zwischen Staat, Markt und Gesellschaft. 2009)

Veränderung der Bildungskultur im 21. Jahrhundert:

D 1. Der Umgang mit Wissen und Information verändert sich durch digitale Medien.
2. Digitale Medien unterstützen politische Bildung, aktive Bürgerbeteiligung und Demokratisierungsprozesse durch Vernetzung und Kooperation.
3. Private und beruflich/öffentliche Belange verschmelzen zusehends durch digitale Medien.
4. Vernetzung gewinnt in der Kommunikation an Bedeutung.
5. Das Lernverhalten verändert sich durch digitale Medien.
(https://de.slideshare.net/gabyfilzmoser/social-media-in-zahlen)

Du bist dran Arbeite nach M1

- Erörtere anhand der Darstellung oben die Veränderung der Bildungskultur im 21. Jh.
- Bewerte anhand der Darstellung „Gedankenspiel" die Aussage: „Bildung ist erblich."
- Analysiere anhand der Darstellung „Bedeutung von Bildung" die Bedeutung der Bildung für das Land, die Gesellschaft und den Einzelnen.
- Erkläre anhand der Darstellung „Bedeutung von Bildung" den Zusammenhang zwischen Bildungsstand und Gesundheit, Lebenserwartung, Familienbeziehung, Bildungsstand der Kinder, Gesetzestreue, Lebensweise, Sparquote und Teilnahme an Wahlen.

Recht und Gesetz

Die Gesetzesstele des Hammurapi
Der König von Babylon (18. Jh. v. Chr.) erhält vom sitzenden Sonnengott Ring und Stab, die Symbole von Macht und Recht. Darunter sind rundherum die Gesetze eingemeißelt. (Kopie im Oriental Institute Museum der Universität Chicago, Foto 2011)

Du bist dran

- Befrage König Hammurapi nach seinen Motiven für die Festschreibung von Gesetzen.

„Sichere und anständige" Mittel zur Wiedergewinnung von Häretikern* für den katholischen Glauben (Stich von Godefroy Engelmann (1788–1839) nach einer Originalzeichnung aus 1686, Bibliothèque Nationale, Paris)

Arbeite nach M2

Du bist dran

- Beschreibe das Bild und die darauf dargestellten „Mittel".
- Analysiere die Darstellung der beiden Personen in Hinblick auf ihr Verhältnis zueinander.
- Bewerte die „Mittel" in Hinblick auf die Strafen für die Häretiker.

Recht – positives Recht – Naturrecht

Sprichwörter:
Du hast Rechte, aber keine Gesetze! Du hast nicht das Recht Gesetze zu brechen! Du kannst Gesetze einsetzen, um dein Recht durchzusetzen. (Unbekannte Verfasser)

Das Recht   Das Recht entstand aus dem Wunsch der Menschen nach einem geordneten Zusammenleben. Es muss nicht niedergeschrieben sein. Verbote und Gebote, die aus den Sitten und den Gebräuchen einer Gesellschaft entstanden sind, sollen dies gewährleisten. Die Geltung einer solchen Rechtsordnung beruht darauf, dass sie von den Angehörigen der Gemeinschaft als moralische Grundlage des Zusammenlebens anerkannt wird. Die ursprüngliche Erscheinungsform des Rechts ist also das Gewohnheitsrecht. Dieses wurde erst mit dem Entstehen des modernen Staates ab der Renaissance durch dessen Gesetze immer mehr zurückgedrängt.

Das Gesetz   Das Recht ist gesetzt, also schriftlich festgehalten. Die ersten Gesetze wurden in Stein gemeißelt. Dieses gesetzte (positive) Recht ist vom Menschen erschaffen. Der Gesetzgeber nimmt sich das Recht, ein Gesetz zu erlassen und verlangt, dass sich andere danach richten.

Das Naturrecht   Dem positiven Recht gegenüber steht das Naturrecht, das seine Gültigkeit von einer höheren Instanz (zB Gott, Vernunft) herleitet. Das Naturrecht geht davon aus, dass jeder Mensch von Natur aus mit unveräußerlichen Rechten (zB Leben oder Freiheit) ausgestattet sei – unabhängig von Geschlecht, Alter oder Hautfarbe. So ist die Naturrechtsidee eng verbunden mit der Idee der Menschenrechte.

Du bist dran

- Erläutere das Verhältnis von Recht und Gesetz anhand von eigenen Beispielen.

Der moderne Rechtsstaat

Renaissance und Barock   Die Frühe Neuzeit war in ganz Europa geprägt vom Ausbau der fürstlichen Macht. Nach und nach wurde die Mitregierung der Stände ausgeschaltet und der Absolutismus gefestigt. In dieser Zeit war der Fürst der alleinige Gesetzgeber. Er fühlte sich niemandem – außer Gott – verantwortlich. Die Folge waren nicht selten herrschaftliche Willkür und Gewalt sowie Rechtsunsicherheit. Religiöse Unterdrückung führte immer wieder zu Aufständen der betroffenen Bevölkerung. Um dies zu unterbinden, wurden die Strafen immer weiter verschärft.

Der englische Sonderweg   Königliche Willkür bei der Steuereinhebung und religiöse Auseinandersetzungen führten in England zu einem Dauerstreit zwischen König und Parlament. Das Parlament entschied den Streit für sich und setzte mit der „Bill of Rights"* die parlamentarische Monarchie und Rechtsstaatlichkeit durch.

Aufklärung   Der Engländer John Locke* entwickelte im 17. Jh. eine neue Staatslehre: Die wichtigste Aufgabe des Staates sei der Schutz von Freiheit, Sicherheit und Eigentum seiner Bürger. Das Volk besitze die höchste Autorität im Staat und stehe über dem Herrscher. Auf der Grundlage dieser Volkssouveränität forderte Locke das Recht auf Widerstand, eine Regierung, die an eine Verfassung (Konstitution) gebunden ist, sowie die Trennung der Staatsgewalten in Gesetzgebung und Regierung. Später kam als dritte Staatsgewalt die Rechtsprechung hinzu. Mit diesen Forderungen nahm Locke schon viele Merkmale des modernen Rechtsstaats vorweg.

Das 19. und 20. Jh.   Nach dem Zeitalter der Revolutionen und der absolutistischen Reaktion darauf wurde in vielen Staaten Europas die Forderung nach einer Verfassung immer lauter vorgebracht (S. 98 f.). Nach und nach gaben die Fürsten diesen liberalen Forderungen nach. Das Kaisertum Österreich erhielt im Jahr 1867 eine Verfassung und wurde so eine konstitutionelle Monarchie (S. 122 f.). In dieser Verfassung waren schon die Grundrechte der Bürger garantiert. 1907 erhielten die Männer das allgemeine und gleiche Wahlrecht, die Frauen erst 1918 nach dem Ende des Ersten Weltkriegs.

Das rechtsstaatliche Prinzip   In diesem Bereich wird das Verhältnis des einzelnen Menschen zum Staat geregelt. In einem Rechtsstaat tritt an die Stelle von Herrschaft durch Willkür und Gewalt die Bindung der staatlichen Amtsträger und Amtsträgerinnen an das Recht. Legislative, Exekutive und Judikative dürfen nie gegen geltende Gesetze verstoßen. Die Grundrechte der Bürgerinnen und Bürger müssen garantiert sein. Staatliche Entscheidungen müssen von unabhängigen Gerichten überprüft werden können. Dafür verantwortlich sind in Österreich der Verfassungs- und der Verwaltungsgerichtshof.

Artikel 18 des Bundesverfassungsgesetzes:

Q Die gesamte staatliche Verwaltung darf nur auf Grundlage der Gesetze ausgeübt werden.
(https://rdb.manz.at/document/ris.n.NOR40139660)

Im Rechtsstaat ist die staatliche Macht durch Gesetze mit dem Ziel begrenzt, die Menschenwürde, Freiheit, Gerechtigkeit und Rechtssicherheit seiner Bürgerinnen und Bürger zu gewährleisten. Im Rechtsstaat ist aber auch die Teilnahme der Bürgerinnen und Bürger an Wahlen durch Gesetze geregelt und damit die Demokratie gesichert.

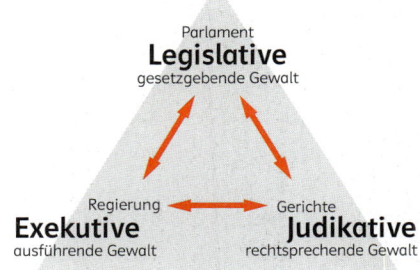

Parlament
Legislative
gesetzgebende Gewalt

Regierung
Exekutive
ausführende Gewalt

Gerichte
Judikative
rechtsprechende Gewalt

Die drei Staatsgewalten in einem modernen Rechtsstaat

Das Bundesverfassungsgesetz über die Neutralität Österreichs   Erst ab dem Zeitpunkt, da ein Gesetz im Bundesgesetzblatt veröffentlicht ist, ist es gültig und verbindlich.

Du bist dran

- Beschreibe die Stationen auf dem Weg zum modernen Rechtsstaat.
- Nenne die wichtigsten Merkmale eines Rechtsstaates.
- Erkläre den Zusammenhang zwischen Rechtsstaat und Demokratie.

www.ris.bka.gv.at/   Diese Seite des Bundeskanzleramtes ermöglicht allen Bürgerinnen und Bürgern den vollen Zugang zu den österreichischen Gesetzen.

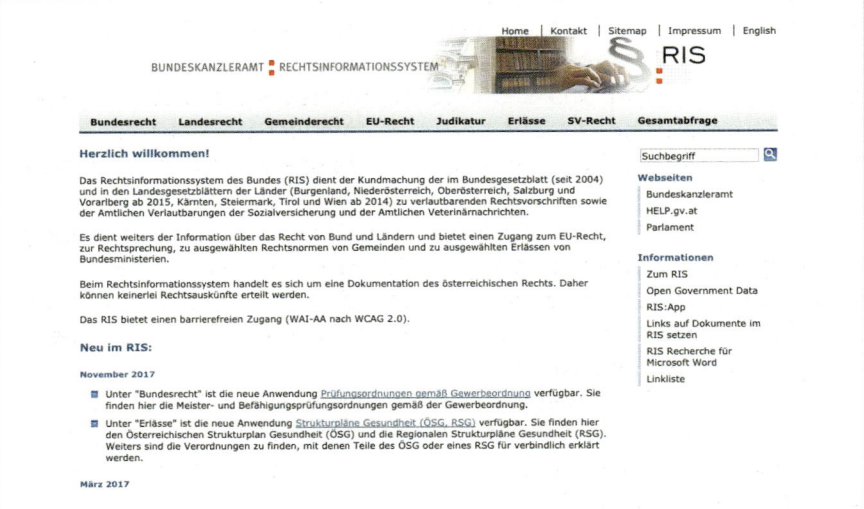

Gefühle und Einstellungen

Ehe und Liebe

- Im Mittelalter waren familiäre, soziale, wirtschaftliche und politische Interessen ausschlaggebend für eine Eheschließung.
- In der Renaissancezeit profitierten Frauen der adeligen und bürgerlichen Oberschicht vom neuen humanistischen Denken. Für Bäuerinnen und Frauen der städtischen Unterschichten galt so wie im Mittelalter: Sie war dem Mann untertan und war weitgehend rechtlos.
- In der Zeit der Romantik wurde im Bürgertum die Liebesehe zum Ideal.
- Arbeiterehen waren meist ein gemeinsamer Kampf ums Überleben.

Bildung und Wissen

- Bildung umfasst sowohl das ganze Wissen eines Menschen, als auch den Weg, wie dieses Wissen erworben wird.
- Die Aufklärer waren der Meinung, dass Wissen und Einsicht alle Not und Unterdrückung aus der Welt schaffen können.
- Die Idee einer allgemeinen Volksbildung wollte Maria Theresia mit der Einführung der Allgemeinen Schulpflicht (1774) verwirklichen.
- Auch noch im 21. Jh. sind Akademikerkinder gegenüber Arbeiter- und Zuwandererkindern beim Zugang zu Bildung bevorzugt („Bildung ist erblich").
- Ein hoher Bildungsstand hat sowohl für einen Staat (Wettbewerbsfähigkeit) als auch für den Einzelnen (Lebenserwartung, Gesundheit, Einkommen usw.) sehr große Bedeutung.

Recht und Gesetz

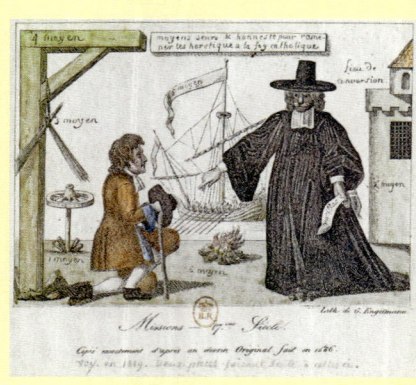

- Geltendes Recht wird von den Angehörigen einer Gesellschaft als Grundlage des Zusammenlebens anerkannt.
- Die ursprüngliche Form des Rechts ist das Gewohnheitsrecht. Ist dieses schriftlich festgehalten, spricht man vom positiven Recht. Das Naturrecht leitet sich von einer höheren Instanz (zB Gott) her und ist eng mit der Idee der Menschenrechte verbunden.
- In der Zeit des Absolutismus war der Fürst „von Gottes Gnaden" der alleinige Gesetzgeber.
- Der Aufklärer John Locke forderte auf der Grundlage der Volkssouveränität eine Verfassung und die Trennung der Staatsgewalten in Gesetzgebung und Regierung. Dies ist ein wichtiger Grundsatz eines Rechtsstaates.
- Das Kaisertum Österreich erhielt 1867 von Kaiser Franz Joseph eine Verfassung und wurde so eine konstitutionelle Monarchie.
- In einem Rechtsstaat dürfen Legislative, Exekutive und Judikative nie gegen das geltende Gesetz verstoßen.

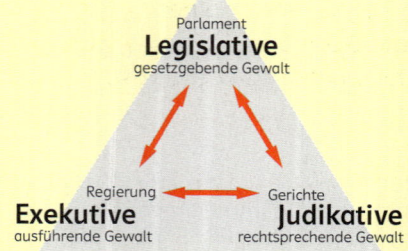

Parlament
Legislative
gesetzgebende Gewalt

Regierung
Exekutive
ausführende Gewalt

Gerichte
Judikative
rechtsprechende Gewalt

Wir trainieren Kompetenzen

Junges Paar beim Frühstück (Genrebild 17. Jh., Gabriel Metsu (1629–1667), um 1667, Staatliche Kunsthalle Karlsruhe, Deutschland)

Bauersleute (Kolorierte Federlithographie, Karl Schurig (1818–1874), 1847)

Paar feiert Silvester (Foto 1899)

1. Arbeitsauftrag: Die Seiten 104/105 sind eine Geschichtsdarstellung. Arbeite Fragen heraus, die auf den beiden Seiten behandelt werden. Überprüfe mögliche Bewertungen in den Darstellungen (Autorentext, Bild- und Textquellen).

 *Arbeite nach M1+M2*

2. Arbeitsauftrag: Beschreibe die drei Abbildungen so genau wie möglich. *Arbeite nach M2* Stelle Gemeinsamkeiten und Unterschiede fest. Charakterisiere, aus welchen gesellschaftlichen Schichten die dargestellten Personen stammen könnten. Beurteile, inwieweit sich die Aussagen des Verfassertextes auf den Seiten 104/105 in den Bildern widerspiegeln.

3. Arbeitsauftrag: Formuliere an eines der drei Bilder mindestens drei Fragen, *Arbeite nach M2* die du gerne beantwortet haben möchtest.

1525–1526
Großer Bauernkrieg

1618–1648
Dreißigjähriger Krieg

1804
Napoleon
wird Kaiser in
Frankreich.

1805/1806
Napoleon siegt
über Preußen
und Österreich.

1809/1810
Tiroler Freiheitskampf

1812
Frankreich
unterliegt
gegen
Russland.

1813
Völkerschlacht
bei Leipzig und
Abdankung
Napoleons

Von Kriegen und Friedensschlüssen

v4dv5i

Krieg und Frieden (Gemälde von Otto Dix (1891–1969), 1957–1960)

1918
Zerfall des
Habsburgerreiches

1914–1918
Erster Weltkrieg

28. Juni 1914
Ermordung des
österreichischen
Thronfolgers in
Sarajewo

Juli 1914
Kriegserklärung
Österreichs an Serbien,
Beginn des Ersten
Weltkriegs

November 1918
Kriegsende

1814/1815
Wiener Kongress

Die europäische Neuzeit war geprägt von vielen, zum Teil langen Kriegen. Sie wurden geführt von Herrschern, deren Ziel Machtzuwachs war. Sie dienten aber auch der Durchsetzung der eigenen Macht im Inneren wie zB beim Großen Bauernkrieg im Deutschen Reich. Im Dreißigjährigen Krieg ging es ebenso um die Vormacht in Europa wie bei den Napoleonischen Kriegen oder beim Ersten Weltkrieg. Auf diese Kriege folgten internationale Friedensschlüsse und die Schaffung eines Humanitären Völkerrechts.

Auf den folgenden Seiten sollst du erfahren:
- warum sich die Bauern erhoben.
- wie der Dreißigjährige Krieg verlief.
- wie Napoleon Frankreich neu ordnen und ganz Europa erobern wollte.
- welche Ursachen zum Ersten Weltkrieg führten und wie er verlief.
- wie mit dem Wiener Kongress und den Pariser Verträgen Europa neu geordnet wurde.
- wie mit dem Humanitären Völkerrecht erstmals Regeln für den Krieg geschaffen wurden.

Der erfolglose Kampf der Bauern

Aufständische Bauern plündern das Kloster Weißenau in Schwaben. (Bauernkriegschronik des Abtes Jakob Murer, Federzeichnung, 1525)

Huldigung: Nach der Niederlage huldigen die Bauern dem Abt des Klosters Weißenau. (Bauernkriegschronik des Abtes Jakob Murer, Federzeichnung, 1525)

Du bist dran — Arbeite nach M1+M2

- Beschreibe und vergleiche die beiden Darstellungen und arbeite ihre unterschiedlichen Aussagen heraus.
- Arbeite aus dem Quellentext die Kernaussage heraus und vergleiche diese mit dem Autorentext.

Luther riet den Fürsten 1525 im Krieg gegen die Bauern:

Q … man soll sie zerschmeißen, würgen, stechen, heimlich und öffentlich, wer da kann, wie man einen tollen Hund erschlagen muss.
(In: M. Luther: Wider die Mordischen und Reubischen Rotten der Bawren)

Luther und die Bauern   Luthers Kampf gegen die Kirche (S. 11 f.) war ein Signal für den unterdrückten Bauernstand. Er wies auf das Evangelium hin und schrieb: „Ein Christenmensch ist ein freier Herr über alle Dinge und niemandem untertan!" Luther bezog diese Freiheit jedoch nur auf den Glauben. Die Bauern aber forderten Freiheit und Gerechtigkeit für ihr tägliches Leben. Sie waren auch bereit, dafür zu kämpfen. Luther lehnte einen bewaffneten Kampf entschieden ab. Im Bauernkrieg stellte er sich deshalb auf die Seite der Fürsten.

Not und Elend der Bauern um 1500

Abgaben und Frondienst   Zu Beginn der Neuzeit verschlechterte sich die Lage vieler Bauernfamilien. Bevor sie ihre eigenen Felder bebauen durften, mussten sie die Arbeit beim Grundherrn (= Frondienst) erledigen: säen, pflügen, ernten, Wege bauen, Holz schlagen, das Schloss oder die Burg in Stand setzen. Dazu forderten die Grundherren immer höhere Abgaben. Viele von ihnen wollten nicht mehr Getreide, Geflügel und Vieh, sondern lieber Geld. Das hatten die Bauern nur dann zur Verfügung, wenn sie etwas auf dem wöchentlichen Markt in der Stadt verkaufen konnten.

Alte Rechte entzogen   Außerdem entzogen ihnen die Grundherren immer öfter die alten Rechte, zB das Recht, in den Wäldern Brenn- und Bauholz zu schlagen, zu jagen oder zu fischen. Daher bestand ihr tägliches Essen vorwiegend aus Roggenbrot und Hirsebrei, dazu gab es je nach Jahreszeit ein bisschen Gemüse.

Völlige Abhängigkeit Was viele Bauern als besonders ungerecht empfanden: Sie durften nur mit Zustimmung des Grundherrn heiraten oder aus ihrem Dorf wegziehen, denn die Grundherren sahen die bäuerliche Bevölkerung als ihr persönliches Eigentum an.

Die Bauern stellen Forderungen

Bauernbünde Immer wieder versuchten sich unzufriedene Bauern dagegen zu wehren. Doch mit diesen vereinzelten Aufständen hatten sie gegen die Obrigkeit keine Chance. So schlossen sich die Bauern zu Bünden zusammen, denen auch viele Handwerker in den Städten und Bergleute beitraten. Auch sie waren mit ihren Stadt- und Landesherren unzufrieden. In den „12 Artikeln" aus dem Jahr 1525 stellten sie schriftlich ihre Forderungen auf.

Von kleinen Aufständen zum Großen Bauernkrieg

Forderungen abgelehnt – daher Krieg Die „12 Artikel" verbreiteten sich als Flugschriften überall im Heiligen Römischen Reich. Doch die adeligen Grundherren dachten nicht daran, diese Forderungen der Bauern zu erfüllen. Daher griffen die Bauern in Süddeutschland, in Tirol, Salzburg und der Steiermark zu den Waffen. Sie eroberten Schlösser und Burgen, zerstörten Klöster und besetzten Städte. Anfangs waren sie nur mit Sensen, Sicheln, Keulen, Äxten und anderen bäuerlichen Geräten bewaffnet. Bei den Plünderungen fielen ihnen Handfeuerwaffen und Geschütze in die Hände. Aber die Bauernheere schlossen sich nie zusammen, sondern kämpften immer nur in kleineren so genannten Haufen.

Niederlage und Strafgericht Diese bäuerlichen Truppen wurden deshalb auch von den viel besser ausgerüsteten Adelsheeren vollständig besiegt (1526). Mindestens 100 000 Bauern wurden bei den Kämpfen und darauf folgenden Strafgerichten getötet. Tausenden wurden zB die Finger abgehackt, die Augen ausgestochen oder andere Misshandlungen zugefügt. 300 Jahre lang wagten die Bauern keinen größeren Aufstand mehr. Dafür sorgten schon die Landesherren: Schwer bewaffnete Reiter kontrollierten von nun an Dörfer und Städte, Spitzel meldeten alles Verdächtige an die Obrigkeit.

Hasen richten über Jäger und Mönche. (Kolorierter Holzschnitt, unbekannter deutscher Meister, um 1535, 24,4 × 29,9 cm)

12 Artikel (Auszug)

Q Die Bauern wollen keinen Aufruhr und keine Gewalt, nur die Lehren des Evangeliums: Frieden. Geduld und Einigkeit sollen Wirklichkeit werden.
1. Die Gemeinde soll ihren Pfarrer selbst wählen.
3. Aufhebung der Leibeigenschaft, aber Gehorsam gegenüber der von Gott eingesetzten Obrigkeit.
4. Freie Jagd und freier Fischfang.
5. Wiederherstellung des Rechts, aus dem Gemeindewald frei Holz entnehmen zu dürfen.
6. Herabsetzung der Frondienste auf ein erträgliches Maß.
8. Steuern und andere Abgaben sollen je nach Ertrag neu festgesetzt werden.
11. Bei Todesfall soll keine Abgabe entrichtet werden.
12. Die Bauern sind bereit, jeden Artikel zurückzunehmen, der nicht mit der Hl. Schrift übereinstimmt.
(In: W. Rüdiger, Die Welt der Renaissance)

Du bist dran

Arbeite nach M1+M2

- Arbeite die Forderungen der Bauern aus dem Quellentext heraus. Vergleiche sie mit dem Autorentext: Wie wird ihre Lage und ihr Vorgehen dort beschrieben?
- Beschreibe die nebenstehende Karikatur.
- Erkläre die Rolle der Hasen und die damit verbundene Aussage.
- Erläutere, warum diese Aussage mit dem Text über den Bauernkrieg und den beiden Zeichnungen auf S. 114 nur teilweise übereinstimmt.

Der Dreißigjährige Krieg – Krieg um Glauben und Macht

Du bist dran — **Arbeite nach M1+M2**

- Beschreibe, wen und was du auf dem Bild erkennen kannst.
- Beschreibe die Bekleidung und Körperhaltung der Personen sowie ihre Absichten.
- Analysiere, wie Matthäus Merian den Prager Fenstersturz in seiner Darstellung bewertete.
- Vergleiche die Darstellung Merians mit dem Text auf dieser Seite.

Der katholische Feldherr Mansfeld über seine Söldner

Q Soll der Soldat leben, so gehört Geld dazu. Gibt man es ihnen nicht, so nehmen sie es, wo sie es finden, und zwar nicht nur das, was man ihnen schuldig ist. (…) Sie begnügen sich nicht mit ihrer Notdurft (= was unbedingt nötig ist), sie wollen sich auch bereichern. Sie nehmen alles, sie plündern alles. Sie schlagen und erschlagen, was ihnen Widerstand tun will. In Summe, da ist keine Unordnung, noch Unwesen zu erdenken, das sie nicht anstiften. (…) Sie kümmern sich nicht um den Stand und die Würde einer Person. Es ist ihnen kein Ort frei noch heilig. Das alles wissen wir (…), und das ist das große Ungemach, welches den Unfrieden und Krieg so gräulich und abscheulich macht. Das einzige Mittel dagegen ist eine gute Disziplin.
(In: O. Klopp, Der Dreißigjährige Krieg bis zum Tode Gustav Adolfs)

Prager Fenstersturz: Am 23. Mai 1618 wurden zwei kaiserliche Statthalter und deren Schreiber von böhmischen Protestanten aus den Fenstern des Hradschin geworfen. (Kolorierter Kupferstich, Matthäus Merian, 1635, aus: Theatrum Europaeum)

Union gegen Liga   Der Augsburger Religionsfrieden (S. 12) bestimmte klar: Keine Religionsfreiheit für die Menschen – der Landesfürst diktiert den Glauben. Damit waren die deutschen Länder religiös, aber auch politisch gespalten. In Mittel- und Norddeutschland herrschten protestantische Landesherren. In Bayern und den österreichischen Ländern herrschten katholische, mit dem Kaiser an der Spitze. Im Jahrzehnte andauernden Religionsstreit waren die Fürsten gegenüber dem Kaiser unabhängiger geworden. Die protestantischen Fürsten und Stadtherren schlossen gegen ihn sogar ein Bündnis, die Union. Die kaisertreuen Fürsten bildeten daraufhin ein katholisches Bündnis, die Liga.

Prager Fenstersturz – Auslöser des Dreißigjährigen Krieges

Protestanten empören sich   In Böhmen regierten seit 1526 die katholischen Habsburger. Dennoch gewährte Kaiser Rudolf II.* seinen Adeligen Religionsfreiheit. Der überwiegende Teil des Adels und der Bevölkerung bekannte sich zum evangelischen Glauben. Doch im Jahr 1618 ließ der Erzbischof von Prag eine neu erbaute protestantische Kirche abreißen. Da der böhmische König Ferdinand II. die Beschwerde der Protestanten abwies, stürmten etwa hundert bewaffnete Adelige die Prager Burg. Sie warfen zwei kaiserliche Räte samt ihrem Schreiber in den 17 Meter tiefen Burggraben. Alle drei blieben fast unverletzt.
Böhmen wird katholisch   Anschließend setzten die Protestanten Ferdinand als König von Böhmen ab. Sie wählten den Anführer der protestantischen Union, Friedrich von der Pfalz*, zum neuen König. Das bedeutete Krieg. Die kaiserlichen Truppen drangen nach Prag vor und besiegten den „Winterkönig" Friedrich (er regierte nur einen Winter lang) entscheidend. Ein fürchterliches Strafgericht folgte. 27 Anführer wurden vor dem Prager Rathaus hingerichtet. Die Protestanten mussten zum katholischen Glauben wechseln oder auswandern. Ihre Besitzungen wurden an kaisertreue Familien vergeben. Das Königreich Böhmen blieb von diesem Zeitpunkt an bis 1918 Teil des Habsburgerreiches.

Der Dreißigjährige Krieg – Machtkampf in Europa

Die Ausweitung des Krieges   Der Krieg zwischen katholischen und protestantischen Fürsten weitete sich nun auf alle deutschen Länder aus. Auch ausländische Mächte nahmen daran teil. Zuerst kam der dänische König den Protestanten zu Hilfe. Wenige Jahre später marschierte der protestantische schwedische König Gustav Adolf* mit seinem Heer in das streng katholische Bayern ein. Er wurde von den kaiserlichen Truppen unter Wallenstein* besiegt. Daraufhin trat sogar das katholische Frankreich gegen die katholische Liga in den Krieg. Damit war aus dem Glaubenskrieg ein Kampf um die Vormacht in Europa geworden.

Krieg ohne Sieger   Viele Jahre zogen sich die blutigen und verlust-reichen Kämpfe hin. Landsknechtheere marschierten kreuz und quer durch Mitteleuropa. Sie brannten Städte und Dörfer nieder, plünderten, mordeten und vergewaltigten. In manchen Gegenden fielen mehr als zwei Drittel der Bevölkerung den Kämpfen, dem Hunger und den Seuchen zum Opfer. Doch keine der Kriegsparteien konnte einen entscheidenden Sieg erringen.

Endlich Frieden – das Reich zerfällt in Einzelstaaten

Westfälischer Friede   30 Jahre nach dem Prager Fenstersturz setzten sich die Kriegsgegner endlich an den Verhandlungstisch. In den westfälischen Städten Münster und Osnabrück kam es schließlich zum so genannten Westfälischen Frieden. Seine wichtigsten Ergebnisse waren:
• Die Bestimmungen des Augsburger Religionsfriedens von 1555 wurden wieder eingesetzt (S. 12). Die Konfession des jeweiligen Herrschers bestimmte auch die Konfession seiner Untertanen.
• Das Heilige Römische Reich zerfällt in mehr als 300 unabhängige Einzelstaaten.
• Der Kaiser ist nur noch dem Namen nach Oberhaupt des Reiches.
• Schweden und Frankreich gewinnen Reichsgebiet und werden europäische Großmächte.

Niederlande + Schweiz entstehen

Aus dem Westfälischen Frieden:

Q Artikel 1: Es sei ein christlicher, allgemeiner, immerwährender Friede und wahre und aufrichtige Freundschaft zwischen der hl. Kaiserlichen Majestät, dem Hause Österreich und allen seinen Verbündeten (…) und dem Königreich Schweden und allen seinen Verbündeten (…)
Artikel 2: Beiderseits sei immerwährendes Vergessen und Amnestie (= Straferlass) alles dessen, was seit Anbeginn dieser Unruhen (…) von einem oder anderen Teil (…) feindlich begangen worden ist, so dass weder deswegen noch aus irgend einem anderen Grund (…) einer dem anderen künftig irgendwelche Feindseligkeit (…) antun soll, vielmehr sollen alle (…) Gewalttaten, Feindseligkeiten, Schäden (…) gänzlich abgetan sein, dass alles, was deshalb der eine vom andern fordern könnte, in immerwährendem Vergessen begraben sein soll.
(In: Wolfgang Lautemann, Geschichte in Quellen)

Plünderung eines Dorfes (Pieter Snayers (1592–1667), Öl auf Holz, 44 × 59 cm, Ausschnitt)

Arbeite nach M1+M2

Du bist dran

- Analysiere den Quellentext auf S. 116 Schritt für Schritt.
- Vergleiche den Text mit dem Bild und dem Autorentext. Stelle Gemeinsamkeiten und Unterschiede fest.
- Formuliere eine Frage, die der Maler mit dem Bild beantworten wollte.

Arbeite nach M1

Du bist dran

- Fasse in eigenen Worten die zwei Artikel aus dem Friedensvertrag zusammen: Nenne die Vertragspartner (Art. 1) und ihre wichtigsten Vereinbarungen in Bezug auf die Kriegsschuld, auf Kriegsverbrechen und ent-standene Schäden (Art. 2).
- Beurteile, welche politischen Folgen die in Art. 2 getroff-enen Vereinbarungen hatten.
- Erörtere, ob solche Verein-barungen auch heute nach Kriegen eine gute Friedens-lösung sein könnten.

Napoleon – General, Kaiser, Verbannter

Napoleons Lebenslauf, sein Aufstieg und Fall (Radierung, 1814, Kunstbibliothek, Staatliche Museen zu Berlin)

Die Kaiserkrönung Napoleons in der Kathedrale Notre-Dame in Paris: In der Mitte siehst du den Kaiser und seine Frau Joséphine, rechts sitzend Papst Pius VII. Nicht der Papst krönt Napoleon zum Kaiser, sondern er setzt sich und seiner Frau selbst die Kronen auf. (Gemälde von Jacques Louis David (1748–1825), 1807, Louvre, Paris)

Napoleons Aufstieg

Steile Karriere   Napoleon Bonaparte wurde 1769 auf der Insel Korsika geboren. Im Alter von zehn Jahren kam er auf eine Militärschule in Frankreich. Da seine Muttersprache Korsisch war, musste er zuvor noch Französisch lernen. Gute Beziehungen in der Pariser Gesellschaft verhalfen ihm in der Revolutionsarmee zu einer Blitzkarriere: Mit 24 Jahren war er schon General. Im Auftrag des Direktoriums (S. 97) schlug er einen Aufstand der Königstreuen nieder. Dafür erhielt er mit 26 Jahren den Oberbefehl gegen Österreich in Italien. Dort siegte er in einem kurzen Krieg. Dieser Sieg begründete seine Beliebtheit in der französischen Bevölkerung.

Die Machtergreifung

Konsul und Kaiser   Am 9. November 1799 ergriff Napoleon die Macht. Er marschierte mit seinen Truppen nach Paris und stürzte das Direktorium. An dessen Stelle setzte Napoleon drei Konsuln, unter denen er als erster Konsul alle Entscheidungsmacht selbst besaß. Drei Jahre später machte er sich zum Konsul auf Lebenszeit und 1804 zum Kaiser der Franzosen. Dies alles ließ er sich durch Volksabstimmungen, bei denen er fast alle Stimmen bekam, bestätigen.

Neuordnung des Staates

Reformen Napoleon gestaltete den Staat von Grund auf um: Er ließ eine neue Verfassung, die seine Herrschaft festigte, ausarbeiten. Ein neues Schulsystem (Grundschule, Hauptschule und Oberschule) war nun für ganz Frankreich einheitlich. Beamte wurden nicht mehr gewählt, sondern von Napoleon selbst oder in seinem Auftrag ernannt. Mit einem neuen Bürgerlichen Gesetzbuch verwirklichte er wichtige Forderungen der Revolution: die Trennung von Kirche und Staat und ein einheitliches Recht für alle Franzosen.

Kriege gegen Staaten und Völker Europas

Gegen Deutschland Napoleon brauchte militärische Erfolge, um seine Macht zu sichern. Deshalb hatte Frankreich unter seiner Herrschaft nur ein Jahr Frieden. 1805 besiegte er Österreich, 1806 Preußen. Viele deutsche Fürsten unterstellten sich Napoleon. Aus diesem Grund legte Kaiser Franz II. die Römische Kaiserkrone zurück.

Kontinentalsperre Napoleon konnte Großbritannien nicht besiegen, es hatte eine zu starke Flotte. Deshalb wollte er es wirtschaftlich schädigen. Er untersagte die Einfuhr britischer Waren in die von ihm abhängigen Staaten (Kontinentalsperre). Um diesen Wirtschaftskrieg auszudehnen, marschierten französische Truppen auch in Spanien und Portugal ein. Hier stießen sie jedoch auf Widerstand aus der Bevölkerung. Die Spanier griffen die Eindringlinge in kleinen Gruppen aus dem Hinterhalt an. Sie führten so einen erbitterten Kleinkrieg (Guerillakrieg), der für Frankreich nicht zu gewinnen war.

Erste Niederlage Nun nahm Österreich den Kampf wieder auf. Erzherzog Karl konnte Napoleon bei Aspern* (1809) die erste Niederlage zufügen. Napoleon gewann jedoch wenige Wochen später die entscheidende Schlacht bei Wagram* und damit den Krieg. 1809 erhoben sich die Tiroler unter Andreas Hofer* gegen die bayerisch-französische Besetzung. Der aufopfernde Kampf blieb letztendlich erfolglos. Andreas Hofer wurde von französischen Soldaten gefangengenommen und erschossen.

Niederlagen zwingen Napoleon zur Abdankung

Russland Der russische Zar hielt sich nicht an die Bestimmungen der Kontinentalsperre. Napoleon wollte ihn aber dazu zwingen. Ende Juni 1812 überschritt er mit einem Heer von über 600 000 Mann (Franzosen, Österreicher, Preußen, Sachsen u.a.) die russische Grenze. In mehreren Schlachten siegte seine „Große Armee", der entscheidende Sieg gelang ihm jedoch nicht. Moskau wurde kampflos eingenommen, brannte aber schon am nächsten Tag völlig nieder. Ende Oktober begann der Rückzug. Dieser wurde im harten russischen Winter für die schlecht ausgerüsteten französischen Soldaten zu einer Flucht vor den ständigen russischen Angriffen. Der Feldzug endete in einer fürchterlichen Niederlage: Von den 600 000 Mann kamen nur etwa 10 000 zurück!

Abdankung Nun handelten die Gegner Napoleons: Russland, Österreich und Preußen verbündeten sich und besiegten den Kaiser der Franzosen in der Völkerschlacht bei Leipzig (1813) und nahmen Paris ein. Napoleon musste abdanken und wurde auf die Insel Elba verbannt.

Napoleon auf dem Italienfeldzug: Das Gemälde von Jacques Louis David (1748–1825) aus dem Jahr 1802 diente der Propaganda* Napoleons. In Wirklichkeit ritt er bei der Alpenüberquerung auf einem Maultier und trug nicht seine Paradeuniform, sondern einen gewöhnlichen Waffenrock. (246 × 321 cm, Kunsthistorisches Museum, Wien)

Du bist dran — Arbeite nach M1+M2

- Arbeite aus dem Autorentext auf dieser Seite heraus, wie der Autor den Freiheitskampf der Tiroler gegen die bayerisch-französische Besatzung beurteilt.
- Beurteile, ob der Maler Jacques David Napoleon als Held dargestellt hat. Begründe deine Meinung.
- Vergleiche die drei bildlichen Darstellungen Napoleons. Stelle Gemeinsamkeiten und Unterschiede fest. Bewerte die Absichten, die hinter den Darstellungen erkennbar sind.

Du bist dran — Arbeite nach M1+M2

- Erläutere die Stationen in Napoleons Leben mit Hilfe des Bildes (S. 118 oben) sowie des Autorentextes auf dieser Doppelseite.

Modul 4 – Internationale Ordnungen und Konflikte im Wandel **119**

Der Wiener Kongress – Zurück zur alten Ordnung?

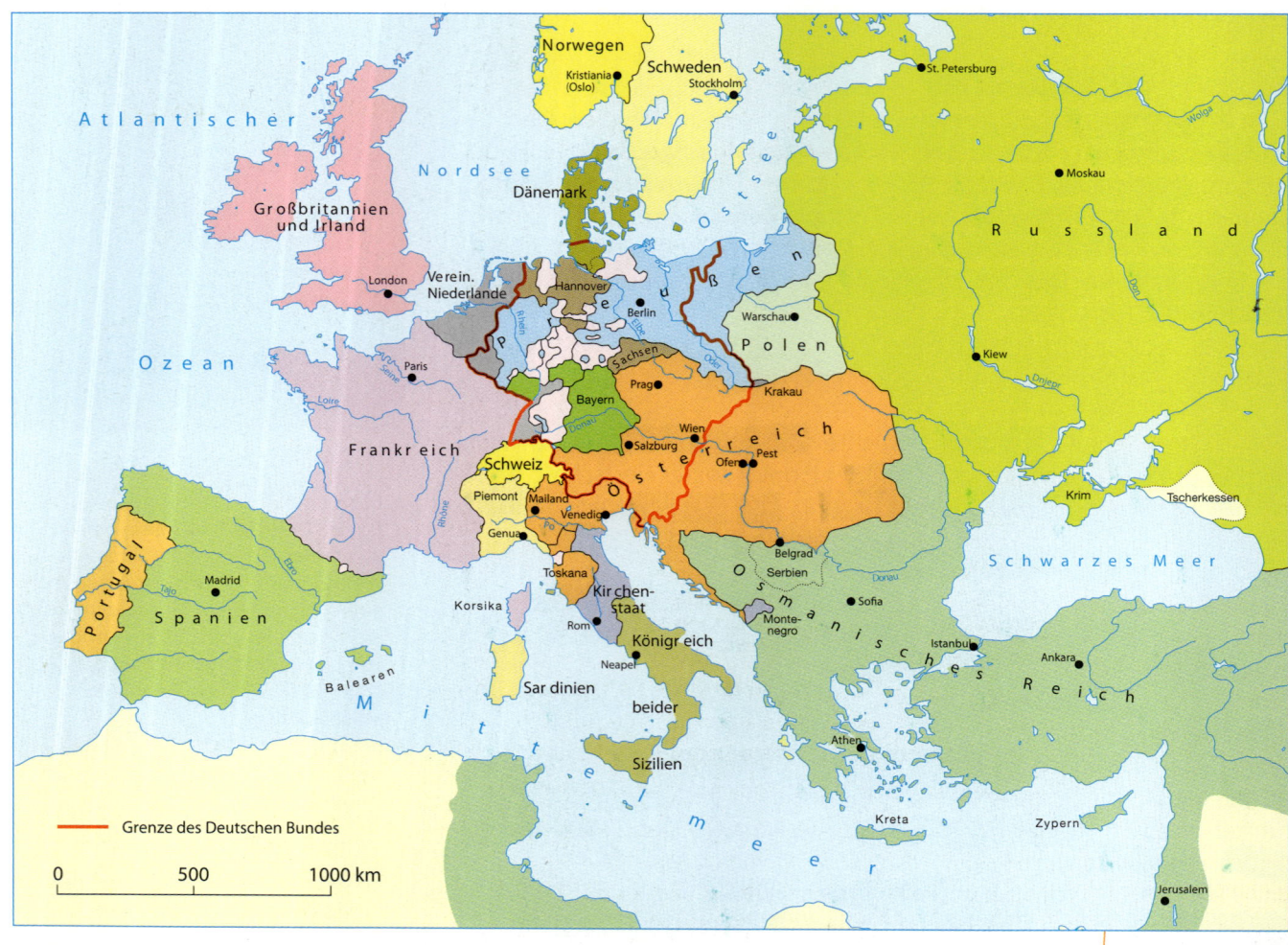

Europa 1815–1850

Der Kongress tagt ... und tanzt

Zähe Verhandlungen   Nach dem Sturz Napoleons musste Europa neu geordnet werden. Darüber beriet von Herbst 1814 bis Sommer 1815 eine große internationale Konferenz – der Wiener Kongress. Kaiser, Könige, Fürsten und Diplomaten aus ganz Europa nahmen daran teil. Den größten Einfluss auf die Verhandlungen und deren Ergebnisse übte der österreichische Staatskanzler Fürst Metternich* aus. Er leitete die Gespräche mit den Großmächten Großbritannien, Russland, Preußen und später auch Frankreich. Dies war eine schwierige Aufgabe: Jeder dieser Staaten versuchte nämlich seine Herrschaftsgebiete zu erhalten oder sogar noch auszubauen.
Waterloo   Mitten in den zähen Verhandlungen, im Frühjahr 1815, hatte Napoleon seinen Verbannungsort Elba verlassen und war nach Frankreich zurückgekehrt. Viele Franzosen und Französinnen empfingen ihn mit Begeisterung. Napoleon herrschte noch einmal für etwa 100 Tage über Frankreich. Er ließ ein neues Heer aufstellen. In der Schlacht bei Waterloo in Belgien wurde dieses Heer aber von britisch-preußischen Truppen geschlagen. Nun wurde Napoleon auf die Insel St. Helena im Atlantik verbannt. Er starb dort 1821.

Restauration oder Neuordnung?

Alles beim Alten?   Nach der endgültigen Entmachtung Napoleons wurde der Wiener Kongress beendet. Die Großmächte einigten sich auf die Restauration (= Wiederherstellung) der politischen und gesellschaftlichen Zustände vor der Französischen Revolution. Die früheren Herrscher bekamen ihre Gebiete, die Adeligen ihre Vorrechte zurück. Viele neue, von Napoleon geschaffene oder vergrößerte Staaten aber bestanden weiter. Die Herrschaft der Fürsten sollte unantastbar sein, jede revolutionäre Bewegung sofort, wenn nötig mit Gewalt, unterdrückt werden. Ein weiteres Ziel war die Schaffung eines europäischen Gleichgewichtes: Kein Staat sollte jemals wieder so mächtig wie Frankreich unter Napoleon werden.

Heilige Allianz   Die Herrscher Österreichs, Preußens und Russlands beschlossen, diese Ziele gemeinsam zu verfolgen. Sie schlossen daher ein Bündnis, die Heilige Allianz*.

Deutscher Bund   In einem losen Deutschen Bund wurden die unter Napoleon entstandenen deutschen Staaten zusammengeschlossen. In der Bundesversammlung* in Frankfurt trafen sich die Abgesandten der einzelnen Länder unter dem Vorsitz Österreichs. Sie berieten über gemeinsame Angelegenheiten und fassten Beschlüsse. Auch Österreich und Preußen gehörten zu den Mitgliedern des Deutschen Bundes. Ihr Staatsgebiet ging weit über die Grenzen des Bundes hinaus. Der Deutsche Bund blieb aber ein uneinheitliches und politisch machtloses Gebilde. Er wurde von den Interessen der beiden Großmächte Österreich und Preußen beherrscht.

Trotz Sicherheit und Frieden wächst die Unzufriedenheit

Über den „Wiener Kongress" heißt es in einem Bericht von Historikerinnen und Historikern im Jahr 2015:

Q   Der Wiener Kongress (1814/15) sicherte nach dem Sieg über das napoleonische Frankreich fast 100 Jahre lang den Frieden in Europa. Bis zum heutigen Tag ist dies die längste Zeitspanne, in der – neben lokal begrenzten militärischen Konflikten – der Friede auf dem europäischen Kontinent aufrechterhalten werden konnte. (http://www.hsozkult.de/conferencereport/id/tagungsberichte-6254)

Enttäuschte Hoffnungen   Manche Menschen hatten gehofft, dass sich die Forderungen der Französischen Revolution nach Freiheit und Gleichheit erfüllen würden. Dass nun wieder Fürsten absolut regierten, enttäuschte viele. In Deutschland forderten Bürger einen einheitlichen Staat, denn der Deutsche Bund entsprach nicht ihren Wünschen und Vorstellungen. Die Verbitterung darüber, vor allem unter den Studenten, äußerte sich in Protestaktionen. Davon fühlten sich die Fürsten bedroht. Sie erließen 1819 in Karlsbad strenge Gesetze gegen Demonstranten und deren Anführer.

Karlsbader Beschlüsse   Zusammenschlüsse von Studenten wurden verboten. Die Arbeit der Schriftsteller und Journalisten unterwarf man einer strengen Zensur. Polizeispitzel beobachteten alle Zusammenkünfte. Später wurde die Redefreiheit noch stärker eingeschränkt, Versammlungsverbote wurden erlassen. Wer dagegen verstieß, konnte zu langen Haftstrafen oder gar zum Tod verurteilt werden.

Karlsbader Beschlüsse – Bestimmungen im „Preßgesetz" vom 20. September 1819:

Q   (…) dürfen Schriften, die in der Form täglicher Blätter oder heftweise erscheinen, deßgleichen solche, die nicht über 20 Bogen im Druck stark sind, in keinem deutschen Bundesstaate ohne Vorwissen und (…) Genehmhaltung (= Genehmigung) der Landesbehörden zum Druck befördert werden. (http://www.heinrich-heine-denkmal.de/dokumente/karlsbad2.shtml)

Du bist dran   *Arbeite nach M4*

- Finde mit Hilfe der Karte heraus, welche Staaten bzw. Teile von Staaten dem Deutschen Bund angehörten.

Du bist dran   *Arbeite nach M1*

- Arbeite aus dem Autorentext heraus, durch welche Beschlüsse des Wiener Kongresses Friede und Stabilität für Europa erreicht werden sollten. Kläre und verwende dabei auch die Begriffe „Restauration", „Schaffung eines europäischen Gleichgewichtes", „Heilige Allianz".
- Beurteile, welchen dieser einzelnen Beschlüsse du für die Friedenssicherung als geeignet hältst, welchen nicht. Begründe dein Urteil.
- Beschreibe die positive Folge des Wiener Kongresses, die in diesem Bericht angeführt wird. Erkläre, welche Hoffnungen und Erwartungen vieler Menschen durch die Beschlüsse des Wiener Kongresses enttäuscht wurden.

Du bist dran   *Arbeite nach A1+M1*

- Recherchiere, in welchen Ländern heute die Pressefreiheit eingeschränkt ist.
- Erkläre, was die deutschen Staaten mit dem „Preßgesetz" erreichen wollten.
- Erläutere, welche Folgen ein solches „Preßgesetz" für die Zeitungen in Österreich heute hätte.

Die Doppelmonarchie und ihr Ende

Kaiser Franz Joseph I. (1848–1916) im Jahre 1904 mit der ungarischen Königs- und der österreichischen Kaiserkrone (Gemälde von Wilhelm List (1864–1918), 1904, Wien, Österreichische Postsparkasse)

Niederlagen zwingen zu Reformen   Mit der Niederschlagung der Revolution 1848/49 waren die nationalen und liberalen Forderungen gescheitert (S. 98 f.). Sie blieben dennoch weiter bestehen. Unter Kaiser Franz Joseph I. erlitt Österreich zwei schwere Niederlagen: gegen Frankreich und Piemont-Sardinien in Italien bei Solferino (1859) und gegen Preußen bei Königgrätz in Böhmen (1866). Das schwächte die Macht des Kaisers, und Reformen waren notwendig.

Der Vielvölkerstaat wird zur Doppelmonarchie

„Ausgleich"   Zunächst wurden die alten Forderungen der Ungarn nach einem eigenen Staat erfüllt. 1867 kam es zum „Ausgleich" zwischen dem Kaiser und Ungarn. Franz Joseph anerkannte die Selbstständigkeit Ungarns. Die beiden Staaten Österreich und Ungarn waren nun die Doppelmonarchie Österreich-Ungarn. Die beiden Staaten waren durch Franz Joseph als Kaiser von Österreich und König von Ungarn miteinander verbunden (Personalunion). Darüber hinaus waren Außenpolitik, Heer und Flotte gemeinsame Angelegenheiten (Realunion). Sie wurden von beiden Staaten finanziert und unterstanden direkt dem Kaiser und König.
Nationalitätenstreit   Diese Lösung stellte die Ungarn und die Deutschen zufrieden. Denn sie behielten in ihren Reichshälften die Vorrangstellung. Alle anderen Völker fühlten sich aber übergangen und benachteiligt. Diese Enttäuschung führte schließlich nach dem verlorenen Ersten Weltkrieg zum Auseinanderfallen der Habsburgermonarchie.
Konstitutionelle Monarchie   Eine weitere Reform beendete den österreichischen Absolutismus. Im Dezember 1867 setzte Kaiser Franz Joseph eine Verfassung in Kraft. Diese regelte das öffentliche Leben bis zum Ende der Monarchie im Jahr 1918. Die in ihr enthaltenen Grundrechte der Bürger sind (mit einigen Änderungen) noch heute ein Teil der österreichischen Bundesverfassung.

Aus dem Gesetz über die bürgerlichen Grundrechte

Q Art. 2: Vor dem Gesetz sind alle Staatsbürger gleich.
Art 3: Öffentliche Ämter sind für alle Staatsbürger gleich zugänglich.
Art. 5: Das Eigentum ist unverletzlich.
Art. 6: Jeder Staatsbürger kann an jedem Ort des Staatsgebietes seinen Aufenthalt nehmen.
Art. 8: Die Freiheit der Person ist gewährleistet.
Art. 9: Das Hausrecht ist unverletzlich.
Art. 10: Das Briefgeheimnis darf nicht verletzt werden.
Art. 12: Die Staatsbürger haben das Recht, sich zu versammeln und Vereine zu bilden.
Art. 13: Jedermann hat das Recht, seine Meinung frei zu äußern. Die Presse darf nicht unter Zensur gestellt werden.
Art. 14: Jedermann hat Glaubens- und Gewissensfreiheit.

Der Kampf um das Wahlrecht

Kurien- und Zensuswahlrecht   Die Verfassung von 1867 sah zwar für alle männlichen Staatsbürger über 24 Jahren das Wahlrecht zum Reichsrat vor, schränkte es jedoch doppelt ein. Es war kein gleiches, sondern ein Kurienwahlrecht: Der Wert der Stimme hing davon ab, welcher der vier Kurien (Wählergruppen) ein Wähler angehörte. Es war aber auch kein allgemeines, sondern ein Zensuswahlrecht: Wählen durfte nur, wer eine bestimmte Summe Steuern im Jahr bezahlte. Damit waren über 90 Prozent der Bevölkerung vom Wahlrecht ausgeschlossen.
Massenparteien   Es waren vor allem die Sozialdemokratische Partei unter Dr. Victor Adler und die Christlich-soziale Partei unter Dr. Karl Lueger, die das allgemeine und gleiche Wahlrecht forderten. 1907 wurde es schließlich für Männer eingeführt, für Frauen erst nach dem Ersten Weltkrieg. Damit erreichten diese beiden Parteien auch den Durchbruch zu Massenparteien, die bis heute die Politik Österreichs wesentlich bestimmen.

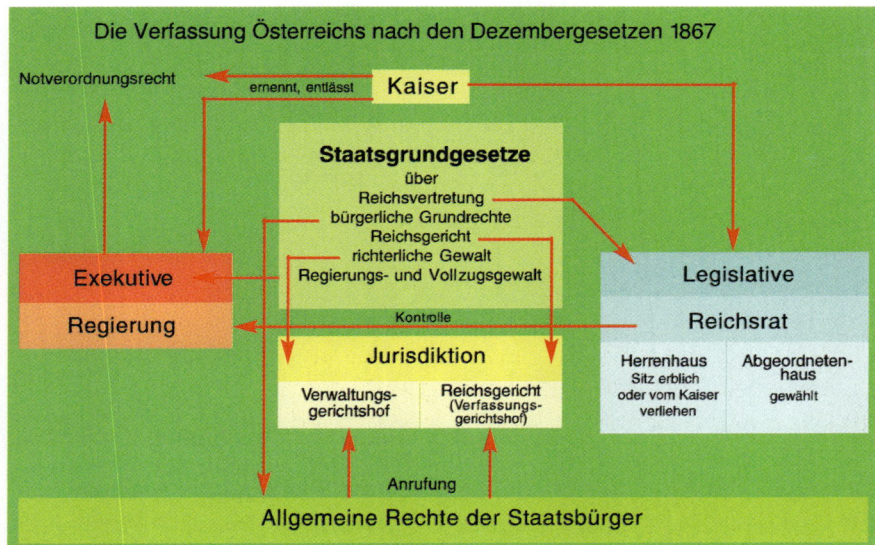

Die Verfassung Österreichs nach den Dezembergesetzen 1867

Das Ende der Habsburgermonarchie

Als die Niederlage im Ersten Weltkrieg offensichtlich wurde, begann der Auflösungsprozess des Vielvölkerstaates (S. 130). Im Oktober 1918 erklärten Tschechen, Südslawen und Ungarn ihre Selbstständigkeit. In den übrig gebliebenen deutschsprachigen Teilen wurde am 12. November 1918 die Republik Deutschösterreich ausgerufen.

Kaiser Karl an der Isonzofront: 1916 starb Kaiser Franz Joseph. Sein Nachfolger Karl schlug vor, das Habsburgerreich in einen Staatenbund umzuwandeln. Auch das konnte die Monarchie nicht mehr retten. Ungarische und tschechische Truppenteile verließen im Spätsommer 1918 die Armee. Die Fronten am Balkan und gegen Italien brachen zusammen. Kaiser Karl verzichtete am 11. November 1918 auf die Regierungsgeschäfte. (Foto 1917)

Das Kurienwahlrecht
Für einen Reichsratssitz benötigte Stimmen:

Großgrundbesitzer	60
Handelskammer	25
Städte	325
Landgemeinden	10 000

Du bist dran — Arbeite nach M2

- Stelle fest, welche Bevölkerungsgruppen durch das Kurien- und das Zensuswahlrecht bevorzugt waren.
- Nimm zu dieser Ungleichheit Stellung.
- Beurteile die Verfassung von 1867 in Hinblick auf die Machtverteilung zwischen dem Kaiser und den drei Staatsgewalten (auch untereinander).
- Bewerte die Rolle des Kaisers in Hinblick auf seine Machtposition.

Kaiserin Elisabeth (1837–1898) war sehr ungarnfreundlich und trat für die Anliegen der Ungarn ein. Sie wurde in Genf von einem italienischen Anarchisten* ermordet. (Gemälde von Franz Xaver Winterhalter (1805–1873), 1864, Wien, Hofburg)

Du bist dran — Arbeite nach M2

- Beschreibe, analysiere und interpretiere die beiden Herrscherportraits.
- Formuliere je zwei Fragen, auf die dir die Bilder Antworten geben können.

Der Erste Weltkrieg beginnt – Anlass und Ursachen

urkatastrophe des 20. Jahrhunderts — einen Grund — viele

Das Attentat von Sarajewo 1914: Der österreichische Thronfolger war bei den Serben besonders verhasst. Er plante nämlich, den Slawen innerhalb der österreichisch-ungarischen Monarchie ähnliche Rechte zu verleihen, wie sie die Ungarn seit dem „Ausgleich" hatten. Die Pläne des Königreiches Serbien für ein nationales Großreich wären damit durchkreuzt worden. (Pressezeichnung von Felix Schwormstädt (1870–1938), 30.6.1914, spätere Kolorierung)

Jubel über den Kriegsausbruch Unmittelbar nach Kriegsausbruch herrschten in den beteiligten Staaten bei vielen Menschen Jubel und Kriegsbegeisterung. Diese Menschen glaubten auch, dass der Feind in wenigen Wochen besiegt sei. (Foto 1914)

Der amerikanische Diplomat Edward House schrieb aus Berlin an Präsident Woodrow Wilson:

Q Die Situation ist außergewöhnlich. Das ist ein Militarismus, der wahnsinnig geworden ist. Wenn nicht jemand in Ihrem Auftrag erreichen kann, dass sich andere Einsichten durchsetzen, wird es eines Tages eine furchtbare Weltkatastrophe geben. Niemand in Europa kann es schaffen, dafür gibt es zu viel Hass, zu viel Missgunst.
(In: H. Meyer, Das Zeitalter des Imperialismus)

Sarajewo: Der Anlass für den Ersten Weltkrieg

Die Ermordung des Thronfolgers Am 28. Juni 1914 wurden der österreichische Thronfolger Franz Ferdinand und seine Frau Sophie in der bosnischen Hauptstadt Sarajewo erschossen. Der 20-jährige Attentäter war Mitglied der serbischen Geheimorganisation „Schwarze Hand". Der Mord in Sarajewo war nur der Auslöser des Krieges. Dafür verantwortlich waren viele Ursachen.

Das Wettrüsten Die imperialistische Politik der europäischen Großmächte hatte schon in den Jahrzehnten zuvor zu großen Spannungen geführt. Viele Staaten erhöhten ihre Militärausgaben drastisch. Im Deutschen Kaiserreich gewann das Militär an Einfluss. Besonders Großbritannien fühlte sich durch den raschen Aufbau der deutschen Flotte in seiner Vormachtstellung bedroht.

Das Nationalitätenproblem Eine große Rolle spielte auch das Nationalitätenproblem in Österreich-Ungarn. Vor allem die Serben, aber auch die in der Habsburgermonarchie lebenden Italiener und Rumänen forderten den Anschluss an ihre Nationalstaaten.

Krisengebiet Balkan Österreich-Ungarn hatte die seit 1878 besetzten Gebiete Bosnien und Herzegowina endgültig an sein Reich angeschlossen. Dadurch fühlte sich besonders Russland provoziert. Es sah sich nämlich in der Rolle einer Schutzmacht für alle Slawen auf dem Balkan. Schon vor 1914 kam es dort wiederholt zu Krisen und Krieg. Man sprach daher vom „Pulverfass Balkan".

Geheimbündnisse und Militärblöcke Das Misstrauen zwischen den europäischen Staaten wurde immer größer. Daher schlossen sie untereinander Geheimbündnisse. Darin verpflichteten sie sich zur gegenseitigen Hilfe im Kriegsfall. Um 1914 war Europa in zwei militärische Blöcke gespalten: Den Mittelmächten mit Deutschland, Österreich-Ungarn,

Alliierte nennt man sie erst wenn Amerika
in den Krieg zieht

dem Osmanischen Reich, Bulgarien und Italien (bis 1915) stand die Entente (frz. „Einvernehmen"), auch die Alliierten genannt, gegenüber: Dazu gehörten Frankreich, Russland, Großbritannien, Italien (ab 1915), die USA (ab 1917) und viele weitere Staaten, insgesamt 31.

Die Bündnissysteme treten in Kraft

Ultimatum und Kriegserklärung Ende Juli verlangte Kaiser Franz Joseph in einem Ultimatum*, dass österreichische Beamte an den Untersuchungen über das Attentat von Sarajewo in Serbien teilnehmen können. Dies lehnte Serbien ab. Viele Menschen in Österreich sahen die Serben als Gefahr für den Weiterbestand der Monarchie an. Sie wollten daher die Gelegenheit nutzen, die Balkanfrage in einem Krieg gegen Serbien zu lösen. Deutschland sicherte dem österreichischen Kaiser volle Unterstützung zu. Am 28. Juli erklärte Österreich Serbien den Krieg.

Die Kettenreaktion Die Hoffnung, dass Russland sich nicht einmischen würde, erfüllte sich nicht. Russland mobilisierte seine Armee zur Unterstützung Serbiens. Dies löste eine Kettenreaktion aus: Die Bündnissysteme traten in Kraft, ein gegnerischer Staat erklärte dem anderen den Krieg. Der Erste Weltkrieg hatte begonnen!

Arbeite nach M2

Du bist dran

- Benenne die Friedenssymbole auf dem Titelblatt des Romans „Die Waffen nieder!".

Arbeite nach M1+M2

Du bist dran

- Auf dieser Doppelseite werden im Autorentext die Aspekte „Anlass für den Ausbruch des Ersten Weltkrieges", „Wettrüsten", „Kriegsbegeisterung", „Friedensbemühungen" und „Bündnissysteme" behandelt.
- Ermittle, welchen dieser Aspekte sich die Text- und Bildquellen zuordnen lassen.

„Die Waffen nieder!":
Es gab auch Menschen, die sich in der spannungsgeladenen Zeit vor 1914 mit aller Kraft für Frieden und Abrüstung einsetzten. Eine von ihnen war die österreichische Schriftstellerin Bertha von Suttner*. Sie war aktiv in der Friedensbewegung tätig. Für ihren Roman „Die Waffen nieder!" – hier das Titelblatt – erhielt sie 1905 als erste Frau den Friedensnobelpreis.

Der australische Geschichtsforscher Christopher Clark über die Frage, wer am Ausbruch des Ersten Weltkrieges schuld sei:

Q Alle Seiten haben für einen Konflikt gerüstet. Aber keine der Großmächte hat (…) einen Krieg geplant gegen eine andere Großmacht. Unter bestimmten Umständen waren natürlich alle Regierungen zum Waffengang bereit. (…) Das Problem war nur, dass die Verantwortlichen auf beiden Seiten im Juli 1914 glaubten, dass der Feind einen Krieg anstrebe. Und dass sie bereit waren, ihn zu akzeptieren. Die Tragik dieses Jahres ist, dass niemand gesagt hat: Wir wollen den Krieg nicht, selbst wenn der Gegner ihn will. (In: GeoEpoche, 1914, 02/2014)

Arbeite nach M1

Du bist dran

- Erkläre in eigenen Worten, welche Antwort Christopher Clark auf die Frage nach der Kriegsschuld gibt.
- Gestalte Vorschläge, was Politikerinnen und Politiker zukünftig aufgrund seiner Erkenntnisse für die Friedenssicherung stärker beachten sollten.

Die Schrecken eines modernen Krieges

Luftkrieg: Im Ersten Weltkrieg wurden erstmals Kampfflugzeuge eingesetzt. (Rekonstruktionszeichnung)

Luftkrieg: Der englische Fischdampfer „King Stephan" verweigert die Rettung der Mannschaft des deutschen Luftschiffes L19. Luftschiffe wurden bis 1917 für Bombenabwürfe über Großbritannien eingesetzt. (Gemälde von Adolf Bock (1890–1968), 1917)

Du bist dran

Arbeite nach M2

- Ermittle den (Propaganda-) Zweck des Gemäldes von Adolf Bock.

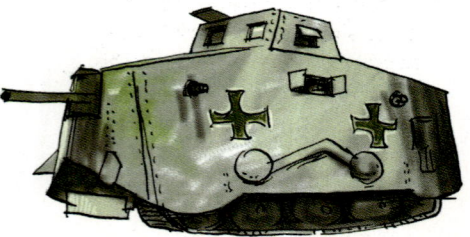

Landkrieg: Ebenso wie Flugzeuge fanden auch Panzer erstmals im Ersten Weltkrieg Verwendung. (Rekonstruktionszeichnung)

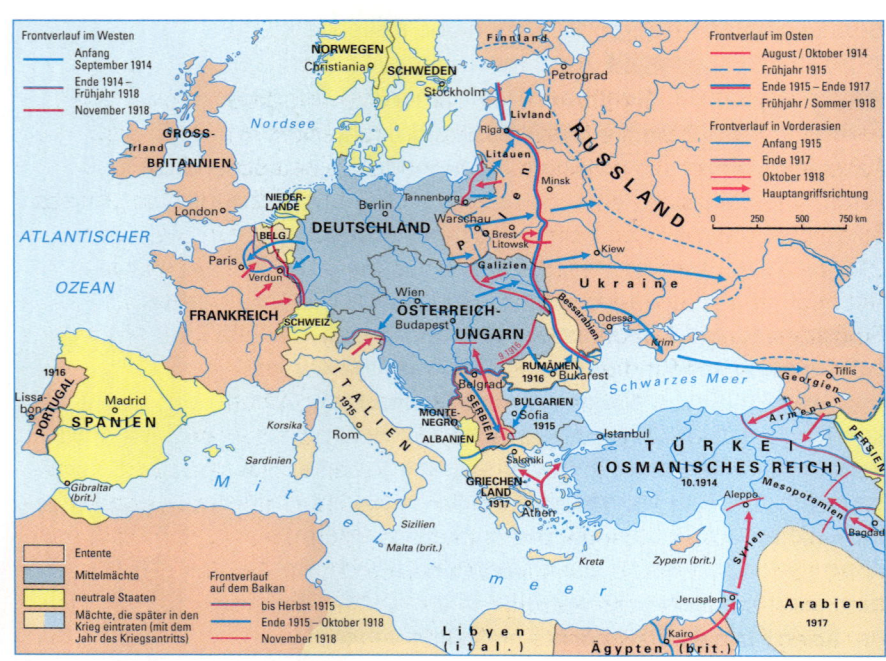

Frontverlauf von 1914–1918

Du bist dran

Arbeite nach M4

- Beschreibe die Änderung der Fronten im Verlauf des Ersten Weltkrieges.

Der Kriegsverlauf

Deutsche Truppen marschierten im August 1914 über das neutrale Belgien in Frankreich ein. Sie wollten so einen schnellen Sieg im Westen erzwingen. Anschließend sollten sie Russland besiegen. Früher als erwartet aber griffen britische Truppen an der Seite der französischen Armee in den Krieg ein. Kurz vor Paris, am Fluss Marne, kam der deutsche Angriff zum Stehen.

Stellungskrieg im Westen Nun begann an der Westfront, auf einer Linie von 700 Kilometern – vom Ärmelkanal bis zur Schweiz – ein zermürbender Stellungskrieg: Die Soldaten beider Seiten hoben Schützengräben aus. Diese waren mit Unterständen und Stacheldrahtverhauen gesichert. Unter massivem Einsatz von Waffen und Kriegsmaterial kämpften sie unter riesigen Verlusten an Menschenleben um einige Meter Boden. Keine Armee konnte dabei einen entscheidenden Durchbruch herbeiführen.

Italiens Kriegseintritt Auch der österreichische Plan, Serbien in kürzester Zeit zu besiegen, scheiterte. Erst 1915 konnte Serbien mit Hilfe Deutschlands und Bulgariens geschlagen werden. Im selben Jahr entstand eine neue Front im Süden: Italien war zu den Alliierten übergetreten. Diese hatten ihnen nämlich im Falle eines Sieges die österreichischen Gebiete Südtirol und Triest versprochen. In elf Schlachten am Fluss Isonzo und in den Dolomiten erlitten die österreichisch-ungarische und die italienische Armee schwerste Verluste.

Neue Technik, neue Waffen Die Armeen brachten hoch entwickelte, neue Waffen, zB schwere Kanonen, Granatwerfer, Maschinengewehre, Handgranaten, Giftgas, Tanks (gepanzerte Kampfwagen), U-Boote, Luftschiffe usw. zum Einsatz. Die Technik begann den Krieg zu beherrschen. Dabei starben fast 10 Millionen Soldaten.

Der Kriegseintritt der USA entscheidet den Krieg

Der U-Boot-Krieg Großbritannien hatte eine wirksame Seeblockade verhängt: Bald litten die Mittelmächte am fehlenden Rohstoff- und Lebensmittelnachschub. Deshalb begannen die deutschen Schiffe in britischen Gewässern auch neutrale Handelsschiffe anzugreifen. Im jetzt folgenden U-Boot-Krieg wurden auch Amerikaner getötet. Dies führte 1917 zum Kriegseintritt der USA auf Seiten der Alliierten. Mitgespielt hat auch, dass die Entente-Mächte bei den USA riesige Kredite zur Finanzierung des Krieges aufgenommen hatten. Im Falle ihrer Niederlage wäre dieses Geld für die USA wohl verloren gewesen.

Sieg der Alliierten Mit dem Kriegseintritt der USA hatte sich der europäische Krieg endgültig zu einem Weltkrieg ausgeweitet. Amerika lieferte den Alliierten nun gewaltige Mengen an Kriegsgerät. Im Sommer 1918 standen rund 600 000 amerikanische Soldaten auf französischem Boden. Die bestens ausgerüsteten amerikanischen Truppen trugen entscheidend zum Sieg der Alliierten bei. Ein letzter Großangriff der Mittelmächte im Westen Anfang November 1918 scheiterte. Damit war der Krieg für die Mittelmächte endgültig verloren.

Einsatz von Giftgas: Ab 1915 setzten die Deutschen Giftgas ein. Gasmasken gehörten von da an zur Ausrüstung. Ein Gasangriff wurde von den Soldaten sehr gefürchtet: Verätzte Lungen und Erblindungen konnten die grauenhaften Folgen sein. (Foto 1915)

Der französische Soldat Augustin Cochin schrieb im April 1916:

Q Die letzten zwei Tage in eisigem Schlamm, unter furchtbarem Artilleriefeuer, mit keiner anderen Deckung als der Enge des Grabens. (…) Natürlich (haben die Deutschen) nicht angegriffen, das wäre auch zu dumm gewesen. (…) Ergebnis: Ich bin hier mit 175 Mann angekommen und mit 34 zurückgekehrt, von denen einige halb verrückt geworden sind. (…) Sie antworteten nicht mehr, wenn ich sie ansprach.

Der deutsche Soldat Karl Fritz schrieb im August 1916:

Q Drei Tage lang lagen wir in den Granatlöchern, dem Tod ins Auge sehend, ihn jeden Augenblick erwartend. Dazu kein Tropfen Wasser und der entsetzliche Leichengestank. Die eine Granate begräbt die Toten, die andere reißt sie wieder heraus. Will man sich eingraben, kommt man gleich auf Tote. Ich hatte eine Gruppe, doch gebetet hat jeder für sich. Das Schlimmste ist das Ablösen, das Rein und Raus. Durch das ständige Sperrfeuer. Hinzu gings durchs Fort Douaumont, so was habe ich noch nie gesehen. Hier liegt alles voll schwer Verwundeter und riecht nach Toten. (…) Wir hatten ungefähr 40 Tote und Verwundete. (…) Das war noch wenig für eine Kompanie, wie man hörte. Alle sahen bleich und verzehrt aus. Ich will Euch nicht noch mehr Elend erzählen. (http://www.braunschweigspiegel.de)

Schlacht von Verdun: Traurige Berühmtheit erlangte die Schlacht um Verdun. Mit einem gigantischen Aufwand an Kriegsmaterial versuchten die Deutschen 1916 diese französische Festung zu erobern. In der „Hölle von Verdun" starben ca. 700 000 deutsche und französische Soldaten. Am Frontverlauf aber änderte sich nichts. Zurück blieb eine kraterförmige Mondlandschaft. (Foto 1916)

Du bist dran — *Arbeite nach M1*

- Schildere mit Hilfe der beiden Briefe, welchen Situationen und Gefahren die Soldaten auf beiden Seiten ausgeliefert waren.
- Arbeite aus den Schilderungen der beiden Soldaten Gemeinsamkeiten und Unterschiede mit dem Autorentext und den beiden Fotos heraus.

Du bist dran — *Arbeite nach A2*

- Diskutiert in der Klasse, ob der Titel des Kapitels „Die Schrecken eines modernen Krieges" passend gewählt ist. Begründet eure Ansichten.

Kriegsalltag für Frauen und Kinder

„Der kleine Soldat": Titelseite der satirischen Zeitschrift „Lustige Blätter" zu Weihnachten 1915 (Farbdruck nach Aquarell von Ernst Heidemann, aus: Lustige Blätter, Titelseite, 30. Jg., Nr. 49, 70. Kriegsnummer, Berlin, Sammlung Archiv für Kunst und Geschichte)

Du bist dran

Arbeite nach M2

- Beschreibe die beiden Bilder oben.
- Arbeite Unterschiede und Gemeinsamkeiten heraus. Beachte dabei auch, welche Gefühle der abgebildeten Personen zu erkennen sind.
- Interpretiere die Aussagen der beiden Darstellungen in Hinblick auf den Weltkrieg.

Sammelt Maikäfer!

Die Schädlinge der Land- und Forstwirtschaft, der Gärtnerei und des Obstbaues.

Morgens Laubbäume abschütteln! Diese Woche beste Sammelzeit!

Die Käfer zur Abtötung mit siedendem Wasser überbrühen.

Maikäfer
ein gutes Hühner- und Schweinefutter!

Im Ofen getrocknete Maikäfer sind ein sehr gutes Winterfutter für die Hühner. Desgleichen Schweinefutter.

Maikäfer kauft
die Grazer Abfallverwertung des k. k. Landes-kultur-Inspektorates, Graz, Prankergasse Nr. 25

zu 20 Heller für das Kilo
abgetöteter, jedoch frischer Käfer.

Maikäfer-Sammlung Der Nahrungs-mittel- und Rohstoffmangel führte zu vielfältigen Sammelaktionen. (Plakat, Graz, 1917)

Abendgebet: Eine Mutter betet mit ihren Kindern für den Vater, der an der Front kämpft. (Kolorierte Zeichnung, 1916)

Hunger und Not auch hinter der Front

Auswirkungen auf die Zivilbevölkerung Die anfängliche Kriegsbegeisterung war bald verschwunden, als die ersten Todesnachrichten von der Front eintrafen und schwer verwundete Soldaten heimkamen. Bald wurde klar, dass dieser Krieg lange dauern und sehr viele Opfer fordern sollte. Die Menschen in Österreich und Deutschland spürten zunehmend die Auswirkungen der britischen Seeblockade. Kleidung, Schuhe, Seife und andere Dinge des täglichen Lebens wurden Mangelware.

Lebensmittelkarten Auch Lebensmittel waren knapp und teuer. Die zugeteilten Mengen reichten kaum zum Überleben. Überall wurden Kriegsgärten angelegt. Die Menschen nützten jedes Stück Erde zur Produktion von Nahrungsmitteln. In Zeitungen und Kochbüchern veröffentlichte man Kriegsrezepte: Aus wenigen und schlechten Zutaten sollten sättigende Gerichte gekocht werden.

Sparen an der Heimatfront:

D Gespart werden musste bei allem. Um die hellen Tagesstunden auszunützen und Brennstoffe wie Kerzen und Petroleum zu sparen, wurde 1916 die Sommerzeit eingeführt. Auf Plakaten, Kundmachungen und Flugblättern wurden Frauen und Kinder zu Sammelaktionen aufgefordert, alle noch verfügbaren Mittel für den Krieg bereitzustellen: Papier für Schuheinlagen, Kirchenglocken für Munition, Vorhänge für Verbandsstoff, Maikäfer als Futter für Hühner und Schweine. (https://www.demokratiewebstatt.at/thema/thema-100-jahre-erster-weltkrieg/ueberleben-im-krieg/)

Frauen müssen die Männer ersetzen

Intensive Propaganda Die Regierungen der einzelnen Staaten betrieben während des Krieges eine intensive Propaganda: In Zeitungen erschienen Kriegsberichte, Abbildungen, Kriegslieder und -gedichte. Die Gegner wurden darin sehr negativ, die eigene Sache als einzig gerecht dargestellt. Die Bevölkerung sollte so zur Opferbereitschaft und zum Durchhalten veranlasst werden.

Der „totale Krieg" Im 19. Jh. waren hauptsächlich die Soldaten an den Fronten vom Krieg betroffen. Manche Historikerinnen und Historiker bezeichnen den Ersten Weltkrieg als den ersten „totalen Krieg". Damit ist gemeint, dass sich der Alltag aller Menschen, ob Kinder, Frauen, Alte, durch den Krieg massiv veränderte. Auch die Frauen wurden in den Dienst des Krieges gestellt. Da die Männer an der Front waren, mussten die Frauen sie in der Industrie, im Handwerk, in der Landwirtschaft und im öffentlichen Dienst, zB als Straßenbahnfahrerinnen, ersetzen. Ihre Arbeit wurde schlecht bezahlt, Überstunden und Nachtarbeit waren häufig.

Die furchtbare Bilanz des Krieges

Die Kriegsanleihen Der enorme Einsatz von Kriegsmaterial verschlang immer mehr Geld. Die Staaten holten sich dieses vor allem durch Kriegsanleihen*: Das waren Papiere, die nach dem Krieg mit großem Gewinn eingelöst werden sollten. Viele Österreicherinnen und Österreicher sowie Deutsche, die ihre gesamten Ersparnisse in Kriegsanleihen gesteckt hatten, erhielten nach dem verlorenen Krieg nichts zurück und verarmten.

Hungersnot In den letzten beiden Kriegsjahren gingen die Rohstoffe zu Ende, eine Hungerkatastrophe drohte. Die Menschen waren erschöpft und kriegsmüde. Es kam zu Streiks, viele forderten die Beendigung des Krieges.

Millionen Tote, Milliarden Kosten Die Bilanz des Ersten Weltkrieges ist erschreckend: beinahe zehn Millionen gefallene und 21 Millionen verwundete Soldaten. Nicht enthalten in diesen Zahlen sind die vielen Millionen Menschen, die während und nach dem Krieg an Hunger und Seuchen starben. Die Kosten des Krieges betrugen die ungeheure Summe von etwa 200 Milliarden US-Dollar.

„Wir spielen Weltkrieg" In diesem Bilderbuch wurde der Weltkrieg als lustiges Kostümabenteuer dargestellt. Ein Teil der Einnahmen aus dem Verkauf ging an das Rote Kreuz und andere Hilfsorganisationen. (E. Kutzer, A. Brunner, Wir spielen Weltkrieg! Wien, 1915)

Millionen Frauen wurden zur Arbeit in Rüstungs- und Munitionsbetrieben verpflichtet. (Foto 1916, Deutschland)

In einer deutschen Zeitung erschien 1918 diese „Todesanzeige"

Allen Verwandten, Freunden, Bekannten und Leidensgenossen geben wir hiermit die tief traurige Nachricht, dass unser innigstgeliebtes

Letztes Brot

im zarten Alter von kaum fünf Tagen, wohl geschmiert mit Marmelade aus der Fabrik Kohl und Steckrübe, sanft und schmerzlos in unseren Magen eingegangen ist.
Wegen seiner Hunger stillenden Güte war es der Trost unserer ganzen Familie
…
Von Beileidsbesuchen bitten wir absehen zu wollen; stattdessen wären uns einige Brote, Butter, Speck, Eier usw. sehr erwünscht.
Allüberall, im Jahr des Weltkrieges 1918.

Die trauernden Hinterbliebenen

Peter Kohlendamp
Erna Fettlos geb. Nimmersatt
Paul Hungrig
Lilly Butterlos geb. Ohnespeck
Hans Eierlos
Sybille Unterernährt

(In: R. Oberschelp u.a., Stimmungsbilder aus dem Oberharz)

Du bist dran

- Formuliere mindestens drei Fragen im Zusammenhang mit dem Bilderbuch „Wir spielen Weltkrieg".

Du bist dran

Schreibwerkstatt

- Stelle dir vor, du erlebst als Jugendliche, als Jugendlicher den Ersten Weltkrieg. Dein älterer Bruder und seine Freunde sind als Soldaten an der Front. Verfasse einen Brief an ihn, in dem du von deinem schwierigen Alltag zu Hause berichtest.

Du bist dran

- Erkläre, auf welche Umstände diese „Todesanzeige" hinweisen will. Beachte vor allem die Namen.

Friedensverträge und Neuordnungen

Europa vor und nach dem Ersten Weltkrieg

Eine neue Staatenwelt

Der Erste Weltkrieg verändert Europa Vier Großmächte – Österreich-Ungarn, Deutschland, Russland und das Osmanische Reich – zerfielen oder veränderten sich entscheidend. Neue Staaten, vor allem auf dem Boden der ehemaligen Habsburgermonarchie, entstanden. In Österreich wurde die Republik ausgerufen. Auch Deutschland erhielt eine demokratische Staatsform – die Weimarer Republik*. – *Weimar geschlossen*

Im Nahen Osten: Grenzziehungen mit dem Lineal Schon 1916, also noch mitten im Krieg, schlossen die Briten und die Franzosen ein geheimes Abkommen. Es betraf die Aufteilung des Osmanischen Reiches nach dem Sieg. Die Grenzziehung erfolgte dabei willkürlich. Sie folgte den Interessen der Kolonialmächte. So entstanden nach dem Krieg im Nahen Osten ein französisches und ein britisches Einflussgebiet. Diese wurden teilweise direkt, teilweise indirekt, zB durch Völkerbundmandate*, von ihnen beherrscht und kontrolliert. Bis 1948 gingen aus diesen Mandatsgebieten der Kolonialmächte die heutigen Staaten hervor.

Du bist dran · Arbeite nach M4

- Arbeite mit Hilfe der Karte die wichtigsten Veränderungen in Europa heraus. Ermittle, welche Staaten nach dem Krieg neu entstanden.

Jugoslawien, Polen, Estland, Lettland, Litauen, Checoslowakai (ČSR), Finnland, Türkei, Österreich, Ungarn, Sowjetunion

Du bist dran · Arbeite nach M1+A1

- Lege mit Hilfe der Textquelle dar, welche Folgen die 1916 beschlossenen Grenzziehungen bis heute haben.
- Recherchiere zu den gegenwärtigen Konflikten und Krisen in Syrien, Israel und Palästina (Suchbegriffe: Konflikt Israel Palästina, Konflikt Syrien). Verwende für deine Recherche drei verschiedene Webseiten.
- Überprüfe mit Hilfe deiner Recherche-Ergebnisse und der Textquelle die Zusammenhänge zwischen den damaligen Grenzziehungen und den heutigen Konflikten. Begründe deine Meinung.

Die Wissenschafterin Katharina Lange über die Folgen des Ersten Weltkrieges im Nahen Osten:

Q (…) die von den Siegermächten des Ersten Weltkriegs entschiedenen Grenzziehungen und die Schaffung neuer Staaten nach 1918 hatten weitreichende politische Folgen und trugen maßgeblich zur Entstehung von Konflikten bei, die die Region bis heute erschüttern. Nicht zuletzt die willkürlichen Grenzziehungen führten dazu, dass die Legitimität (= Rechtmäßigkeit) der neugeschaffenen Staaten wiederholt in Frage gestellt wurde. (…) Beispiele sind die Konflikte in Israel/Palästina sowie die ungelöste Frage kurdischer Selbstbestimmung (…) im Grenzgebiet der heutigen Staaten Syrien, Türkei, Iran und Irak. Die auch in der Nachkriegszeit immer wieder gemachte Erfahrung, dass die europäischen Mächte (…) nach rein machtpolitischen Gesichtspunkten handelten und die Wünsche der lokalen (= örtlichen) Bevölkerung in keiner Weise berücksichtigten, führte zu einem tiefen Misstrauen gegenüber europäischer und US-amerikanischer Politik in der Region. Dieses Misstrauen prägt das Politikverständnis großer Teile der Bevölkerung des Nahen Ostens bis heute.
(In: Katharina Lange, Grenzen auf dem Reißbrett – Der Erste Weltkrieg und seine Folgen im Nahen Osten)

[handschriftliche Notizen: USA nicht dabei — aussprechen — auseinandersetzung nicht in krieg enden — mithilfe von Gesprächen und Miteinander einen langfristigen Frieden haben]

Unterschiedliche Vorstellungen vom Frieden

Die „14 Punkte" Der amerikanische Präsident Woodrow Wilson machte noch während des Krieges Vorschläge für eine Friedensordnung für Europa. In seinem 14-Punkte-Programm strebte er einen „Frieden ohne Sieger" an. Dazu kam noch die Gründung des Völkerbundes. In dieser Versammlung sollten Konflikte in Zukunft durch Verhandlungen friedlich gelöst werden. Der Völkerbund war aber nicht sehr erfolgreich. Dies hing auch damit zusammen, dass die USA nicht Mitglied des Völkerbundes wurden. Zudem waren Deutschland und das revolutionäre Russland zunächst davon ausgeschlossen. Dennoch gilt die Gründung des Völkerbundes als Pionierleistung: Er war der erste Versuch, eine weltweite Friedensordnung aufzustellen. *[handschriftlich: Vorreiter der UNO (Frieden ganzen Welt)]*

Die Friedensverträge Einige Monate nach der Niederlage der Mittelmächte schlossen die Siegerstaaten mit diesen Friedensverträge. Die Vertreter der besiegten Staaten – Deutschland, Österreich (S. 123) und Ungarn – hatten kein Mitspracherecht in den Friedensverhandlungen. Sie hatten die harten Bedingungen zu akzeptieren.

Deutschland muss den Vertrag von Versailles unterzeichnen

Der Vertrag von Versailles Frankreich war im Krieg der Hauptgegner Deutschlands gewesen. Der Versailler Vertrag sollte sicherstellen, dass Deutschland in Zukunft keine militärische Bedrohung mehr sein werde. Die wichtigsten Punkte waren:
• Beschränkung der deutschen Streitkräfte auf ein kleines Berufsheer ohne schwere Waffen,
• Verlust von etwa 10% der Bevölkerung und 13% seines Gebietes und aller Kolonien,
• Zahlung von Reparationen (Leistungen zur Wiedergutmachung) in Geld oder Industriewaren,
• Beitritt zum Völkerbund.

Empörung in Deutschland Die deutsche Regierung nahm den Versailler Vertrag unter Protest an. Deutschland wurde dazu noch die alleinige Kriegsschuld angelastet. Dies empörte die deutsche Bevölkerung. In den folgenden Jahren kämpften nationalistische, auf Revanche (= Rache) sinnende Kräfte gegen die Bestimmungen von Versailles. Besonders die Nationalsozialisten setzten ihren Kampf gegen das „Diktat von Versailles" als Propagandamittel ein.

Probleme und Krisen in der Zwischenkriegszeit

Große gesellschaftliche Veränderungen Angesehene Gruppen wie die Offiziere verloren an Macht. Die Arbeiterschaft gewann an Einfluss. Kriegerwitwen und -waisen, heimgekehrte Soldaten und Arbeitslose erwarteten die materielle Unterstützung des Staates. Wirtschaftliche Not, vor allem in Deutschland und Österreich, machte dies aber unmöglich.

Europas neue Republiken sind nicht stabil Viele Menschen wandten sich in der Folge von den neuen demokratischen Regierungen verbittert ab. Die wirtschaftlichen und politischen Krisen führten in vielen der jungen europäischen Republiken zur Ausbildung von Diktaturen.

Neue Weltmacht Die USA waren mit ihrem erfolgreichen Eingreifen in den Ersten Weltkrieg zur Weltmacht aufgestiegen. Europa hingegen verlor seine Vormachtstellung.

„Auch Sie haben noch ein Selbstbestimmungsrecht: Wünschen Sie, dass Ihnen die Taschen vor oder nach dem Tod ausgeleert werden?" wird der Deutsche von den Siegern gefragt. (Karikatur von T. T. Heine aus der Zeitschrift „Simplicissimus", 1919, Kunstbibliothek, Staatliche Museen zu Berlin)

Du bist dran   **Arbeite nach M2**

- Beschreibe die Karikatur (Personen, Vorgang etc.).
- Erkläre mit Hilfe des Autorentextes die Aussage der Karikatur.
- Beurteile, ob der Karikaturist die Sicht der Deutschen oder die Sicht der Siegermächte darstellte. Begründe deine Meinung.

Kriegsinvaliden Jedem dritten Soldaten, der aus dem Krieg heimkehrte, fehlte ein Arm oder ein Bein. (Foto 1916)

Das Humanitäre Völkerrecht: Regeln im Krieg

Die Schlacht von Solferino 1859: Der Schweizer Geschäftsmann Henri Dunant stellte nach der Schlacht von Solferino entsetzt fest, dass tausende verwundete Soldaten ohne medizinische Hilfe auf dem Schlachtfeld zurückgelassen wurden. Gemeinsam mit fünf anderen Personen gründete er das „Internationale Komitee der Hilfsgesellschaft für die Verwundetenpflege", das künftige Internationale Komitee vom Roten Kreuz. 1864 unterzeichneten zwölf Staaten die „1. Genfer Konvention zum Schutz von verwundeten Soldaten und medizinischem Personal". Heute gibt es in fast allen Ländern der Welt Rotkreuz- und Rothalbmond-Gesellschaften. (Gemälde von unbekannt, „Henri Dunant in Solferino" 1859, Museo Nazionale del Risorgimento, Turin, Ausschnitt)

Du bist dran
Arbeite nach A2

- Diskutiert darüber, welches Verhalten von Staaten und Gruppen zu gewaltsamen Konflikten führen kann bzw. welches das friedliche Zusammenleben stärkt. Stellt danach einige „Regeln" auf.

Du bist dran
Arbeite nach A2

Das Humanitäre Völkerrecht sieht vor, dass im Falle eines Krieges bestimmte Personengruppen geschützt werden müssen.
- Erkläre, warum der Schutz folgender Personengruppen wichtig ist: Kinder, Frauen, Ärzte und Ärztinnen, Kranke, alte Menschen, Priester, Schiffbrüchige, Sanitäterinnen und Sanitäter, verwundete Soldaten.
- Diskutiert, welche Regeln speziell für Kinder aufgestellt werden müssen, die in Kriegsgebieten leben.

Du bist dran
Arbeite nach M2

- Fasse in eigenen Worten zusammen, welche die wichtigsten Ideen und Forderungen des Humanitären Völkerrechts sind.
- Erkläre anhand von Beispielen, welches Verhalten von Kriegsparteien gegen diese Grundsätze verstößt.

Krieg und Frieden

Was bedeutet eigentlich „Krieg"? Krieg ist ein uraltes Thema der Menschheit. Leider ist es auch heute noch aktuell: Täglich berichten Medien von Krieg und Gewalt. Der Name Krieg (mittelhochdeutsch kriec) bedeutet Kampf, Streit, Streben. Meist versteht man unter Krieg einen bewaffneten Konflikt zwischen zwei oder mehreren Staaten. Bekämpfen sich organisierte Gruppen innerhalb eines Staates, so spricht man von Bürgerkrieg. Ziele in Kriegen sind meist der Gewinn von Gebieten, von Macht, wirtschaftlichen Vorteilen und die Durchsetzung von politischen oder religiösen Vorstellungen.

Frieden Das ist ein Zustand gewaltlosen Zusammenlebens von Menschen, Gruppen oder Staaten. Auch Konflikte werden ohne Gewalt ausgetragen. Krieg zur Durchsetzung von Politik ist also dabei ausgeschlossen.

Das Humanitäre Völkerrecht Es gibt schon lange Überlegungen und Vorschläge, welche Regeln in einem Krieg die Menschlichkeit (lat. humanitas) einigermaßen bewahren könnten. Die wichtigsten Regelungen des Humanitären Völkerrechts sind die Haager Abkommen* (1899 und 1907) und die Genfer Abkommen (auch Konventionen genannt). Unter das Humanitäre Völkerrecht fallen besondere Bestimmungen des Völkerrechts*: Diese schützen im Fall eines Krieges oder eines bewaffneten Konflikts Menschen, Gebäude, Infrastruktur, Umwelt und Kulturgüter vor den Auswirkungen der Kampfhandlungen. Das Humanitäre Völkerrecht regelt auch den Einsatz von Waffen und Kampfmethoden und die Behandlung geschützter Personen (zB verwundete Soldaten, Kriegsgefangene und am Krieg nicht beteiligte Personen wie Frauen, Kinder, alte Menschen). Ansatzweise enthält es auch Bestimmungen für die strafrechtliche Verfolgung von Kriegsverbrechen.

Grundsätze des Humanitären Völkerrechtes

Q Weder die Konfliktparteien noch die Angehörigen ihrer Streitkräfte haben uneingeschränkte Freiheit bei der Wahl der zur Kriegführung eingesetzten Methoden und Mittel. So ist der Einsatz jeglicher Waffen und Kampfmethoden verboten, die überflüssige Verletzungen und unnötige Leiden bewirken. Zum Zwecke der Schonung der Zivilbevölkerung und ziviler Objekte ist jederzeit zwischen Zivilbevölkerung und Kombattanten (= kämpfende Soldaten) zu unterscheiden. Weder die

Zivilbevölkerung als Ganzes noch einzelne Zivilisten dürfen angegriffen werden. Angriffe dürfen ausschließlich auf militärische Ziele gerichtet sein.

In der Gewalt einer gegnerischen Partei befindliche Kämpfer und Zivilisten haben Anspruch auf Achtung ihres Lebens und ihrer Würde. Sie sind vor jeglichen Gewalthandlungen oder Repressalien zu schützen.

Es ist verboten, einen Gegner, der sich ergibt oder zur Fortsetzung des Kampfes nicht in der Lage ist, zu töten oder zu verletzen. (http://www.auswaertigesamt.de)

Rotes Kreuz und Genfer Abkommen   Die wichtigste Einrichtung zur Förderung des Humanitären Völkerrechts ist das Internationale Komitee vom Roten Kreuz (IKRK). Die Arbeit des Roten Kreuzes beruht auf den vier Genfer Konventionen. Diese ab 1864 mit vielen Staaten der Welt getroffenen Abkommen wurden 1949 zusammengefasst. Ergänzt wurden sie ab 1977 durch Zusatzprotokolle.

Artikel 27 der Genfer Abkommen (1949)

Q Die geschützten Personen haben unter allen Umständen Anspruch auf Achtung ihrer Person, ihrer Ehre, ihrer Familienrechte, ihrer religiösen Überzeugungen (…), ihrer Gewohnheiten. Sie werden jederzeit mit Menschlichkeit behandelt und insbesondere vor Gewalttätigkeit oder Einschüchterung, vor Beleidigungen und der öffentlichen Neugier geschützt. Die Frauen werden besonders vor jedem Angriff auf ihre Ehre und vor Vergewaltigung (…) geschützt.
(In: Kimminich, Otto: Einführung in das Völkerrecht. München, 1990)

Über die Bedeutung und die Aufgaben des Roten Kreuzes:

Q Ein rotes Kreuz auf weißem Grund ist ohne Zweifel mehr als bloß ein Zeichen: Wo immer man ihm begegnet, kann man sicher sein, dass auch im schlimmsten Grauen und in der größten Not jemand für Menschlichkeit sorgt. Seit 150 Jahren kennzeichnet das Rote Kreuz in dieser einheitlich-einprägsamen Form ihre Mitarbeiter und Einrichtungen. In den Krisenherden der Welt, von Syrien über Mali, den Jemen, Kongo und Afghanistan, sind tausende Rotkreuz-Mitarbeiter im Einsatz. Die Konflikte diktieren ihnen lange Listen mit Aufgaben, die sie zum Wohl der betroffenen Zivilisten und zum Schutz von Militärangehörigen ausführen. Manche davon, wie der Besuch und die Registrierung von Kriegsgefangenen, sind einzigartige Befugnisse, die im humanitären Völkerrecht verankert sind. In über 90 Ländern besuchten Rotkreuz-Mitarbeiter Kriegsgefangene, führen getrennte Familien zusammen, bauen Wasserleitungen, verteilen Saatgut, impfen Kinder, vergeben Mikrokredite, sichern die Versorgung mit Lebensmitteln und Medikamenten, betreiben Spitäler und Gesundheitsposten oder verhandeln international bindende Abkommen. (http://www.hvr-entdecken.info)

Schutzzeichen Das Rotkreuz-Zeichen stellt zu Ehren des Gründungslandes Schweiz das umgekehrte Wappen dar. Seit 1876 ist der Rote Halbmond in Verwendung, seit 2005 auch der Rote Kristall. Dieses Zeichen ist frei von religiöser Bedeutung. Es wird daher in Kriegsgebieten verwendet, in denen Kreuz und Halbmond nicht als neutral angesehen werden.

MENSCHLICHKEIT ÖSTERREICH 62
UNPARTEILICHKEIT
NEUTRALITÄT
UNABHÄNGIGKEIT
FREIWILLIGKEIT
EINHEIT
UNIVERSALITÄT   ÖSTERREICHISCHES ROTES KREUZ
Wir sind da, um zu helfen. **150 Jahre Rotes Kreuz**
M. HECHENBERGER   2013

Sonderbriefmarke (2013) anlässlich 150 Jahre Rotes Kreuz in Österreich. Darauf sind die sieben Grundsätze des Roten Kreuzes angeführt.

Du bist dran   Arbeite nach M2

- Erläutere anhand von Beispielen, was unter den sieben Grundsätzen des Roten Kreuzes verstanden werden kann.

Du bist dran   Arbeite nach M1+A1

- Arbeite aus der Textquelle die Aufgaben des Roten Kreuzes heraus.
- Beurteile die humanitären Einsätze des Roten Kreuzes in Kriegsgebieten.
- Recherchiere über die Aktivitäten des österreichischen Jugendrotkreuzes.

Von Kriegen und Friedensschlüssen

- **Von kleinen Aufständen zum Großen Bauernkrieg** Gleichzeitig mit Luthers Kampf gegen die katholische Kirche erhoben sich auch die Bauern in den deutschen Ländern und stellten Forderungen an ihre Herren. Als diese abgelehnt wurden, kam es zu Aufständen in verschiedenen Teilen des Reiches. All diese Bauernheere wurden aber von den Adelsheeren besiegt (1526). Bei diesen Kämpfen und den folgenden Strafgerichten wurden mindestens 100 000 Bauern getötet.

- **Vom Dreißigjährigen Krieg und Westfälischen Frieden** Der Prager Fenstersturz (1618) war Auslöser des Dreißigjährigen Krieges. Der protestantische „Winterkönig" Friedrich wurde besiegt. Böhmen wurde bis 1918 habsburgisches Erbkönigtum. Aus dem Glaubenskrieg wurde ein europäischer Machtkampf: Dänemark, Schweden und das katholische Frankreich unterstützten die Protestantische Union gegen die Katholische Liga. Mit dem Westfälischen Frieden zerfiel das Heilige Römische Reich in viele unabhängige Einzelstaaten. Der Kaiser war seither nur noch dem Namen nach Oberhaupt des Reiches.

- **Vom Aufstieg und Fall Napoleons** 1799 stürzte Napoleon die Regierung in Paris und krönte sich 1804 zum Kaiser der Franzosen. Die neue Verfassung bestimmte die Trennung von Kirche und Staat; außerdem trat ein modernes Bürgerliches Gesetzbuch in Kraft. Napoleon eroberte in zahlreichen Kriegen fast ganz Europa. Schließlich erlitt er aber entscheidende Niederlagen (Russland, Völkerschlacht bei Leipzig, Waterloo).

- **Wiener Kongress – zurück zur alten Ordnung** Nach dem Sturz Napoleons wurde bei dieser Konferenz Europa neu geordnet. Großbritannien, Russland, Preußen, Frankreich und Österreich beschlossen die Wiederherstellung der politischen und gesellschaftlichen Verhältnisse vor der Französischen Revolution.

- **Der Erste Weltkrieg – Anlass, Ursachen, Verlauf** Geheime Militärbündnisse, das Wettrüsten und die Krise am Balkan waren wichtige Ursachen. Unmittelbarer Anlass war die Ermordung des österreichischen Thronfolgers Franz Ferdinand 1914. Vier Jahre lang bekämpften sich die Truppen der Mittelmächte und der Entente. Entscheidend war dabei der Kriegseintritt der USA auf Seiten der Entente. Er endete 1918 mit der Niederlage der Mittelmächte.

- **Schrecken und Bilanz dieses modernen Krieges** Viele neue Waffen kamen in den Materialschlachten und im Stellungskrieg zum Einsatz. An der Heimatfront mussten Frauen die Männer in der Rüstungsindustrie ersetzen. Gesamtbilanz: fast zehn Millionen gefallene, 21 Millionen verwundete Soldaten sowie viele Millionen Zivilistinnen und Zivilisten, die an Hunger und Seuchen starben.

- **Die Friedensverträge von Paris – neue Staaten entstehen** Die Großmächte Österreich-Ungarn, Deutschland, Russland und das Osmanische Reich zerfielen bzw. veränderten sich stark. Anstelle der Monarchien wurden in den neuen Staaten Republiken ausgerufen.

- **Humanitäres Völkerrecht und Völkerbund** Mit dem ersten Genfer Abkommen (1864) und den beiden Haager Abkommen von 1899 und 1907 wurde das Humanitäre Völkerrecht begründet. Es regelt die Methoden der Kriegsführung und die Behandlung geschützter Personen. Der Völkerbund wurde 1920 als Friedensorganisation zur Beilegung von internationalen Konflikten gegründet.

Wir trainieren Kompetenzen

1. Arbeitsauftrag: Überprüfe, ob der Autorentext und die Textquellen auf den Seiten 120/121 die in der Überschrift formulierte Fragestellung beantworten.

2. Arbeitsauftrag: Zwei Bürger unterhalten sich im Herbst 1815 über die Ergebnisse des Wiener Kongresses. Sie sind unterschiedlicher Meinung. Schreibe einen Dialog.

3. Arbeitsauftrag: Lies die beiden Darstellungen. Vergleiche die beiden Texte und formuliere die Fragestellungen, die die beiden Autoren vor dem Verfassen ihrer Texte gestellt haben.

4. Arbeitsauftrag: Erörtere, welche Quellen die beiden Autoren genutzt haben könnten, um zu ihren Ergebnissen zu kommen.

Der Historiker Ludger Grevelhörster zur Kriegsschuldfrage, 2004

Ohne die deutsche Rückendeckung (…) wäre Österreich-Ungarn nicht in der Lage gewesen, Serbien anzugreifen. (Damit) (…) hatte Berlin die Verschärfung der Julikrise entscheidend herbeigeführt und konsequenter als die anderen Mächte auf ein Weitertreiben des Konflikts gesetzt. Aber auch die Führung in Wien versagte, indem sie sich mit der serbischen Antwortnote auf ihr Ultimatum nicht zufrieden gab. (…) Weiterhin trug besonders die Entscheidung der russischen Regierung vom 30. Juli zur Anordnung der allgemeinen Mobilmachung maßgeblich zum Ausufern des Konflikts bei. (…) Anders als es vielen Zeitgenossen erschien, handelte es sich bei dem Ausbruch des Krieges also keineswegs um eine unaufhaltsame (…) Entwicklung. (…) Denn keine der an den Entscheidungen dieser Wochen beteiligten Regierungen musste so handeln, wie sie es tat.
(In: Ludger Grevelhörster: Der Erste Weltkrieg und das Ende des Kaiserreichs. Geschichte und Wirkung)

Kriegsschuld

Das Deutsche Reich hatte in den Jahren vor dem Krieg stark aufgerüstet. Die Armee zählte 800 000 Mann. Es war eine Zeit der großen Begeisterung für alles Militärische, gerade auch für die neue Kriegsflotte. (…)
Großbritannien sah sich durch die deutsche Flotte in seiner Herrschaft über die Weltmeere bedroht. Großbritannien war die Supermacht dieser Zeit, mit Kolonien rund um den Globus.
Auch Frankreich hatte ein Kolonialreich. Mit Großbritannien hatte es sich nach langen Konflikten verbündet, aber nicht mit Deutschland, dem „Erzfeind". Der letzte Krieg 1870/71 endete mit der französischen Niederlage, die nicht verwunden war. Auch Frankreich rüstete sich und verfolgte den Aufstieg Deutschlands zur stärksten Macht auf dem Kontinent mit großer Beunruhigung.
Russland wiederum war mit Frankreich und Großbritannien verbündet, nach langen Kriegen und Konflikten. Auch der russische Zar Nikolaus II. war beunruhigt über den Machtzuwachs des Deutschen Reiches und dessen Ambitionen.
(In: Knut Weinrich, Erster Weltkrieg. Kriegsschuld. 19.1.2017)

Identitäten, Parteien und Wahlen

mb68ye

Jugend und Politik (Collage von A. Sancha und A. Fellner nach einem Entwurf von D. Pichler, 2018)

Wer bin ich, was macht mich als Person aus? Wie sehe ich mich, wie sieht mich mein Gegenüber? Das alles hat mit unserer Identität zu tun. Wir alle besitzen mehrere davon: in Bezug auf unsere Herkunft, unser Geschlecht, unsere Hobbys usw. Diese Identitäten prägen unser Verhalten und auch unsere politischen Einstellungen. Eine funktionierende Demokratie braucht mehrere Parteien und regelmäßige Wahlen. Doch wofür stehen die verschiedenen Parteien in Österreich? Und ab welchem Alter soll man wählen dürfen?

Auf den folgenden Seiten sollst du erfahren:
- welche unterschiedlichen Identitäten Menschen besitzen.
- was „Selbstbild" und „Fremdbild" bedeuten.
- was Nationalismus ist und wann er gefährlich werden kann.
- wie sich das Wahlrecht in Österreich entwickelt (hat).
- was man unter direkter und indirekter Demokratie versteht.
- wozu man in einer Demokratie Parteien braucht und welche es in Österreich gib.

Identität: was mich ausmacht

Lara zum Thema „Meine vielen Identitäten"

Q *Ich bin Snowboarderin.
*Ich bin meistens gesund.
*Ich bin Besitzerin eines Sparbuches.
*Ich bin eine durchschnittliche Schülerin.
*Ich bin Salzburgerin.
*Ich bin Mitglied einer „Girl-Band".
*Ich bin die kleine Schwester von zwei älteren Brüdern.
*Ich bin sehr umweltbewusst.
*Ich bin Mitglied beim Jugendrotkreuz.
*Ich bin meinen alten Nachbarn oft behilflich.
*Ich bin Instagram-und Youtube-Userin.
*Ich bin Mitglied der evangelischen Kirche.
*Ich bin Hip-Hopperin.
*Ich bin die beste Freundin von Anna und Mario.

Du bist dran

- Ordne die einzelnen Aussagen Laras den fünf Bereichen (Text) bzw. fünf Säulen (siehe Schaubild) zu.
- Erstelle eine ähnliche Liste über deine Identitäten.
- Gestalte mit Hilfe dieser Liste eine Collage zum Thema „Das macht mich aus":
  - Schreibe in die Mitte eines Plakates deinen Namen (oder Spitznamen).
  - Teile das Plakat in fünf Bereiche auf. Sie sollen den oben dargestellten Bereichen entsprechen.
  - Bringe auf dem Plakat Begriffe, Sätze, Zeichnungen, Bilder etc. an, die dich möglichst gut beschreiben.
  - Präsentiert eure Plakate in der Klasse.

Säulen der Identität

Das 5-Säulen-Modell der Identität Es wurde vom deutschen Psychologen Hilarion Petzold entwickelt.

Die Frage nach der Identität Wichtige Fragen der Gegenwart, zB die Asyl-Thematik, die Krise der Europäischen Union, Terrorismus, Bürgerkriege usw. haben etwas zu tun mit der Frage nach Identität. Auch wie wir persönlich mit Menschen umgehen, welche politischen Meinungen und Handlungen wir entwickeln, hat viel mit unserer Identität zu tun. Es ist daher wichtig zu wissen, was wir unter Identität eigentlich verstehen.

Was macht mich als Person aus? Wer bin ich? Zu wem gehöre ich? Wie will ich von mir selbst, wie von anderen gesehen bzw. nicht gesehen werden? Zu welchen Gruppen gehöre ich? Welche Rolle will ich in der Klasse, in der Familie, im Verein spielen? Vielleicht hast du dir solche und ähnliche Fragen schon gestellt. Vielleicht in einer Situation, in der du Probleme oder Konflikte mit anderen hattest. Vielleicht auch, wenn andere etwas über dich gesagt haben, das dich überrascht hat. Eine Antwort auf derartige Fragen zu finden, ist schwierig. Es geht dabei um die eigene Identität.

Identität – ein Bild von sich selbst Man versteht unter Identität die Einzigartigkeit eines Lebewesens, insbesondere einer Person. Identität ist also die Persönlichkeit eines Menschen. Identität gehört von Anfang an zu einem Menschen. Sie entwickelt und verändert sich aber im Laufe des Lebens.

Ein Mensch – viele Identitäten

Wie Identität gebildet wird Unsere Identität setzt sich aus zahlreichen Bausteinen zusammen. Jeder Mensch besitzt viele Identitäten, abhängig davon, aus welcher Perspektive und von wem er betrachtet wird.

Körperlichkeit Auf die Bildung der Identität wirkt alles, was mit dem Körper zu tun hat, also auch die Gesundheit, das Aussehen etc.

Soziale Netzwerke Menschen sind verschiedenen Gruppen zugehörig. Sehr wichtig dabei ist das persönliche soziale Netzwerk: Familie, Freundeskreis, Mitschülerinnen und Mitschüler, Kolleginnen und Kollegen im Verein, Facebook-Kontakte usw.

Arbeit und Leistung Auch Tätigkeiten, die jemand verrichtet (Schulbesuch, Arbeit, Hobbys etc.), sind für die Identitätsbildung bedeutsam.

Materielle Sicherheit Ebenso wirken Geld, Nahrung, Kleidung und Wohnungssituation stark identitätsbildend.

Werte Die religiösen und politischen Überzeugungen eines Menschen, seine Traditionen und seine moralischen Vorstellungen sind ebenso Bausteine seiner Identität.

Selbstbild und Fremdbild Hat schon einmal jemand zu dir gesagt: „Du wirkst so stark auf mich!", während du dich aber schwach gefühlt hast? Oder hältst du dich für sehr hilfsbereit, während andere dir oft sagen, du seist egoistisch? Dann stimmt dein Selbstbild mit dem Fremdbild nicht überein. Das ist aber völlig normal: Selbstbild und Fremdbild unterscheiden sich immer. Wir alle haben eine Vorstellung oder ein inneres Bild davon, wer wir sind und was uns ausmacht. Dies bezeichnen wir als Selbstbild. Unser Gegenüber aber hat ein Fremdbild von uns: Andere Menschen sehen und beurteilen uns auf Grund ihrer persönlichen Erfahrungen und Erwartungen. Selbstbild und Fremdbild haben aber nichts mit Tatsachen zu tun: Sie sind das Ergebnis von persönlichen Wahrnehmungen und Bewertungen.

Selbstreflexion° Das Fremdbild wirkt auf uns und auf unser Selbstbild. Beide zusammen prägen unsere Identität. Es ist wichtig, das Selbstbild und Fremdbild immer wieder kritisch zu reflektieren (= gründlich nachzudenken über uns selbst, die eigenen Handlungen kritisch zu betrachten). So können wir leichter erkennen, wie und warum wir Handlungen vornehmen. Auch Veränderungen sind besser möglich.

Du bist dran — Arbeite nach A2

- Diskutiert über eure Plakate: Gemeinsamkeiten, Unterschiede, was euch jeweils überrascht hat, was ihr voneinander noch nicht wusstet etc.
- Erläutert, in welchen Texten bzw. bildlichen Darstellungen auf den Plakaten Urteile, Meinungen und Haltungen erkennbar sind. Erklärt, ob diese im weitesten Sinn etwas mit Politik zu tun haben. Wenn ja, was?

Bildung von Identität durch gemeinsam ausgeübte Hobbys Eine Gruppe von Mädchen beim gemeinsamen Skateboarden (Foto 2015)

Du bist dran

- Suche dir in der Klasse eine Partnerin bzw. einen Partner.
- Erstellt gemeinsam eine Sammlung von Eigenschaftswörtern (10–15). Diese sollten Bedeutung haben für ein positives politisches Handeln (zB tolerant, redebegabt, interessiert, …).
- Jede und jeder füllt in einem ersten Schritt das Selbstbild mit den gesammelten Begriffen aus, in einem zweiten Schritt das Fremdbild für eure Partnerin bzw. euren Partner.
- Wertet dann eure Ergebnisse aus und diskutiert sie.
- Erläutert, ob bzw. inwiefern Selbstbild und Fremdbild auseinanderklaffen.
- Erklärt, woran dies möglicherweise liegen könnte.

Selbstbild und Fremdbild – eine Reflexion zum Thema
„Eigenschaften für positives politisches Handeln"

Selbstbild	Fremdbild
Ich bin …	Du bist …
Ich bin eher nicht …	Du bist eher nicht …
Ich denke, du findest mich …	Du denkst, ich finde dich …
Ich wünschte, du würdest mich … finden	Du wünschst, ich würde dich … finden
Du verstehst bei mir, dass ich … bin	Ich verstehe bei dir, dass du … bist

(zusammengestellt, gekürzt und vereinfacht nach: Zentrum Polis. Politik lernen in der Schule)

Vorurteile – was ist schon „typisch"?

Ein Vorurteil entsteht – ein Beispiel

Ein neuer Schüler kommt in eure Klasse. Irgendjemand behauptet, er sei total blöd und er habe in der vorigen Schule Mitschüler oder Mitschülerinnnen gemobbt. Obwohl niemand in der Klasse den Schüler kennt und niemand diese Behauptung überprüft, haben alle gleich eine (schlechte) Meinung von ihm. So entstehen Vorurteile …

Du bist dran

- Beschreibe, wie sich diese Behauptung auf das Verhalten der Schülerinnen und Schüler dem neuen Schüler gegenüber vermutlich auswirken wird.

„The Odd one" (Foto 2015)

Vorurteile „Engländer können nicht kochen", „Südeuropäer sind faul." Stimmt natürlich nicht. Das sind Vorurteile. In dem Begriff stecken zwei Wörter: „vor" und „Urteil". Vorurteile entstehen also, wenn du dir eine Meinung über jemanden bildest, den du kaum oder gar nicht kennst. Manchmal wird auch einfach die Meinung von jemand anderem ohne Überprüfung übernommen. Vorurteile über andere Menschen können positiv sein, häufig aber fallen sie negativ aus.

Ausgrenzen wegen äußerer Merkmale Menschen werden oft wegen äußerer Merkmale einer bestimmten Gruppe zugeordnet und ausgegrenzt. Dies kann geschehen wegen ihrer Sprache, ihrer Hautfarbe, ihrer Kultur, ihrer Nationalität, ihres Geschlechtes. Besonders starke Vorurteile entwickeln viele Menschen gegenüber Mitgliedern von Minderheiten. Wenn allen Mitgliedern einer Gruppe die gleichen Eigenschaften zugeschrieben werden, spricht man auch von einem Stereotyp*.

Was tun gegen Vorurteile? Vorurteile sind nicht angeboren. Im Laufe der Kindheit aber übernehmen wir Einstellungen von den Eltern und von Menschen aus unserer Umgebung. Auch einzelne Erfahrungen, die wir mit Menschen gemacht haben, übertragen wir oft auf ganze Gruppen. Niemand von uns ist ohne Vorurteile. In einer komplizierten Welt ist es manchmal einfacher, in Schubladen zu denken. Manchmal wollen wir auch uns selber besser machen, indem wir andere abwerten. Vorurteile kann man nur schwer rückgängig machen. Es ist wichtig, sie zu durchschauen, denn Vorurteile schaffen Feindbilder. Diese können von Politikern und Politikerinnen aufgegriffen werden, um Stimmung gegen bestimmte Gruppen zu machen. So bedrohen Vorurteile den Zusammenhalt und Frieden einer Gesellschaft.

„Typisch Mädchen", „Typisch Bursche"?

Geschlechter-Identität Jahrhundertelang haben viele Menschen Mädchen bzw. Frauen und Burschen bzw. Männern bestimmte Eigenschaften und Fähigkeiten zugeschrieben. Diese wurden als angeboren und daher typisch für das jeweilige Geschlecht angesehen. Es gibt daher bis heute viele Vorurteile und Verallgemeinerungen. Tatsächlich kann man im Alltag viele Unterschiede im Verhalten von Frauen und Männern beobachten. Es werden zwar schon beim Embryo die Geschlechtsorgane und bestimmte Teile des Gehirns nach dem Muster männlich oder weiblich gestaltet. Doch die Interessen und Verhaltensweisen von Mädchen und Jungen sind zum großen Teil auf Rollenbilder und Prägungen durch die Gesellschaft zurückzuführen.

Du bist dran

Arbeite nach M2

- Beschreibe die Karikatur.
- Formuliere die grundsätzliche Aussage der Karikatur.
- Erläutere, wie der Karikaturist das Thema „Vorurteile" darstellt.

Karikatur (BoDow, 4.3.2009)

Rollenbilder und Vorurteile

Q Von Mädchen wird meistens erwartet, dass sie gern mit Puppen oder Plüschtieren spielen, während für viele Menschen ein typischer Junge Fußball spielt. (…) Doch tatsächlich gibt es nicht wenige Mädchen, die viel lieber auf Bäume klettern, als sich Zöpfe flechten zu lassen, und viele Jungen interessieren sich nicht so sehr für Autos, sondern malen zB gern. (…) Vor rund hundert Jahren war es zB für die meisten Menschen ganz selbstverständlich, dass die Interessen einer Frau sich ausschließlich auf die Familie und den Ehemann richten mussten.(…) Bei einigen Menschen sind die traditionellen Geschlechterrollen noch immer fest verankert und dies vermitteln sie auch an ihre Kinder weiter. Viele Eltern wollen aber heutzutage, dass ihr Kind es zum Beispiel ganz normal findet, dass Papa den Abwasch macht, während Mama das Auto repariert, und es weiß, dass es nicht nur eine Art gibt, eine richtige Frau oder ein richtiger Mann zu sein. Damit keine Vorurteile entwickelt werden, bemühen sich etwa immer mehr Mütter und Väter zu zeigen, dass Mädchen nicht immer lieb und brav sein müssen und Jungen auch ruhig Gefühle zeigen dürfen. (…) Es ist also naheliegend, dass die Interessen, Denk- und Verhaltensweisen von Jungen und Mädchen zum großen Teil auf Rollenbilder und Prägungen durch die Gesellschaft zurückzuführen sind.
(In: Hähnel, Silvia: Typisch Mann, typisch Frau?)

Zitate über „Vorurteile"

Q Beurteile nie einen Menschen, bevor du nicht mindestens einen halben Mond (= Monat) lang seine Mokassins getragen hast. (Indianische Weisheit)

Reisen ist tödlich für Vorurteile. (Mark Twain, amerikanischer Schriftsteller, 1835–1910)

Töte deine Vorurteile: Lächle einen Menschen an und sprich mit ihm. (Mexikanisches Sprichwort)

Es ist schwieriger, ein Vorurteil zu zertrümmern als ein Atom. (Albert Einstein, deutscher Physiker)

Du bist dran **Arbeite nach A2**

- Diskutiert über die Zitate. Beschreibt, ob ihr ähnliche Erfahrungen gemacht habt.
- Gestaltet einen Blog für eure Schul-Homepage zum Thema „Vorurteile abbauen".
- Erörtere, ob und inwiefern ein Durchbrechen von starren Rollenzuschreibungen einem Menschen mehr Freiheiten eröffnet.

Mädchen als Kfz-Mechanikerinnen (Foto 2016)

Männer als Erzieher (Foto 2016)

Arbeite nach A2

Du bist dran

- Erstellt in Kleingruppen eine Liste mit zwei Spalten. Eine wird mit „typisch weiblich?", die andere mit „typisch männlich?" betitelt. Schreibt Eigenschaften, Verhaltensweisen und Tätigkeiten in die Spalten, die in der Gesellschaft meist als geschlechtertypisch angesehen werden.
- Diskutiert, aus welchen Gründen dies eurer Meinung nach so beurteilt wird.
- Jedes Mitglied der Gruppe erklärt, ob und inwiefern die genannte Eigenschaft/Verhaltensweise/Tätigkeit auf die eigene Person zutrifft oder nicht.
- Beurteile nun, ob es tatsächlich „typische" Eigenschaften für Mädchen oder Buben gibt. Begründe deine Meinung.
- Vergleicht eure Angaben mit denen der anderen Gruppen.

Nationale Identität – stolz auf „(m)ein" Land?

Du bist dran

- Erkläre die Bedeutung der dir bekannten nationalen Symbole und Feiertage in Österreich und in anderen Ländern.
- Nimm persönlich Stellung: Was und bei welchen Gelegenheiten bedeuten dir nationale Symbole etwas?

Du bist dran

Arbeite nach M6

- Eine Umfrage: Welche nationalen und regionalen Identitäten haben die Schülerinnen und Schüler unserer Klasse? Erstellt dazu gemeinsam einen Fragebogen, der die folgenden Fragen beinhaltet. Weitere könnt ihr noch mit aufnehmen. Befragt euch gegenseitig. Begründet eure Antworten.
  - Fühlst du dich einer bestimmten Nation speziell zugehörig?
  - Gibt es eine (oder mehrere andere) Nation(en), mit denen du dich identifizierst?
  - Was bedeutet für dich „Heimat"?
  - Welche der folgenden Identitäten ist für dich am wichtigsten: Weltbürgerin oder Weltbürger, Europäerin oder Europäer, Österreicherin oder Österreicher (bzw. eine andere nationale Identität), Tirolerin oder Tiroler (oder eine andere Bundesländer-Identität), Grazerin oder Grazer (oder eine andere lokale Identität).
  Wertet eure Ergebnisse aus und stellt diese grafisch dar.

Nationale Symbole Dazu gehören die Flagge, ein Staatswappen und die Nationalhymne eines Landes. Personen oder Gruppen zeigen mit dem Tragen von nationalen Symbolen, zB bei Sportveranstaltungen, ihre Verbundenheit mit einer Gemeinschaft. Das Foto zeigt Fußballfans, die Motive und Farben ihrer Nationalflagge aufgemalt und in ihr Outfit miteinbezogen haben. (Fotos 2014, 2016)

Woher bist du? Auf diese Frage hast du wahrscheinlich schon unterschiedliche Antworten gegeben. Befindest du dich im Ausland, hast du vielleicht gesagt: „aus Österreich", bist du außerhalb deines Bundeslandes: „aus Salzburg, aus Wien etc.". Wird dir die Frage innerhalb deines Bundeslandes gestellt, so gibst du vielleicht deinen Wohnort an (zB „aus Linz"…). Die meisten Menschen empfinden ein Gefühl der Zugehörigkeit zu einer oder mehreren Nationen (zB Österreich oder Türkei oder Irak oder Österreich und Irak). Sie besitzen also eine oder mehrere nationale Identitäten. Gleichzeitig kann jemand aber auch eine oder mehrere regionalen Identitäten (zB Tirolerin, Kufsteinerin) haben. Welche dieser Identitäten als wichtiger empfunden wird, hängt vom Standort und der Situation der oder des Befragten ab.

Nation, Nationalgefühl und Nationalismus

Nation Es gibt viele unterschiedliche Definitionen von Nation. Viele Menschen verstehen Nation als eine Gemeinschaft von Menschen mit gleichen Merkmalen. Sie besteht also nach dieser Idee aus Menschen mit gemeinsamer Sprache, Kultur, Abstammung und Geschichte. Man nennt diese Form von Nation Kulturnation. Eine andere Vorstellung von Nation ist die so genannte Willensnation: In ihr fühlen sich die Menschen nicht unbedingt durch ihre Sprache, Kultur, Hautfarbe und Herkunft verbunden. Sie bekennen sich zu gemeinsamen Grundwerten und Zielen, sie zeigen in ihrem Zusammenleben den Willen, sich zu dieser Gemeinschaft und deren Werten zu bekennen. Einwanderungsländer wie die USA, Kanada und Australien gehören dazu, ebenso die Schweiz.

Nationalgefühl   Das Wir-Gefühl, das Gefühl der Zugehörigkeit zu einem Staat, wird als Nationalgefühl oder als Nationalbewusstsein bezeichnet. Wenn der Stolz auf das eigene Land nicht dazu führt, andere abzuwerten oder zu diskriminieren, sprechen manche auch von Patriotismus (= Vaterlandsliebe). Nationalbewusstsein muss danach beurteilt werden, ob es ein friedliches, tolerantes Miteinander von Nationen, Kulturen und Volksgruppen ermöglicht.

Wenn Nationalismus gefährlich wird   Medien schlagen Alarm: In Europa habe der Nationalismus wieder stark zugenommen. Was bedeutet das? Wenn Nationalbewusstsein überhöht wird, spricht man von Nationalismus. Dieser kann sich innerhalb eines Staates zeigen, wenn sich eine Volksgruppe gegenüber anderen (zB Minderheiten) intolerant verhält. Es kann aber auch bedeuten, dass sich einzelne Staaten gegenüber anderen rücksichtslos durchsetzen wollen (S. 144 f.).

Das österreichische Nationalbewusstsein   Lange Zeit fühlten sich die meisten Österreicherinnen und Österreicher als Teil der deutschen Nation. Erst nach den Erfahrungen von Nationalsozialismus und Krieg änderte sich dies ab 1945. In den letzten Jahrzehnten hat sich das österreichische Nationalbewusstsein stark entwickelt. Laut einer Umfrage von 2008 sehen sich 82% der Befragten als Österreicherinnen und Österreicher.

In einem Blog heißt es über das Klischee (= fixe Vorstellung, vorgefertigtes Bild), das manche Menschen im Ausland von Österreich haben:

Q Es ist ja allgemein bekannt, dass die gemütlichen Österreicherinnen und Österreicher sehr musikalisch sind und gerne singen und jodeln, außerdem tragen sie Dirndl und Lederhosen, leben in den Bergen, fahren perfekt Ski und tanzen leidenschaftlich Walzer. (salzburg2014erasmusplus.blogspot.co.at/p/salzburg-2014-html)

Österreicherinnen und Österreicher können auf folgende Bereiche stolz sein:
(Umfrage 2016)

Österreichische Bevölkerung

auf das saubere Trinkwasser	84%
auf die landwirtschaftliche Schönheit	78%
auf die hohe Lebensqualität	76%
auf unsere Berge	63%
auf die österreichische Küche	61%
auf die hohe soziale Sicherheit	50%
auf die Umweltqualität	49%
auf Tradition und Brauchtum	48%
auf unser Sozialsystem	46%
auf die Neutralität	45%
auf die Hilfsbereitschaft der Österreicher	33%
auf die angebotene Schul- und Berufsausbildung	30%
auf die Leistungsfähigkeit der Industrie und Wirtschaft	24%
auf bekannte Forscher, Erfinder und Entdecker	24%
auf die sportlichen Leistungen der Österreicher	22%
auf die Leistungen der modernen Wissenschaft und Forschung	22%
auf die Geschichte des Landes	21%
auf die politische Stabilität	16%
auf die Ausländerfreundlichkeit der Österreicher	6%
auf das internationale Ansehen unserer Politik	4%

Worauf die Österreicherinnen und Österreicher stolz sind (Umfrage des Market-Institutes, Befragungszeitraum 11.–14. Oktober 2016, 500 Befragte)

Du bist dran   *Arbeite nach A2*

- Erkläre, warum die USA und die Schweiz als Willensnation bezeichnet werden können.
- Begründe, warum sich auch Österreich zu einer Willensnation entwickelt hat.
- Diskutiert die Vorteile und die Schwierigkeiten, die sich aus dem Zusammenleben verschiedener Volksgruppen und Kulturen in einem Staat ergeben.
- Recherchiert einen der folgenden Begriffe in einer Kleingruppe: „Patriotismus", „Nationalismus", „Rechtsextremismus", „Nationalsozialismus" im „Politiklexikon für junge Leute", www.politik-lexikon.at und Bundeszentrale für politische Bildung www.bpb.de/nachschlagen/lexika/pocket-politik.
- Präsentiert euren recherchierten Begriff auf einem Plakat.
- Deine Facebook-Freundin Tamina hat ihre Heimat, eine kleine Südsee-Insel, noch nie verlassen. Sie hat keine Vorstellung von Österreich. Beantworte die von ihr gestellten Fragen stichwortartig:
  - Worauf bist du stolz, wenn du an Österreich denkst?
  - Gibt es etwas, was du „typisch österreichisch" findest?
  - Gibt es etwas, was du nicht so gut an Österreich findest?
  - Gibt es Eigenschaften und Verhaltensweisen an dir, die du für „typisch österreichisch" hältst?
  Vergleicht eure Antworten mit den Ergebnissen der Umfrage (Schaubild).

Europäisches Miteinander oder nationales Gegeneinander?

Du bist dran

Arbeite nach M6

- „In Vielfalt geeint" ist ein Leitspruch der Europäischen Union (EU). Analysiere die Zeichnung:
  - Beschreibe die Bildinhalte (Figuren und deren Aussehen, Tätigkeit, die Landkarte etc.).
  - Benenne Symbole, die auf die EU verweisen.
  - Erläutere, welche Bedeutung sie haben.
  - Beurteile, welche Botschaft vermutlich vom Leitspruch und der Abbildung ausgehen sollte.

—— „In Vielfalt geeint" (Illustration, 2017)

Europa: Vielfalt in der Einheit   Vielleicht hast du schon mehrere Länder Europas besucht. Dann ist dir sicher aufgefallen, dass sich die Sprache, das Essen, die Bräuche etc. von Land zu Land unterscheiden. Europa enthält kulturell und sprachlich sehr unterschiedliche Nationen. Diese haben sich über lange Zeiträume gebildet. So entstanden bei vielen Menschen nationale Identitäten. Das Bewusstsein, auch eine europäische Identität zu besitzen, war dagegen schwach ausgeprägt. Die europäischen Staaten bekämpften sich jahrhundertelang in blutigen Kriegen. Nach dem Zweiten Weltkrieg lag Europa in Trümmern. Viele Menschen wollten nun von Konkurrenz und Feindseligkeiten der Nationen nichts mehr wissen: Es entstand die Idee eines friedlichen, vereinten Europas. In mehreren Schritten kam es zu Zusammenschlüssen europäischer Staaten. 1993 wurde die Europäische Union (EU) gegründet. Österreich wurde nach einer Volksabstimmung (66,6% Ja-Stimmen) ab 1. Jänner 1995 Mitglied der EU. 2019 (Stand März 2019) hatte die EU 28 Mitgliedstaaten.

Was uns die EU gebracht hat (Beispiele):
- Den größten Binnenmarkt der Welt, die „vier Freiheiten": freier Warenverkehr, freier Dienstleistungsverkehr, freier Kapitalverkehr, freier Personenverkehr: Wir können als Mitglied der EU in allen EU-Staaten arbeiten, reisen, einkaufen, Geld anlegen.
- Den Euro: Die gemeinsame Währung in 19 EU-Mitgliedstaaten erleichtert Preisvergleiche. Kein Geld-Umtausch ist innerhalb dieser Länder mehr notwendig.
- Reisen ohne Passkontrollen: Das Schengener Abkommen ermöglicht dies. Es werden auch die EU-Außengrenzen gesichert, eine gemeinsame Visa-Politik und die Zusammenarbeit von Polizei und Justiz gewährleistet.
- Umweltschutz: Gemeinsame Ziele und gemeinsames Vorgehen werden angestrebt.
- Studien- und Auslandsaufenthalte für Schülerinnen und Schüler und Studierende (zB Erasmus)

Europäische Identität oder nationalstaatliche Interessen?   Europa erlebte in den letzten Jahrzehnten eine der längsten Friedenszeiten in seiner Geschichte. Der Lebensstandard vieler Menschen verbesserte sich stark. Die EU leistete dazu einen wesentlichen Beitrag. Es kam aber auch zu großen Problemen, wie zB zur Schuldenkrise, Eurokrise, Flüchtlingskrise. Die dadurch entstandenen Ängste und Unsicherheiten versuchen Parteien, die den eigenen Nationalstaat stark betonen, für sich zu nutzen. Sie behaupten bei Problemen, dass die EU an allen Missständen schuld sei. Diese Populisten*, wie sie von manchen bezeichnet werden, meinen, dass es ihrem es ihrem eigenen Staat außerhalb der EU besser ginge. Großbritannien hat 2017 nach einer Volksabstimmung den Austritt aus der Europäischen Union („Brexit") eingeleitet.

Der österreichische Schriftsteller Robert Menasse in einem Interview mit der Tageszeitung „Kurier", 26. März 2017

Q Die Nationalisten sind doch schuld daran, dass die EU nicht funktioniert, sie verhindern und blockieren, wo sie nur können, und dann sagen sie: die EU funktioniert nicht, deshalb brauchen wir eine nationale Lösung. Die nationale Lösung ist aber nie eine Lösung, sondern sie verschärft das Problem. Und dann kommen die Menschen, die Nationalisten gewählt haben, zur Ansicht, dass diese Nationalisten eben nicht konsequent genug gewesen sind, und sie fordern noch radikaleren Nationalismus. Auf diese Weise endet man im Faschismus. Die Nationalisten haben einen (…) Krieg vom Zaun gebrochen, von 1914 bis 1945 Millionen Opfer zu verantworten, die größten Menschheitsverbrechen bis hin zu Auschwitz. Es war daher ein Vernunftschluss der Gründergeneration der EU zu sagen: Wir können nachhaltigen Frieden nur durch Überwindung der Nationen garantieren. (…)
Die Vielfalt der Kulturen, Sprachen und Mentalitäten ist der Reichtum Europas. Niemand, der europäisch denkt und die EU politisch unterstützt, will das vereinheitlichen, wie es die Kritiker immer unterstellen. (…)
(Robert Menasse im „Kurier", 26. März 2017)

Du bist dran — *Arbeite nach A1*

- Ein Tweet über Europa: Wählt einen der folgenden (unvollständigen) Sätze, dann twittert jeder und jede die Fortsetzung (höchstens 140 Zeichen, Stichwörter).
  - Europäische Länder haben Folgendes gemeinsam …
  - Europa kann stolz sein auf …
  - Europäische Werte sind …
  - Ich fühle mich als Europäer/in, weil …
  - Das soll es in Europa nie geben …
  - Das sollte in Europa verbessert/verändert werden …
- Diskutiert eure Ergebnisse. Suche einen Partner oder eine Partnerin und fertigt gemeinsam eine Zeichnung zum Thema „Unser Europa" an.

EU - Probleme und Chancen: So ticken unsere Jugendlichen					
EU-Mitgliedschaft ist gute Sache	Ja	77%	Arbeitslosigkeit, Job-Angebot		59%
	Nein	23%	Nationalismus, Fremdenfeindlichkeit		55%
Austreten oder bleiben?	Bleiben	71%	Anti-Demokratische Parteien		49%
	Gehen	18%	Niedrige Geburtenrate		41%
Die größten Vorteile			Putins Außenpolitik		35%
Frieden unter EU-Mitgliedern		81%	Sicherheitskräfte zu mächtig		27%
Arbeiten in anderen EU-Ländern		67%	Zur Rolle von Immigranten und Flüchtlingen		
Gemeinsames Vorgehen gegen Klimawandel, gem. Ökostandard		66%	Tragen zu Wachstum und Wohlstand im Land bei	Ja	32%
				Nein	46%
Studium in anderen Ländern		63%	Werden etwa benötigt um Rentensystem abzusichern	Ja	32%
Keine Grenzkontrollen		50%		Nein	48%
Geld für ärmere EU-Länder		41%	Sie sind eine Gefahr für die öffentliche Sicherheit	Ja	36%
Die größten Probleme und Herausforderungen				Nein	48%
Islamismus, Islam-Terror		68%	Sind eine Last für das Sozialsystem	Ja	44%
Umweltverschmutzung, Klima		64%		Nein	39%
Kluft zwischen Arm und Reich		61%	Österreich soll Flüchtlinge aufnehmen	Ja	61%
Immigration, Flüchtlinge		60%		Nein	39%

Du bist dran — *Arbeite nach M1*

- Arbeite heraus, warum nach Meinung Menasses die Nationalisten schuld daran sind, wenn die EU schlecht funktioniert.
- Benenne, wohin nach Ansicht des Schriftstellers ein übersteigerter Nationalismus in Europa in der Vergangenheit geführt hat.
- Beurteile, wieso Menasse überzeugt davon ist, dass „wir mehr, nicht weniger Europa" brauchen.
- Nimm persönlich Stellung zu dieser Ansicht.

Ergebnis einer Umfrage der Bertelsmann Stiftung unter Jugendlichen (15 bis 24 Jahre) in sechs Ländern, darunter Österreich (2017)

Wahlen und Wählen in Österreich

Direkte Demokratie:
Das Wahlvolk entscheidet selbst über politische Fragen (zB Volksbegehren, Volkabstimmung).
Indirekte Demokratie:
Gewählte Politikerinnen und Politiker „machen" Politik für das Volk (Gesetzgebung, Regierung).

Das aktive Wahlrecht ist:
Allgemein: Alle Staatsbürgerinnen und Staatsbürger sind mit vollendetem 16. Lebensjahr wahlberechtigt (Ausnahme: bestimmte Straftäterinnen und Straftäter).
Gleich: Jede Stimme zählt gleich viel.
Geheim: Der Stimmzettel darf nicht öffentlich ausgefüllt werden.
Persönlich: Die Wählerinnen und Wähler müssen die Wahl persönlich ausüben. (Ausnahme: Personen mit Einschränkungen können sich helfen lassen.)

Aktives Wahlrecht = Recht, jemanden zu wählen (16 Jahre)
Passives Wahlrecht = Recht, gewählt zu werden (18 Jahre; Bundespräsidentin oder Bundespräsident: 35 Jahre)

— Karikatur

Arbeite nach M2

Du bist dran

■ Beschreibe zuerst die Karikatur und erkläre anschließend ihre mögliche Aussage.

Wenn 90-Jährige wählen dürfen, warum sollen wir es dann mit vierzehn nicht tun?
Axel, 13 Jahre

Ich kenn mich in der Politik nicht aus, ich will noch nicht wählen.
Nesrin, 16 Jahre

Unsere Lehrerin sagt, wenn ihr zur Wahl gehen wollt, müsst ihr euch auch für Politik interessieren.
Natanja, 12 Jahre

Mein Vater sagt, wenn man mit 18 wählen darf, ist das früh genug.
Milan, 13 Jahre

Arbeite nach A2

Du bist dran

■ Diskutiert die einzelnen Aussagen der Jugendlichen zum „richtigen" Wahlalter.

Wahlen und Demokratie

Repräsentative (= Indirekte) Demokratie Damit Menschen in einer Gemeinde, einem Land, einem Staat oder in Europa demokratisch in der Politik mitbestimmen können, werden in regelmäßigen Abständen Wahlen abgehalten. Meistens werden dabei nicht einzelne Personen direkt, sondern Parteien gewählt. Deren Vertreterinnen und Vertreter sollen dann im Auftrag ihrer Wählerinnen und Wähler Politik machen – als Regierende oder in den Parlamenten. Dieses System wird auch als repräsentative (= stellvertretende) oder als indirekte Demokratie bezeichnet.

Die Anfänge des Wahlrechtes Vor mehr als 150 Jahren, noch zur Zeit der Habsburger-Monarchie, durften in Österreich erstmals Abgeordnete in ein Parlament gewählt werden. Stimmberechtigt waren damals nicht einmal zehn Prozent aller männlichen Staatsbürger. Außerdem zählte nicht jede Stimme gleich viel. Das Wahlrecht war abhängig vom Besitz bzw. von der Steuerleistung (S. 122).

100 Jahre gleiches Wahlrecht Erst 1907 wurde ein gleiches Wahlrecht für alle Männer ab 24 Jahren eingeführt. Die Frauen erhielten in Österreich, als eine der ersten in Europa, 1918 das aktive und passive Wahlrecht.

Österreich – wählen ab 16 Das Wahlrecht in Österreich war bis zum Jahr 2007 an die Volljährigkeit gekoppelt (1918: 21 Jahre; 1973: 19 Jahre; ab 2001: 18 Jahre). 2007 wurde das Wahlalter auf 16 Jahre gesenkt. Damit ist Österreich der erste und bisher einzige Staat innerhalb der EU, in dem 16-Jährige bei allen Wahlen wahlberechtigt sind (Stand: 2019).

Wählen mit 14? Einige Menschen und Organisationen innerhalb Europas wollen das Wahlalter sogar auf 14 Jahre senken. Allerdings gibt es bisher dazu noch keinen Gesetzesantrag.

Wahlrecht auch für Kinder? Vor mehr als 25 Jahren gab es schon eine kleine deutsche Gruppe, die für umfassende Kinderrechte kämpfte. Dabei forderte sie auch, das Wahlrecht allen Menschen ab Geburt zu verleihen.

Staatsbürgerin und Staatsbürger

Q Niemand wird als guter Staatsbürger oder gute Staatsbürgerin geboren, keine Nation wird als Demokratie geboren. Vielmehr sind beide lebenslange Entwicklungsprozesse. Junge Menschen müssen von Geburt an einbezogen werden.
(der damalige UNO-Generalsekretär Kofi Annan auf der 1. Weltkonferenz der für die Jugend zuständigen europäischen Minister, Lissabon, 1998)

Arbeite nach M1+A1+A2

Du bist dran

- Widerlege die sieben Vorurteile mit eigenen Argumenten.
- Vergleiche deine Argumente mit jenen, die auf der Internetseite des Bundesjugendrings angeführt werden. Erörtere mögliche Unterschiede, die sich daraus ergeben.
- Diskutiert eure Ergebnisse anschließend in der Klasse.
- Fasse mit eigenen Worten die Argumente für ein Kinderwahlrecht zusammen.
- Bewerte diese auch im Vergleich mit den Forderungen für ein Wahlrecht mit 14 sowie mit der Aussage Kofi Annans.

Der „Bayerische Jugendring" tritt für „Wählen mit 14" ein und wendet sich entschieden gegen folgende Vorurteile:

Q Vorurteil 1: Jugendliche ab 14 Jahren sind noch nicht reif genug, um das Wahlrecht verantwortungsvoll auszuüben.
Vorurteil 2: Jugendliche in diesem Alter sind nicht in der Lage, sich angemessen zu informieren und sich eine reflektierte (= nachdenkend prüfende) Meinung zu bilden.
Vorurteil 3: Jugendliche sind selbst kaum am Wahlrecht ab 14 interessiert.
Vorurteil 4: Jugendliche interessieren sich nicht für Politik.
Vorurteil 5: Jugendliche sind leicht zu beeinflussen und könnten von Parteien am jeweiligen Rand des Parteienspektrums (= rechts- oder linksextreme Parteien) vereinnahmt werden.
Vorurteil 6: Jugendliche kennen sich nicht gut genug mit Politik aus.
Vorurteil 7: Ein Wahlrecht ab 14 bringt schon deshalb nichts, weil die Beteiligung der Jungwähler/-innen an Wahlen, an denen bereits jetzt 16-Jährige teilnehmen dürfen, sehr gering ist.
(http://www.u18.org)

Warum sollen Kinder das Wahlrecht bekommen?

Q Heutzutage brauchen sich Politiker nur wenige Gedanken um Probleme von Kindern zu machen. Sie werden auch wieder gewählt, wenn sie Beschlüsse fassen, die für Kinder schlecht sind. Die jetzigen Politiker hängen von den Wahlstimmen der älteren Leute ab. Von denen ist es vielen egal, wer den Umweltschmutz von heute später wegräumt (wenn das überhaupt noch möglich ist) und ob die Rohstoffe auch für die Menschen in 50 Jahren noch reichen. Sie machen jetzt Schulden, leisten sich ein schönes Leben – zurückzahlen müssen es irgendwann die, die jetzt Kinder sind. Aber auch schon für die Gegenwart entscheiden Politiker manche Sachen schlecht, zum Beispiel wie die Schule funktioniert und was Kindern alles verboten wird (…)
Das Wahlrecht soll ab Geburt gelten. (…) „Ab Geburt" klingt immer so, als ob auch Säuglinge und Kleinkinder wählen gehen sollen. Sie „sollen" aber gar nicht wählen, (…) wählen ist immer freiwillig. Und deshalb werden erst diejenigen wählen gehen, die sich dafür interessieren. (…)
Das Wahlrecht ohne Altersgrenze muss gefordert werden, weil jede Altersgrenze ungerecht für die wäre, die wählen wollen, aber das jeweilige Alter gerade noch nicht erreicht haben. Eine Altersgrenze ist vor allem auch deshalb ungerecht, weil das Wahlrecht ein Recht „des Volkes" ist. (…) Zum Volk gehören aber auch die Kinder, nicht nur die Erwachsenen.
(http://www.kinderwahlrecht.de/)

Demokratie braucht Parteien

Mehr als 1000 Parteien in Österreich

Wozu braucht man Parteien? In politischen Parteien schließen sich normalerweise Menschen mit gleichen oder ähnlichen politischen Interessen und Weltanschauungen zusammen. Innerhalb der Parteien wird dann entschieden, welche Männer und Frauen ihre Partei nach außen vertreten: Sie sollen ja deren politische Interessen (Ziele) in den öffentlichen oder politischen Einrichtungen möglichst gut durchsetzen.

Alte (Regierungs-)Parteien Die drei stimmenstärksten Parteien des österreichischen Nationalrates sind mehr als sechzig Jahre alt: die Sozialdemokratische Partei Österreichs (SPÖ), die Österreichische Volkspartei (ÖVP) und die Freiheitliche Partei Österreichs (FPÖ). Ihre weltanschaulichen Wurzeln reichen wie bei der Kommunistischen Partei Österreichs (KPÖ) zurück bis in das 19. Jh. Seit Beginn der Zweiten Republik (1945) waren nur diese vier Parteien zumindest in einer der vielen Bundesregierungen vertreten.

Neue Parteigründungen leicht gemacht In Österreich ist es recht einfach eine Partei zu gründen. Seit 1975 wurden in Österreich mehr als 1000 neue Parteien gegründet. Sie sind neben den älteren Parteien vor allem bei den Wahlen in den etwa 2100 österreichischen Gemeinden angetreten. Viele haben auch bei den Landtagswahlen in den neun Bundesländern oder bei den Nationalratswahlen für ganz Österreich kandidiert.

Grüne und andere neue Parteien Viele dieser Klein- und Kleinstparteien (zB Namenslisten) aber lösten und lösen sich bald nach ihrer Gründung wieder auf. Österreichweit waren seit den 1980-er Jahren bis 2017 nur die Grünen als relativ neue Partei ständig im Nationalrat vertreten. Die jüngste, erst seit 2013 dort vertretene Partei sind die NEOS.

Wie finanzieren sich die Parteien? Eine funktionierende Demokratie braucht mehrere Parteien. Und die Parteien brauchen Geld – für Sachleistungen, Personal, Bildung und Wahlkämpfe. Dafür bekommen die Parteien, je nach ihrer Größe, Geld vom Staat. Auch die Politikerinnen und Politiker werden in ihren Ämtern und im Parlament vom Staat bezahlt. Außerdem gibt es auch Geld aus Mitgliedsbeiträgen und Spenden.

Du bist dran

Arbeite nach A1

- Recherchiere unter der angegebenen Internetadresse zum Parteiengesetz, welche Punkte diese Partei-Satzungen (= Regeln) (Punkt 4) beinhalten müssen.
- Fasse sie in eigenen Worten zusammen.
- Recherchiere in deiner Wohnsitzgemeinde,
  a) welche Parteien/Namenslisten bei der letzten Gemeinderatswahl zur Wahl angetreten sind.
  b) welche von ihnen im Gemeinderat vertreten sind.
  c) welche sich seither wieder aufgelöst haben.

Die Wahl zum Bundespräsidenten Die Amtszeit des österreichischen Staatsoberhauptes dauert normalerweise sechs Jahre. Eine unmittelbare Wiederwahl ist nur einmal möglich (siehe auch B-VG, Artikel 60).

Bundespräsidentenwahl 2016

Stimmenanteile im ersten Wahlgang in %,
vorläufiges Ergebnis ohne Briefwahl
Wahlbeteiligung 60,0 % (2010: 53,6 %)

Norbert Hofer FPÖ
36,4

Alexander Van der Bellen Grüne
20,4

Irmgard Griss parteifrei
18,5

Andreas Khol ÖVP
11,2

Rudolf Hundstorfer SPÖ
11,2

Richard Lugner parteifrei
2,4

Grafik/Foto: © APA, Quelle: APA/SORA/ISA/ARGE Wahlen

APA

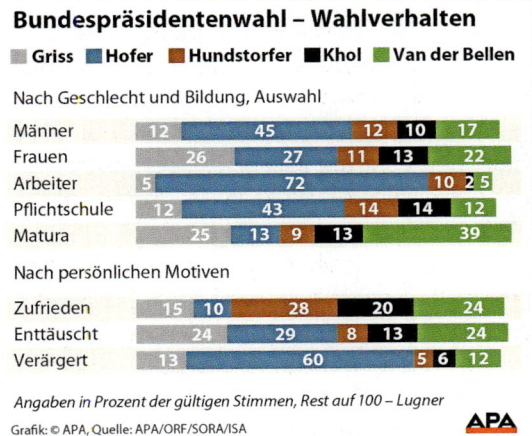

Bundespräsidentenwahl – Wahlverhalten

⬜ Griss 🟦 Hofer 🟥 Hundstorfer ⬛ Khol 🟩 Van der Bellen

Nach Geschlecht und Bildung, Auswahl

	Griss	Hofer	Hundstorfer	Khol	Van der Bellen
Männer	12	45	12	10	17
Frauen	26	27	11	13	22
Arbeiter	5	72		10 2	5
Pflichtschule	12	43	14	14	12
Matura	25	13	9	13	39

Nach persönlichen Motiven

Zufrieden	15	10	28	20	24
Enttäuscht	24	29	8	13	24
Verärgert	13	60		5 6	12

Angaben in Prozent der gültigen Stimmen, Rest auf 100 – Lugner

Grafik: © APA, Quelle: APA/ORF/SORA/ISA

APA

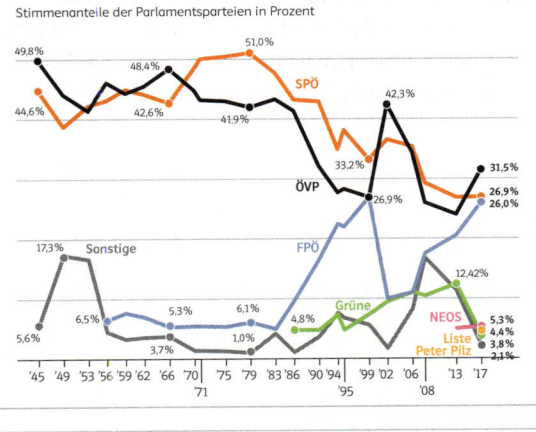

Nationalratswahlen in Österreich von 1945 bis 2017
Stimmenanteile der Parlamentsparteien in Prozent

Endergebnis der Nationalratswahl in Österreich am 15. Oktober 2017

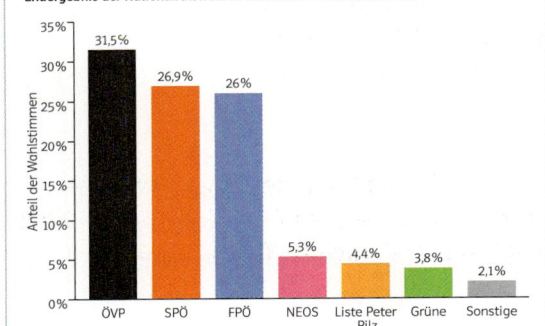

— **Bei der Bundespräsidenten-wahl 2016** wurde der langjährige Bundessprecher der Grünen, Alexander Van der Bellen, zum österreichischen Bundespräsidenten gewählt. Er kandidierte als parteifreier Kandidat und gewann in einer Stichwahl gegen den Sieger des ersten Wahlgangs, Norbert Hofer (FPÖ). Erstmals bei einer Bundespräsidentenwahl gewann kein Kandidat von SPÖ oder ÖVP, ja sie kamen nicht einmal in die Stichwahl.

— **Bundespräsidentenwahl Wahlverhalten 2016**

— **Die Nationalratswahl-Ergebnisse der Zweiten Republik**

Die Parteifarben:
SPÖ: Rot
ÖVP: Schwarz
FPÖ: Blau
GRÜNE: Grün
NEOS: Pink

— **Nationalratswahl 2017**
Ergebnisse

Die im Nationalrat vertretenen Parteien und ihre Jungparteien:

Österreichische Volkspartei:
www.oevp.at
Junge ÖVP: www.junge.oevp.at

Sozialdemokratische Partei
Österreichs: www.spoe.at
Sozialistische Jugend Österreich:
www.sjoe.at
Junge Generation in der SPÖ:
www.jg.spoe.at

Freiheitliche Partei Österreichs:
www.fpoe.at
Ring Freiheitlicher Jugend: www.rfj.at

Das Neue Österreich: www.neos.eu
JUNOS – Junge liberale NEOS:
www.junos.at

Liste Pilz
www.listepilz.at

Wahlwerbung und Parteiprogramme

Politik und (neue) Medien   Zu jeder demokratischen Wahl gehören Wahlwerbung und Wahlkampf. Dabei spielen die verschiedenen Medien eine ganz wichtige Rolle. Seit Beginn des 21. Jh. werden dabei von den Politikerinnen und Politikern sowie den Parteien immer häufiger auch die sozialen Medien (zB Twitter, Facebook, Instagram) genutzt.

Wahlkampf im Fernsehen   Andere Formen der Werbung und des Wahlkampfs gibt es schon seit Jahrzehnten. Besonders das Fernsehen (mit Interviews, Live-Diskussionen usw.) zählt bis heute zu den wichtigsten Medien in bundesweiten Wahlkämpfen.

Ein weiteres, modernes TV-Duell-Format: Wer ist der bessere Videospieler? – Noch weniger Inhalte, dafür Spannung und hoher Spaßfaktor.

Österreich Bundespräsidentenwahl 2016 (Oliver Schopf, 2016)

Wozu gibt es Wahlplakate?   Wann immer ein Wahlkampf beginnt, sind unsere Straßen und Plätze voll mit großen und kleinen Wahlplakaten. Sie wollen sowohl informieren also auch Werbung machen für die Parteien, ihre (Spitzen-)Kandidatinnen und Kandidaten sowie deren Programme. Wahlplakate zählen zur ältesten Form von Wahlwerbung. Sie haben gegenüber einer kurzen Radio- oder Fernsehwerbung den Vorteil, dass sie ständig sichtbar sind.

Du bist dran   *Arbeite nach M1*

- Erörtere, welchen Sinn eine Beschränkung der Wahlwerbungsausgaben macht.
- Bewerte dieses Gesetz.

Du bist dran   *Arbeite nach M2*

- Beschreibe die Karikatur.
- Erörtere, welche Kritik an Fernseh-Konfrontationen der Karikaturist damit vermutlich ausdrücken wollte.
- Beurteile den Sinn von solchen TV-Duellen.

Du bist dran   *Arbeite nach A2*

- Bildet Kleingruppen (ca. 4–6 Schüler und Schülerinnen).
- Durch Los bekommt ihr eine der angeführten Parteien zugeordnet.
- Arbeitet mit Hilfe der angegebenen Internet-Adressen auf S. 149 aus den Programmen der einzelnen Parteien die wichtigsten Punkte aus den Bereichen „Bildung", „Jugend", „Umwelt", „EU" und „Sicherheitspolitik" heraus.
- Fasst eure Ergebnisse stichwortartig auf Zetteln zusammen.
- Heftet diese geordnet auf eine Pin-Wand.
- Diskutiert über die Gemeinsamkeiten und Unterschiede.
- Schreibt dem Vorsitzenden bzw. der Vorsitzenden „eurer" Partei einen Offenen Brief, in dem ihr ihm bzw. ihr Fragen stellt, eure Meinung zu den einzelnen Programmpunkten mitteilt, eure eigenen Wünsche und Ideen äußert, …

— **Wahlplakate** Seit Jahrzehnten gibt es die Plakatwerbung in großem Ausmaß. (Wahlplakate zur Nationalratswahl 2017)

Arbeite nach A2

Du bist dran

- Die Hälfte der Klasse bildet 3-er Gruppen und gründet jeweils eine Partei.
- Erstellt dafür ein Parteiprogramm, das sich auf die Bereiche Bildung, Jugend, Umwelt und EU- und Sicherheitspolitik bezieht.
- Gebt eurer Partei einen Namen und wählt eine Vorsitzende oder einen Vorsitzenden.
- Gestaltet jeweils ein Wahlplakat. Die Nicht-Parteimitglieder eurer Klasse sollen euch dabei unterstützen.
- Macht Werbung für eure Partei.
- Bildet eine Wahlkommission (aus jeder Partei eine Vertreterin oder einen Vertreter).
- Die Wahlkommission organisiert die Durchführung der geheimen Wahl in der Klasse und zählt anschließend die Stimmen aus.
- Diskutiert in der Klasse das Ergebnis: Analysiert, welches Programm/welche Wahlversprechen/welche Werbung gut, welche weniger gut angekommen sind.

Arbeite nach M2

Du bist dran

- Beschreibe eines der hier abgedruckten Plakate: Welche Person(en)/welche Partei werden dargestellt? Welches Thema/ welche Themen werden dargestellt bzw. angesprochen? Welche Farben und welche Symbole werden eingesetzt?
- Erläutere, wie das Plakat auf dich wirkt, was dir daran gefällt bzw. nicht gefällt.
- Analysiere, welche politischen Botschaften das Plakat aussenden will.
- Erörtere, welche Menschen das Plakat besonders bzw. gar nicht ansprechen wird.
- Vergleiche dieses Plakat mit jenen der anderen Parteien: Stelle Gemeinsamkeiten und Unterschiede in Bezug auf Form/Symbolik/ Farben/Inhalt(e) dar.

Identitäten, Parteien und Wahlen

Auf einen Blick

- **Identität – was mich ausmacht** Unter Identität versteht man die einzigartige Persönlichkeit eines Menschen. Jeder Mensch besitzt mehrere Identitäten: Sie beziehen sich auf Geschlecht, Herkunft, Familie, Freundeskreis, Hobbys, Arbeit usw.

- **Selbstbild und Fremdbild** Unsere Vorstellung von uns selbst wird nicht immer mit dem Bild eines Freundes oder einer Freundin von uns übereinstimmen. Dass sich unser Selbstbild vom Fremdbild häufig unterscheidet, ist das Ergebnis unterschiedlicher Wahrnehmungen und Bewertungen.

- **Selbstreflexion** Das kritische Nachdenken (= Reflektieren) über unser Selbstbild und Fremdbild ermöglicht uns zu erkennen, wie und warum wir bestimmte Handlungen vornehmen.

- **Vorurteile und Feindbilder** Vorurteile können entstehen, wenn man Menschen beurteilt, ohne diese wirklich zu kennen oder wenn man eine andere Meinung ohne Überprüfung übernimmt. Es ist wichtig, Vorurteile zu durchschauen, denn sie können Feindbilder schaffen.

- **„Typisch Mädchen, typisch Bursche"?** Bis heute halten sich Vorurteile bezüglich der Geschlechter-Identität. Die meisten Eigenschaften und Fähigkeiten sind jedoch nicht angeboren, sondern gehen auf Prägungen durch die Gesellschaft zurück.

- **Nation, Nationalbewusstsein, Nationalismus** Unter Kulturnation versteht man eine Gemeinschaft von Menschen mit gleicher Sprache, Kultur, Geschichte etc. Bekennen sich die Menschen in einem Staat zB zu gemeinsamen Zielen und Werten, so bezeichnet man dies als Willensnation. Das Zugehörigkeitsgefühl zu einem Staat wird als Nationalbewusstsein bezeichnet. Ist es überhöht, spricht man von Nationalismus.

- **Europäisches Miteinander oder nationales Gegeneinander?** Europa erlebt seit Jahrzehnten eine Friedenszeit. Dennoch gibt es innerhalb der EU auch Probleme (zB Schulden-, Flüchtlingskrise). Deshalb gibt es in etlichen Mitgliedstaaten nationale politische Strömungen, die, nach dem Vorbild Großbritanniens, einen Austritt aus der EU fordern.

- **Wahlen und Demokratie in Österreich** Alle Staatsbürgerinnen und Staatsbürger haben mit dem vollendeten 16. Lebensjahr das aktive Wahlrecht. Die Wahl muss geheim und persönlich erfolgen, dabei zählt jede Stimme gleich viel. Österreich ist eine repräsentative Demokratie: Die Politik wird durch von Parteien aufgestellte Personen gemacht. Der Bundespräsident bzw. die Bundespräsidentin als Staatsoberhaupt wird alle sechs Jahre direkt gewählt.

- **Viele Parteien in Österreich** Seit 1975 wurden in Österreich mehr als 1000 Parteien gegründet. Die meisten davon waren Klein- und Kleinstparteien. Diese Parteien traten und treten bei Gemeinderats-, Landtags- und Nationalratswahlen an. Parteien bekommen je nach ihrer Größe Geld vom Staat.

- **Wahlkampf und neue Medien** Zur Demokratie gehören auch Wahlkampf und Wahlwerbung. Neben den neuen Medien (zB Facebook, Twitter) spielen dabei Fernsehauftritte und Wahlplakate nach wie vor eine große Rolle.

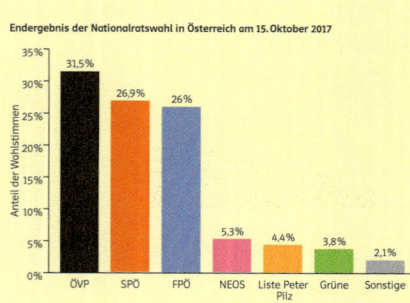

Endergebnis der Nationalratswahl in Österreich am 15. Oktober 2017

Partei	Anteil der Wahlstimmen
ÖVP	31,5%
SPÖ	26,9%
FPÖ	26%
NEOS	5,3%
Liste Peter Pilz	4,4%
Grüne	3,8%
Sonstige	2,1%

Wir trainieren Kompetenzen

1. Arbeitsauftrag: Erstellt in Kleingruppen einen Fragebogen mit fünf Fragen, die sich auf die europäische und die österreichische Identität beziehen. Tauscht euren Fragebogen mit einer anderen Gruppe und füllt ihn aus. Wertet anschließend eure Ergebnisse aus. Präsentiert eure Antworten in der Klasse. Diskutiert über eure Ergebnisse.

Arbeite nach M6

2. Arbeitsauftrag: Lies die folgenden Zitate zum Thema „Heimat". Welches entspricht am ehesten deiner persönlichen Vorstellung von Heimat? Begründe deine Wahl.

Arbeite nach M1

Ohne Heimat sein heißt leiden. (Fjodor Michailowitsch Dostojewskij (1821–1881), russischer Romanautor)	Niemand darf seine Wurzeln vergessen. Sie sind Ursprung unseres Lebens. (Federico Fellini (1920–1993), italienischer Regisseur)	Heimat ist nicht der Ort, sondern die Gemeinschaft der Gefühle. (Verfasser unbekannt)
Wo es dir gut geht, dort ist die Heimat. Auch: Wo ich ein guter Mensch sein kann, da ist mein Vaterland, bin ich gern zuhause. (Pacuvius (220–130 v. Chr.), römischer Tragödiendichter)	Man weiß nicht, was man an der Heimat hat, bis man in die Ferne kommt. (Deutsches Sprichwort)	Heimat ist da, wo man sich nicht erklären muss. (Johann Gottfried von Herder (1744–1803), deutscher Kulturphilosoph)
Wenn man keine Heimat hat, kann man auch keine verlieren. (Ein Obdachloser)	Home is where my computer is. (Graffito)	Gastsein ist gut. Heimkommen ist besser. (Aus Gabun)

3. Arbeitsauftrag: Werte die Grafik aus. Berichte deiner Facebook-Freundin Kim in Kanada über die Ergebnisse der drei Wahlgänge. Teile ihr auch mit, warum deiner Meinung nach Alexander van der Bellen die Wahl für sich entscheiden konnte.

Arbeite nach M6

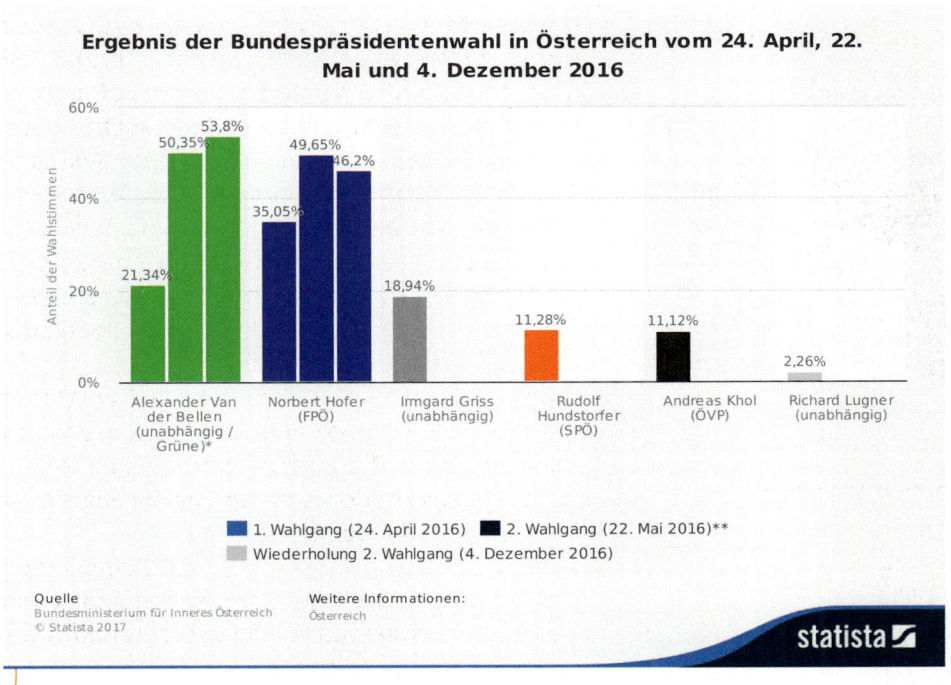

Bundespräsidentenwahl 2016

Methoden für Geschichtsforscherinnen und -forscher

Auf dieser und den folgenden fünf Seiten lernst du Methoden und Arbeitstechniken kennen. Sie helfen dir, Quellen und Darstellungen der Vergangenheit zu erschließen und damit besser zu verstehen. Wenn du dir bei einem Arbeitsauftrag nicht sicher bist, wie du diesen bearbeiten sollst, kannst du immer wieder auf diesen Seiten nachschauen.

Arbeite nach M1 Dieses Symbol verweist auf die jeweilige Methode und Arbeitstechnik.

Methode
Arbeite nach M1

Arbeiten mit einer schriftlichen Quelle und Darstellung
Schriftliche Quellen und Darstellungen enthalten wichtige Informationen über die Vergangenheit. Schriftliche Quellen sind Dokumente, Urkunden, Verträge, Rechnungen, Chroniken, Inschriften, Biographien, Augenzeugenberichte, Zeitungen, Zeitschriften und vieles mehr. Wichtig dabei ist, dass **schriftliche Quellen** in der Vergangenheit entstanden sind und uns heute zur Verfügung stehen. **Schriftliche Darstellungen** fassen Antworten an die Vergangenheit zusammen. Der Verfassertext in deinem Schülerbuch ist also eine Darstellung der Vergangenheit, die auf unterschiedlichen Quellen beruht.

Inhalt erfassen
- ☐ Lies den Text genau. Achte besonders auf Personen- sowie Orts- und Zeitangaben.
- ☐ Kläre alle Wörter und Aussagen, die du nicht verstehst, zB mit einem Wörterbuch.
- ☐ Fasse den Text mit eigenen Worten zusammen.

Untersuchen
- ☐ Wer schrieb den Text?
- ☐ Wann wurde der Text geschrieben?
- ☐ Erlebte der Autor oder die Autorin die beschriebene Zeit, das Ereignis selbst mit oder schrieb er oder sie das Ereignis erst später nieder?
- ☐ Für wen war der Text bestimmt?
- ☐ Um welche Art von Text (Erzählung, Urkunde, Gedicht usw.) handelt es sich?
- ☐ Zu welchem Zweck wurde der Text verfasst?
- ☐ Hatte die Verfasserin oder der Verfasser des Textes möglicherweise besondere Absichten?
- ☐ Wird ein Sachverhalt parteiisch dargestellt oder eine Person einseitig beurteilt?

Deuten
- ☐ Stelle Fragen an die Quelle: Was möchtest du erfahren? Für welchen Zusammenhang suchst du eine Antwort? Auf welche Frage oder Fragen kann die Quelle eine Antwort oder mehrere Antworten geben?
- ☐ Formuliere deine eigene Deutung des historischen Sachverhalts unter Einbeziehung der Quelle und anderer Informationen. (Nicht alle Fragen lassen sich bei jeder Quelle beantworten!)

Spezialfall: Flugblätter
Die Erfindung des Buchdrucks durch Johannes Gutenberg hatte ungeahnte Auswirkungen: Es wurden nicht nur viele neue Bücher in hohen Auflagen gedruckt. Die Druckerpresse diente auch zur Herstellung von Flugblättern. Damit konnten die Menschen rasch über wichtige Ereignisse informiert werden. Sie wurden auch dazu benutzt, um politische Forderungen öffentlich bekannt zu machen. Beim Untersuchen und Deuten von Flugblättern gehst du genauso vor wie bei der Deutung einer schriftlichen Quelle.

Methode
Arbeite nach M2

Bilder beschreiben, untersuchen und deuten
Unterschiedliche Arten von Bildern (zB Fotos, Gemälde, Zeichnungen, …) können dir wertvolle Informationen über die Vergangenheit geben. Du musst allerdings genau hinsehen und beobachten, was der Künstler oder die Künstlerin gemalt, gezeichnet oder fotografiert hat, wie er oder sie es dargestellt hat. Dann musst du die richtigen Fragen stellen, um ein Bild zum Sprechen zu bringen.

Beschreiben
- ☐ Beschreibe das Dargestellte (Personen, Tiere, Gegenstände, …).
- ☐ Was ist im Vordergrund, was im Hintergrund zu sehen?
- ☐ Wenn Personen auf dem Bild sind: Beschreibe ihre Körperhaltung, ihre Kleidung und ihren Gesichtsausdruck.

Untersuchen

- ☐ Sagt uns das Bild etwas über das Verhältnis der Personen zueinander und ihre gesellschaftliche Stellung?
- ☐ Ist die Darstellung naturgetreu oder weichen bestimmte Einzelheiten von der Wirklichkeit ab?
- ☐ Wer hat das Werk geschaffen?
- ☐ Wurde das Werk in Auftrag gegeben?
- ☐ Wen möchte die Künstlerin oder der Künstler ansprechen?
- ☐ Will die Künstlerin oder der Künstler etwas besonders hervorheben?
- ☐ Mit welcher Technik wurde das Werk geschaffen?
- ☐ Finde heraus, mit welchen Mitteln die Künstlerin bzw. der Künstler arbeitet, zB durch den Einsatz von Licht und Schatten, die Richtung des Lichteinfalls, die Anordnung von Personen und Gegenständen.
- ☐ Ist die Aussage bzw. der Zweck des Werkes erkennbar?
- ☐ Handelt es sich um eine zeitgenössische bildliche Quelle oder um eine bildliche Darstellung aus einer anderen Zeit?
- ☐ Beachte die Informationen der Bildunterschriften.

Deuten

- ☐ Formuliere die Gesamtaussage des Bildes.
- ☐ Wie wirkt das Bild auf dich?
- ☐ Welche Botschaften oder Aussagen vermittelt das Bild?
- ☐ Erkläre, welche für die Zeit typischen Sichtweisen, Vorstellungen oder Haltungen das Bild verdeutlicht.

(Nicht alle Fragen lassen sich bei jeder Bildquelle oder Darstellung beantworten!)

Spezialfall: Herrscherbilder

Viele Herrscherbilder gab die oder der Dargestellte selbst in Auftrag. Der Künstler bzw. die Künstlerin erhielt Anweisungen, die Herrscherfigur so zu malen oder zu fotografieren, wie sie selbst gerne gesehen werden möchte. Um zu erfahren, wie sich die Herrscherin oder der Herrscher selbst verstand und wie sie oder er sich ihre bzw. seine Beziehung zu anderen Menschen vorstellte, musst du ein Herrscherbild entschlüsseln.

Beim Untersuchen und Deuten von Herrscherbildern gehst du genauso vor wie bei der Bilddeutung.

Beachte besonders

- ☐ Finde aus der Bildunterschrift oder dem Text wichtige Angaben zur abgebildeten Person, zur Auftraggeberin bzw. zum Auftraggeber des Bildes, zur Malerin bzw. zum Maler, zur Zeit heraus.
- ☐ Beschreibe die Haltung, die Blickrichtung, die Haartracht und die Kleidung der abgebildeten Person und den Raum um die Person.
- ☐ Liste Symbole auf, die der Person zugeordnet sind.
- ☐ Überlege, zu welchem Zweck das Bild gemalt wurde und welche Wirkung die Auftraggeberin bzw. der Auftraggeber damit erzielen wollte.
- ☐ Ordne das Bild in die Zeit ein und beurteile, wie das Bild auf die Betrachterin oder den Betrachter damals gewirkt haben könnte. Wie wirkt das Bild auf heutige Betrachterinnen und Betrachter?

Spezialfall: Fotografien

Unsere Vorstellungen von Vergangenheit werden stark von Fotografien bestimmt. Fotos dienen als Geschichtsquelle, deswegen sollten wir sie kritisch betrachten und beurteilen. Fotos sind nicht einfach eine Abbildung der Wirklichkeit. Eine Fotografin oder ein Fotograf kann beispielsweise ihre oder seine persönliche Wertung im Bild zum Ausdruck bringen.

Schon seit der Erfindung der Fotografie wurden Fälschungen hergestellt, um Menschen gezielt zu beeinflussen. Es gibt berühmte Bilder, die mit Absicht verändert und gefälscht (retuschiert) wurden, um eine bestimmte Wirkung zu erzielen. Manche Fotos werden vor der Öffentlichkeit geheim gehalten (Zensur), gelegentlich unterlegt man Fotos mit irreführenden Texten. Heute, im Zeitalter von Photoshop, kann sich jede und jeder eine „Fotowelt" zusammenfälschen.

Beim Untersuchen und Deuten von Fotografien gehst du genauso vor wie bei der Bilddeutung.

Beachte besonders

- ☐ Welche Rolle spielt der Bildhintergrund?
- ☐ Hat die Fotografin oder der Fotograf Ereignisse bzw. Personen herausgehoben bzw. zurückgesetzt?
- ☐ Kann man eventuell erkennen, unter welchen Umständen die Aufnahme entstand? Handelt es sich um einen Schnappschuss?
- ☐ Wirkt das Foto arrangiert?
- ☐ Handelt es sich um eine private Aufnahme oder um eine professionelle Studioaufnahme?
- ☐ Welcher Moment des Geschehens wurde festgehalten?
- ☐ Aus welcher Perspektive wurde fotografiert?
- ☐ Warum und zu welchem Zweck wurde das Foto veröffentlicht?
- ☐ Wurde das Foto nachträglich bearbeitet?

Spezialfall: Rekonstruktionszeichnungen

Rekonstruktionszeichnungen sind Darstellungen von historischen Bauwerken und Gegenständen, die nicht im ursprünglichen Zustand erhalten sind, oder von typischen historischen Situationen und Szenen. Sie beruhen oft auf wissenschaftlichen Erkenntnissen.
Beim Untersuchen und Deuten von Rekonstruktionszeichnungen gehst du genauso vor wie bei der Bilddeutung.

Beachte besonders

- ☐ Handelt es sich um einen einzelnen Gegenstand, ein Bauwerk, eine historische Szene, …?
- ☐ Was weißt du bereits über das Thema?
- ☐ Was sagt die Rekonstruktionszeichnung über das Thema aus?
- ☐ Welche historischen Quellen stehen zur Verfügung, damit die Zeichnerin oder der Zeichner weiß, wie der Gegenstand, das Bauwerk oder die historische Szene ausgesehen hat?
- ☐ Woher weiß die Zeichnerin oder der Zeichner über die Vergangenheit Bescheid?
- ☐ Welchen Zweck erfüllt die Zeichnung?
- ☐ Welche Fragen an die Vergangenheit werden mit der Zeichnung beantwortet?
- ☐ Welche Möglichkeiten stehen zur Verfügung, um zu überprüfen, ob die Zeichnung historisch möglich oder zulässig ist?
- ☐ Was würdest du möglicherweise an der Rekonstruktionszeichnung kritisieren? Begründe deine Kritik.

Spezialfall: Karikaturen

Karikaturen stellen Zeitereignisse auf eine lustige, aber auch kritische, oft übertriebene Weise dar. Meist will die Zeichnerin oder der Zeichner bei den Betrachtenden nicht nur erreichen, dass diese sich amüsieren. Sie sollen auch erkennen, um welches Problem, welchen Missstand es sich handelt. Auch Karikaturen können also das historische Bewusstsein der Menschen beeinflussen. Beim Untersuchen und Deuten von Karikaturen gehst du genauso vor wie bei der Bilddeutung.

Beachte besonders

- ☐ Welche Personen sind dargestellt?
- ☐ Hat die Karikatur einen Bezug zu einem geschichtlichen Ereignis, zu einem Land oder zu mehreren Ländern?
- ☐ Zu welchen Seiten im Schülerbuch gibt es Zusammenhänge (Bilder, Texte, Quellen, Fragen)?
- ☐ Welche Aussage wollte die Zeichnerin oder der Zeichner den Betrachtenden möglicherweise vermitteln?

Arbeite nach M3

Methode

Bauwerke und Denkmäler beschreiben, untersuchen und deuten

Bauwerke und Denkmäler sind typisch für die Zeit, in der sie errichtet wurden. Sie geben Auskunft über das Leben der Menschen in früheren Zeiten. Bauwerke, im Besonderen Denkmäler, können die Vergangenheit darstellen und Geschichte erzählen.

Beschreiben

- ☐ Um welche Art Gebäude oder Denkmal handelt es sich?
- ☐ Beschreibe die Lage bzw. den Standort des Bauwerks oder des Denkmals.

Untersuchen

- ☐ Wann wurde das Gebäude bzw. das Denkmal errichtet?
- ☐ In welchem Baustil wurde es errichtet?
- ☐ Bestimme die Maße des Gebäudes oder des Denkmals.
- ☐ Bestimme anhand der einzelnen Gebäudeteile und Räume die Funktion des Bauwerks.
- ☐ Stelle fest, wer das Bauwerk oder das Denkmal errichten ließ und ob es einen bestimmten Anlass dafür gab.
- ☐ Finde heraus, wer die Bauarbeiten bezahlte.
- ☐ Untersuche die Baugeschichte: Wurden Teile nachträglich an- oder umgebaut? Welche Gründe gab es dafür?

Deuten

- ☐ Welche Wirkung oder Aussage wird durch die Lage bzw. den Standort eines Gebäudes oder eines Denkmals erreicht?
- ☐ Stelle Vermutungen darüber an, wie das Bauwerk oder das Denkmal auf die Menschen wirkte und welche Absichten die Erbauerin oder der Erbauer damit verfolgte.
- ☐ Triff Aussagen über den heutigen Verwendungszweck.

Methode

Geschichtskarten bzw. historische Karten auswerten

Geschichtskarten stellen einen Sachverhalt aus der Vergangenheit, zB ein bedeutsames Ereignis oder den Verlauf eines Ereignisses, thematisch dar. Historische Karten zeigen zB das zur Zeit ihrer Entstehung bekannte Weltbild oder einen Stadtplan aus der Zeit. Karten geben dir die Möglichkeit, dich schnell und anschaulich über die Vergangenheit zu informieren und dich in Zeit und Raum zu orientieren. Um eine Geschichtskarte oder eine historische Karte „zum Sprechen" zu bringen, kannst du so vorgehen:

Beschreiben
☐ Nenne das Thema der Karte.
☐ Beschreibe, welcher Zeitpunkt oder Zeitraum dargestellt wird.
☐ Benenne, welcher geographische Ausschnitt dargestellt ist (Ort, Region, Land, Kontinent).

Untersuchen
☐ Finde, wenn möglich, heraus, wann die Karte entstanden ist.
☐ Stelle fest, ob in der Karte ein Zustand oder eine Entwicklung dargestellt ist.
☐ Arbeite die wichtigen Informationen heraus. Achte dabei auf die Kartenlegende. Sie informiert dich darüber, was die Farben, Linien und Symbole in der Karte bedeuten.
☐ Liste auf, welche Einzelheiten dir besonders auffallen.
☐ Vergleiche die Informationen aus der Karte mit deinem bisherigen Wissen.

Deuten
☐ Fasse die Aussagen der Karte zusammen.
☐ Stelle fest, welche Fragen an die Vergangenheit mit der Karte beantwortet werden können und welche nicht.

Methode

Filme als Geschichtsdarstellungen beschreiben, untersuchen und deuten

Eine Auseinandersetzung mit Filmen als Geschichtsdarstellungen ist nicht einfach, da jede Filmform – Amateurfilme mit Zufallsaufnahmen, Wochen- oder Tagesschauen, wissenschaftliche Dokumentarfilme, Spielfilme – jeweils andere Fragestellungen verlangt.

Beschreiben
☐ Fasse die Handlung des Filmes bzw. des Filmausschnitts kurz zusammen.
☐ Finde wesentliche Informationen über den Film heraus: Regisseurin oder Regisseur, Darstellerinnen und Darsteller, Auftraggeberin bzw. Auftraggeber, Entstehungszeitraum, Länge des Films, Drehort(e), Produktionsland bzw. -länder, …

Untersuchen
☐ Welches historische Ereignis wird dargestellt?
☐ Liegt der Handlung eine wirkliche Begebenheit zu Grunde oder wird nur eine erdachte Geschichte in einer vergangenen Zeit dargestellt?
☐ Welche Personen stehen im Mittelpunkt der Handlung und warum?
☐ Gibt es zum Film eine Romanvorlage?
☐ Mit welcher Absicht könnte eine bestimmte Art der Darstellung – Perspektiven, Kameraführung, Musikunterlegung usw. – gewählt worden sein?

Deuten
☐ Will der Film vorwiegend unterhalten, informieren, beeinflussen oder zum Nachdenken anregen?
☐ Wie stark fühlt sich die Drehbuchautorin bzw. der Drehbuchautor oder die Regisseurin bzw. der Regisseur dem historischen Wahrheitsgehalt verpflichtet?
☐ Inwiefern weicht sie oder er davon ab?
☐ Sind Wertungen erkennbar? Inwiefern werden Gefühle angesprochen? Ist das an bestimmten Stellen beabsichtigt?
☐ Erlauben mir meine Geschichtskenntnisse ein Urteil darüber, ob die historischen Ereignisse sachlich richtig dargestellt sind, oder muss ich weitere Informationen einholen?

Spezialfall: Dokumentarfilm
Fast täglich können wir im Fernsehen historische Dokumentarfilme sehen. Sie berichten über Ereignisse aus der Vergangenheit. Dokumentarfilme zeigen Quellen, Bilder, Filme und lassen oft Expertinnen und Experten oder auch Zeitzeuginnen und Zeitzeugen zu Wort kommen.

Untersuchen
☐ Schau dir den gesamten Film an. Notiere deine Eindrücke.
☐ Schau dir den Film ein zweites Mal, diesmal in kurzen Abschnitten, an. Notiere in Stichwörtern, worüber der Film informiert.
☐ Fasse das Thema oder die Forschungsfrage des Films in ein bis zwei Sätzen zusammen.

- Lege eine Tabelle mit drei Spalten an. Stelle zuerst die filmischen Elemente (nachgestellte Szenen, Interviews, …) den filmischen Mitteln (Kameraeinstellung, Kameraperspektive, Kameraführung, Ton und Musik, Inszenierung, wissenschaftliche Dokumentation) gegenüber.
- Arbeite anschließend heraus, welche Wirkung mit den filmischen Elementen und Mitteln erzielt werden soll.
- Überprüfe Szenen, die du für unsachlich hältst, mit Hilfe anderer Darstellungen oder Quellen, zB in deinem Geschichtebuch.
- Stelle fest, ob der Film zu seinem Thema bzw. seiner Forschungsfrage eine schlüssige Antwort gibt, und begründe deine Meinung.
- Stelle dar, ob der Film einen historischen Sachverhalt oder ein historisches Ereignis einseitig wiedergibt oder aus unterschiedlichen Perspektiven erläutert.
- Beurteile, ob der Film unterhalten, informieren oder beides will.
- Beurteile auf der Grundlage deiner Untersuchungen, inwieweit die Informationen aus dem Film glaubwürdig sind.

Arbeite nach M6

Methode

Grafiken und Schaubilder beschreiben, untersuchen und interpretieren

Grafiken und Schaubilder beinhalten sowohl verbale als auch bildliche Informationen. Sie liefern Informationen, indem sie Zahlen und Werte verbildlichen oder schwierige Sachverhalte möglichst übersichtlich darstellen. Ihr Vorteil liegt in einer größeren Anschaulichkeit.

Beschreiben

- Benenne, welche Diagrammform für die Grafik gewählt wurde. Handelt es sich um ein Kreis- bzw. Tortendiagramm, ein Kurvendiagramm oder ein Säulen- bzw. Balkendiagramm? Bei einem Schaubild: Welche bildlichen Elemente wurden gewählt, um einen Vorgang oder einen Sachverhalt darzustellen? Welche Ordnung lässt sich erkennen?
- Welche Farben wurden verwendet?
- Nenne das Thema der Grafik oder des Schaubildes. Beachte dazu die Überschrift.

Untersuchen

- Stelle fest, ob es eine räumliche und zeitliche Abgrenzung gibt. Beachte dazu die Legende.
- Arbeite heraus, welche Zahlenwerte und welche Einheiten auf der x- und y-Achse bei der Grafik verwendet wurden.
- Finde heraus, aus welcher Quelle die Daten stammen. Wann ist sie erschienen?
- Ermittle, ob sich zeitliche Entwicklungen (zB Zunahme oder Abnahme), Regelhaftigkeiten, bedeutsame Details und Zusammenhänge ablesen lassen.

Interpretieren

- Erläutere die wichtigsten Aussagen.
- Erkläre die dargestellten Sachverhalte.
- Arbeite mögliche Ursachen und Folgen heraus.
- Überprüfe, ob die Art der Darstellung (Diagrammform, Gestaltung des Schaubilds) und die Aussagegenauigkeit geeignet sind, um deine Fragen an die Vergangenheit zu beantworten.
- Überlege, ob du zur Klärung deiner Fragen zusätzliche Informationen aus anderen Quellen und Darstellungen benötigst.
- Stelle fest, ob Sachverhalte verzerrt oder verfälscht dargestellt werden.

Spezialfall: Eine Umfrage gestalten

Grafiken helfen dir auch, die Ergebnisse einer Befragung darzustellen.
- Lege die Forschungsfrage fest.
- Formuliere dazu einige Fragen.
- Erstelle einen Fragebogen.
- Erfasse die Umfragedaten.
- Werte die Ergebnisse zB mit Grafiken aus.
- Halte die Ergebnisse in einem kurzen Bericht schriftlich fest.

Spezialfall: Statistiken

Statistische Angaben sind eine wichtige Grundlage für die Informationsbeschaffung vor allem in der Politischen Bildung. Statistiken beruhen immer auf Zahlen, die in unterschiedlichen Formen, zB als Diagramme, Schaubilder oder Tabellen, dargestellt werden. Amtliche Statistiken, zB von der Statistik Austria oder von EUROSTAT, sind in der Regel sehr verlässliche Datenquellen. Sind Statistiken als Schaubilder oder Diagramme dargestellt, kannst du diese mit den oben angeführten Arbeitsschritten auswerten.

Beachte besonders

Sind Statistiken als Tabellen verfügbar, enthalten sie meist eine große Fülle von Zahlen. Hier ist es wichtig, dass du dir zuerst einen Überblick über den Aufbau der Tabelle verschaffst. Die Überschrift gibt in Verbindung mit der Kopfleiste und der Randspalte wichtige Informationen zum Verständnis der Tabelle. Wichtig ist auch, dass du dir über die Art der Zahlen bewusst bist. Handelt es sich um Mengen, Größen oder Häufigkeiten, die in absoluten Zahlen dargestellt sind? Oder handelt es sich um relative Zahlen, die einen Zusammenhang zwischen zwei oder mehreren Zahlenwerten zeigen?

Arbeitstechniken

Arbeite nach A1

Arbeitstechnik

Im Internet recherchieren

Im Internet Informationen zu recherchieren geht schneller und einfacher als eine Bibliothek aufzusuchen. Außerdem bietet es eine ungeheuer große Fülle an Informationen. Unter den Millionen Webseiten gibt es aber auch solche, die falsche Informationen oder Unsinn verbreiten. Es ist daher sehr wichtig herauszufinden, welche Seiten sachlich richtige Informationen bieten.

Wichtig ist:

☐ Stelle fest, von wem die Informationen sind (eine Privatperson, eine Firma, eine wissenschaftlichen Einrichtung, …)? Werden Name und Adresse einer Person oder einer Institution genannt?

☐ Ist ein Datum angegeben, wann die Seite ins Internet gestellt oder aktualisiert wurde?

☐ Kannst du eine Absicht erkennen, mit der die Seite ins Internet gestellt wurde? Will jemand damit informieren, etwas verkaufen oder andere beeinflussen?

☐ Bleibe skeptisch, wenn sich diese Fragen nicht beantworten lassen. Frage im Zweifelsfall deine Lehrerin oder deinen Lehrer.

Wie geht man es an?

1. Vorbereiten

☐ Formuliere zunächst eine Forschungsfrage. Das ist wichtig, damit du dein Ziel nicht aus den Augen verlierst. **Beispiel:** „Wie lebten die Ritter?" Wenn du diese Frage in der Suchmaschine Google eingibst, erhältst du in knapp einer Sekunde etwa 280.000 Ergebnisse, darunter auch speziell für Kinder und Jugendliche erstellte Webseiten.

☐ Wähle zur Beantwortung deiner Forschungsfrage in einem ersten Schritt höchstens fünf Seiten. Falls du deine Frage nicht ausreichend beantworten kannst, kannst du auf weiteren Seiten recherchieren.
Surfen ist zeitaufwändig. Vergiss beim Recherchieren nicht, welche Informationen du wirklich suchst. Setze dir ein Zeitlimit!

☐ Beschaffe dir historische Grundinformationen aus Internetadressen, Katalogen von Museen, Archiven, Bildungseinrichtungen, Suchmaschinen.

☐ Sammle Fragestellungen: wer, wann, Ursachen, Verlauf, Folgen, Auswirkungen, Bedeutung des Themas, Aktualität heute, damit du dir das Wichtigste leicht merken kannst!

2. Sammeln

☐ Lege auf deinem Computer einen neuen Ordner an. Speichere darin die gefundenen Dokumente und Bilder.

☐ Setze jeweils Überschriften zu den Dokumenten und Bildunterschriften zu den Bildern dazu.

☐ Kopiere und speichere die Nachweise (Internetadresse = URL, Zugriffsdatum).

3. Bearbeiten

☐ Überprüfe die Zuverlässigkeit deiner Internetquellen. Vergleiche verschiedene Internetquellen miteinander. Verwende für deine Überprüfung auch Fachbücher zum Thema.

☐ Gliedere das gefundene Material.

☐ Lade die Informationen nicht nur einfach herunter, sondern fasse sie in eigenen Worten zusammen.

☐ Erstelle aus den Materialien, die du gesammelt hast, deine eigene historische Erzählung.

Arbeite nach A2

Arbeitstechnik

Diskussion – Grundregeln für eine Diskussion(sleitung)

☐ Alle, die sich melden, müssen zu Wort kommen.

☐ Jeder lässt jeden ausreden.

☐ Jeder hört jedem zu.

☐ Die Schülerinnen und Schüler kommen in der Reihenfolge ihrer Meldung dran.

☐ Damit alle zuhören können, muss bei der Diskussion Ruhe herrschen.

☐ Beleidigungen und Beschimpfungen gehören nicht in eine Diskussion.

☐ Für die Diskussion sollte eine Gesprächsleiterin oder ein Gesprächsleiter bestimmt werden. Das muss nicht immer die Lehrerin oder der Lehrer sein.

☐ Wenn zwei gleichzeitig reden, entscheidet die Diskussionsleiterin oder der Diskussionsleiter, wer dran ist.

☐ Nur die Person, die die Diskussion leitet, hat das Recht – wenn notwendig – zu unterbrechen.

Operatoren und Anforderungsbereiche

Operator	Beschreibung
Anforderungsbereich I	
auflisten, zusammenstellen	Du schreibst Informationen in Kurzform auf, zB in kurzen Sätzen, in Stichwörtern oder in einer Tabelle.
aufzählen	Du entnimmst einem Text oder einem anderen Material einzelne Aussagen und ordnest sie sinnvoll.
beschreiben	Du gibst wieder, was du auf einem Bild, in einem Text oder einem anderen Material zu einem Thema erkennen kannst.
ermitteln	Du stellst mit Hilfe von zur Verfügung gestellten Informationen Sachverhalte oder Zusammenhänge fest.
gegenüberstellen	Du beschreibst verschiedene Informationen, Aussagen oder Sachverhalte, ohne sie zu bewerten.
nennen, benennen	Du entnimmst einzelne Begriffe und Informationen aus vorgegebenen Texten und Materialien.
wiedergeben	Du suchst aus einem oder mehreren Texten nach wichtigen Informationen oder Aussagen und wiederholst diese.
zusammenfassen	Du liest einen oder mehrere längere Texte und gibst den Inhalt in verkürzter Form wieder.
Anforderungsbereich II	
analysieren	Du untersuchst ein Material oder einen Sachverhalt umfassend nach allen vorgegebenen oder selbst gewählten Aspekten und stellst deine Ergebnisse begründet dar.
begründen	Du suchst in Texten und Materialien nach Gründen, warum sich Ereignisse in einer bestimmten Form zugetragen haben oder warum Menschen in einer bestimmten Art und Weise gehandelt haben. Anschließend gibst du die Zusammenhänge ausführlich mit deinen eigenen Worten wieder.
charakterisieren	Du beschreibst das Besondere einer Sache oder einer Person.
erklären	Du äußerst dich ausführlich zu Abläufen, Ereignissen, Zuständen oder Handlungen und machst dabei Gründe und Zusammenhänge deutlich.
erläutern	Du stellst Sachverhalte oder Handlungen ausführlich dar. Dabei entscheidest du selbst, was du für besonders wichtig hältst und du demzufolge sehr genau darlegst, was du nur kurz erwähnst oder was du weglassen willst.
erstellen	Du stellst einen Sachverhalt strukturiert dar. Dabei verwendest du wichtige Fachbegriffe.
herausarbeiten	Du liest einen Text oder siehst dir anderes Material unter einem bestimmten Gesichtspunkt an und gibst die wichtigsten Gedanken dazu in eigenen Worten wieder.
herausfinden/recherchieren	Du suchst in verschiedenen Texten und Materialien nach Antworten auf Fragen bzw. auf Lösungen bestimmter Probleme und formulierst diese mit deinen eigenen Worten.
prüfen	Du vergleichst Informationen aus den Materialien mit vorhandenen Kenntnissen und stellst fest, ob beides übereinstimmt oder sich widerspricht.

vergleichen	Du stellst unterschiedliche Aussagen oder Informationen gegenüber und findest heraus, worin sie sich gleichen, ähneln oder sich völlig unterscheiden.
zuordnen, einordnen	Du stellst Sachverhalte oder Positionen in einen Zusammenhang. Dabei kann es hilfreich sein, die Informationen unter bestimmten Überschriften oder Oberbegriffen zu sortieren.

Anforderungsbereich III

beurteilen	Du untersuchst Sachverhalte, Aussagen, Vorschläge oder Maßnahmen unter einem bestimmten Aspekt und entscheidest begründet, ob sie zutreffen oder nicht.
bewerten	Du formulierst zu Sachverhalten, Aussagen, Vorschlägen oder Maßnahmen ein Werturteil. Dabei legst du offen, welche Maßstäbe du anlegst.
darstellen/erzählen	Du beschreibst und erklärst einen Sachverhalt in einem weiteren Zusammenhang.
diskutieren, erörtern	Du tauschst mit Gesprächspartnerinnen und -partnern Meinungen zu einer Frage- oder Problemstellung aus. Dabei wägt ihr ab, was für einen bestimmten Standpunkt spricht und was dagegen.
entwickeln	Du entwirfst zu einem Problem einen Lösungsvorschlag und begründest ihn.
interpretieren/deuten	Du arbeitest aus einem Material (Text, Abbildung) Zusammenhänge heraus und formulierst deine begründete Meinung.
Stellung nehmen	Du prüfst eine Aussage oder eine Position auf der Grundlage fachlicher Kenntnisse und formulierst eine eigene begründete Einschätzung.
überprüfen	Du kontrollierst, ob eine Aussage, eine These, eine Argumentation oder ein Sachverhalt stimmig und angemessen ist. Dazu vergleichst du Informationen aus den Materialien mit vorhandenen Kenntnissen und stellst fest, ob beides übereinstimmt oder sich widerspricht.

Handlungsorientierte Arbeitsaufträge

Schreibe einen Tagebucheintrag.	Du vertraust dich nur dem Tagebuch an, kannst also deine ganz persönliche Sicht und deine Gefühle zum Ausdruck bringen, ohne auf andere Rücksicht zu nehmen.
Schreibe einen Brief.	Du musst dir genau überlegen, wer die Adressatin oder der Adressat deines Briefes ist und wie du zu ihr bzw. zu ihm stehst. Die Empfängerin oder der Empfänger des Briefes erwartet, dass du dich klar und verständlich ausdrückst. Sie bzw. er möchte genau wissen, worüber du schreibst, und möchte deine Gedanken und vielleicht auch deine Gefühle erkennen.

Namen und Begriffe

A

Adler, Victor: (1852–1918) Armenarzt und erster sozialistischer Parteiführer in Österreich

Alchemisten: Menschen, die im Mittelalter und in der frühen Neuzeit Gold, Silber oder andere wertvolle Edelsteine in Labors herstellen wollten

Alexander II.: (1818–1881) russischer Zar (Kaiser) von 1855 bis 1881; führte grundlegende Reformen durch wie die Aufhebung der Leibeigenschaft, Reform des Rechtswesens und der Verwaltung; versuchte mittels Polizeigewalt sozialistische Bewegungen zu unterdrücken; Er wurde bei einem Bombenanschlag getötet.

Anarchist: von griech. „anarchos", „führerlos"; jemand, der/die für Gesetzlosigkeit, Herrschaftslosigkeit eintritt

Anna von Österreich: (1601–1666) spanisch-portugiesische Infantin, Erzherzogin von Österreich, ab 1615 Königin von Frankreich, ab 1643 Regentin für ihren minderjährigen Sohn Ludwig XIV.

Apartheid: von 1949 bis 1992 Rassentrennung in Südafrika; weiße Einwohner hatten alle Rechte und lenkten die Politik, alle anderen Bevölkerungsgruppen waren benachteiligt.

Aspern: heute Teil von Wien, 22. Bezirk

Atahualpa: letzter → Inka-Herrscher, den der spanische Eroberer → Pizarro 1532 gefangennehmen und im darauf folgenden Jahr erdrosseln ließ

Audienz: feierlicher offizieller Empfang

B

Barrikade: Straßensperre, Hindernis, Verschanzung

Beringstraße: 1728 vom dänischen Forscher Vitus Bering entdeckt; die Beringstraße, die zwischen Alaska und Sibirien liegt, ist von Mitte Juni bis Oktober eisfrei.

Bill of Rights: englisches Staatsgrundgesetz von 1689; mit diesem Gesetz wurden die Voraussetzungen für eine parlamentarische Regierungsform in Großbritannien geschaffen.

Bismarck, Otto von: (1815–1898) 1862 wurde er von König Wilhelm I. zum preußischen Ministerpräsidenten berufen. Nach der Gründung des deutschen Kaiserreiches 1871 wurde er Reichskanzler. Dieses Amt hatte er bis 1890 inne.

Bolschewiki: russisch „Mehrheitler"; Flügel der russischen Sozialdemokraten, von → Lenin geführt; seit 1912 selbstständige Partei; bewegende Kraft der Oktoberrevolution 1917 im Kampf gegen die Zarenherrschaft

Boulton, Matthew: (1728–1809) britischer Industrieller; gründete gemeinsam mit → James Watt die Firma „Boulton& Watt". Diese erzeugte die weltberühmten → „Boulton& Watt"-Dampfmaschinen.

Bourbon: französisches Herrscher-geschlecht

Bundesversammlung: hatte ihren Sitz in Frankfurt am Main; Versammlung von Abgesandten einzelner Länder des → Deutschen Bundes unter dem Vorsitz von Österreich; zuständig für auswärtige, militärische und innere Verhältnisse des Bundes

C

Calvin, Johannes: (1509–1564) aus Frankreich stammender Reformator, der später in Genf (Schweiz) einen strengen Gottesstaat gründete. Seine Lehre verbreitete sich in großen Teilen West- und Osteuropas sowie in Nordamerika.

Colbert, Jean-Baptiste: (1619–1683) unter König Ludwig XIV. französischer Staatsmann und Begründer des Merkantilismus

Cortez, Hernan: (1485–1547) spanischer Eroberer; nach der Eroberung des Aztekenreiches wurde er Statthalter „Neuspaniens". Er nahm noch an weiteren Expeditionen teil, verbrachte aber die letzten Lebensjahre in seiner Heimat Spanien.

Cuzco: im heutigen Peru, auf 3500 Meter Seehöhe gelegene ehemalige Hauptstadt der → Inka

D

Dampfmaschine: Arbeits- und Kraftmaschine, die auf der Nutzung des Wasserdampfes beruht. James Watt erfand 1765 die erste leistungsfähige Maschine, mit der die Industrielle Revolution eingeleitet wurde.

Dampfschiff: Der Amerikaner Robert Fulton verwendete 1807 erstmals eine → Dampfmaschine von → James Watt zum Antrieb eines Schiffes.

Denunziant: Verleumder, Verräter

Deutsche Nationalversammlung: Sie trat 1848 in Frankfurt am Main mit dem Ziel der Gründung eines geeinten Deutschen Reiches zusammen. 1849 wurde sie wieder aufgelöst.

Deutscher Bund: Staatenbund deutscher Fürstentümer und freier Städte; 1815 gegründet, 1866 gewaltsam aufgelöst

Dynamo: Maschine zum Erzeugen von Strom

Dynastie: Herrschergeschlecht

E

Empire: von lat. „imperium", „Reich", „Herrschaft". Empire ist die Bezeichnung für das britische Vereinigte Königreich (Großbritannien und Nordirland) und seine Besitzungen (→ Kolonien) in Übersee.

Engels, Friedrich: (1820–1895) → Philosoph, Politiker, Sohn eines Textilfabrikanten; begründete gemeinsam mit → Karl Marx die Lehre vom → Sozialismus. Marx und Engels verfassten 1848 das Kommunistische Manifest.

Eriksson, Leif: Der um 970 geborene norwegische Wikinger wurde um das Jahr 1000 auf der Fahrt nach Grönland von einem Sturm bis nach Nordamerika verschlagen. Damit gilt er als erster europäischer „Entdecker" Amerikas.

Ethnie: Gruppe von Menschen, die eine gemeinsame Abstammung, Sprache, Kultur, Religion etc. hat

ethnisch: einer sprachlich-kulturellen Gruppe von Menschen angehörend

F

Flamen: niederländisch sprechende Bevölkerung Flanderns (in Belgien)

Fließband: Produktionsmethode, die auf der Zerlegung von Arbeitsabläufen in verschiedene Einzelleistungen beruht. Damit wurde zB zu Beginn des 20. Jh. die Massenerzeugung in der Automobilindustrie möglich.

Friedrich II.: König von Preußen: (1740–1786) Anhänger der Aufklärung, Gegner Maria Theresias

Friedrich von der Pfalz: (1596–1632) deutscher Fürst; ließ sich als Anführer der protestantischen Union 1619 zum böhmischen König wählen. Nach der Niederlage gegen die Habsburger (1620) verlor er seinen Fürstensitz und wurde geächtet.

Frondienst: Bauern mussten meist eine gewisse Zeit im Jahr für den Grundherrn ohne Bezahlung arbeiten (Frondienste leisten).

G

Galilei, Galileo: (1564–1642) italienischer Mathematiker; Galilei gilt als Begründer der modernen Physik. Seine Erkenntnisse stützten sich auf Erfahrung und Experimente. Wegen seiner Aussage, dass sich die Erde um die Sonne dreht, wurde ihm von der Kirche der Prozess gemacht.

Gama, Vasco da: (1468–1524) portugiesischer Graf; umsegelte als erster Europäer die Südspitze Afrikas und erreichte im Jahr 1498 Indien. Wenige Jahre danach unternahm er eine zweite Fahrt und wurde zum Vizekönig von Indien ernannt.

Generalstände: Versammlung der Vertreter der Stände (Geistliche, Adel, Bürger und Bauern)

Ghega, Carl Ritter von: (1802–1860) war ein österreichischer Ingenieur und der Erbauer der Semmeringbahn von Gloggnitz bis Mürzzuschlag.

Grundbuch: Buch (Register), in dem die Rechtsverhältnisse an Grundstücken verzeichnet sind

Gustav Adolf: (1594–1632) protestantischer schwedischer König; kämpfte auf deutschem Boden mit einem großen Heer gegen die Habsburger. Nach anfänglichen Siegen verlor er bei Lützen gegen den kaiserlichen Feldherrn → Wallenstein Schlacht und Leben.

Gutenberg, Johannes: (1397–1468) Drucker; Gutenberg erfand den Buchdruck mit beweglichen Lettern. Obwohl sich seine Erfindung rasch verbreitete, verschuldete sich Gutenberg völlig und starb verarmt.

H

Haager Abkommen: Anzahl von internationalen Übereinkommen, die auf den Haager Friedenskonferenzen 1899 und 1907 beschlossen wurden; bilden einen wichtigen Teil des humanitären Völkerrechts

Häretiker: Person, die nach Ansicht der katholischen Kirche eine Irrlehre vertritt

Harvey, William: (1578–1657) englischer Arzt, untersuchte den Blutkreislauf

Heilige Allianz: Bündnis, das 1815 zwischen Russland, Preußen und Österreich geschlossen wurde; sollte die durch den Wiener Kongress festgelegte Ordnung in Europa festigen

Heller: Der Name dieser Münze stammt vom Ort Schwäbisch Hall. 1892 wurde der Heller in Österreich-Ungarn eingeführt (100 Heller = 1 Krone).

Hofer, Andreas: (1767–1810) Anführer des Tiroler Freiheitskampfes (1809/10) gegen die französische Besatzung; Er fiel durch Verrat in französische Hände und wurde in Mantua (Oberitalien) hingerichtet.

Hofetikette: feine Umgangsformen an Fürstenhöfen

Humanisten: Bezeichnung für Gelehrte zu Beginn der Neuzeit; Sie lehrten und beschäftigten sich mit → Philosophie, Rhetorik, Geschichte, besonders aber mit Latein, Altgriechisch und Hebräisch.

I

Inka: Herrschertitel im Inkareich; gleichzeitig auch Name der Großfamilie, die den Herrscher und die höchsten Beamten und Priester stellte

Inquisition: kirchliches Gerichtsverfahren, das seit dem Mittelalter speziell gegen → Ketzer, später auch gegen vermeintliche Hexen angewandt wurde. Zur „Wahrheitsfindung" war die Folter erlaubt. Ein häufiges Urteil war die Todesstrafe durch Verbrennung.

indigen: bedeutet: „eingeboren" oder „einheimisch"

investieren: (Geld) einsetzen, anlegen

J

Jefferson, Thomas: (1743–1826) Verfasser der Unabhängigkeitserklärung von 1776; wirkte wesentlich an der Ausarbeitung der Verfassung der USA (1787) mit; dritter Präsident der USA (1801–1809)

Jenner, Edward: (1749–1823) britischer Arzt, Entdecker des Impfstoffes gegen Pocken

Julius II.: (1443–1513) Unter diesem im Jahr 1503 gewählten Papst wurde der Bau des Petersdomes begonnen.

K

Kant, Immanuel: (1724–1804) deutscher → Philosoph

Karavelle: Bezeichnung für ein Segelschiff mit zwei bis drei Masten, mit dem die großen Entdeckungsreisen der Spanier und Portugiesen zu Beginn der Neuzeit durchgeführt wurden

Karikatur: Spottbild; kritische Darstellung eines bestimmten Themas

Karl V.: (1500–1558) spanischer und deutscher König, als römischer Kaiser zum letzten Mal von einem Papst gekrönt. Er überließ seinem Bruder Ferdinand die Regierung in den österreichischen Ländern. Er trat 1556 als König und Kaiser ab und lebte bis zu seinem Tod in einem spanischen Kloster.

Kartell: Zusammenschluss von gleichartigen Betrieben, die jedoch rechtlich und wirtschaftlich selbstständig sind

Kastilien: Landschaft in Zentralspanien, in der die heutige Hauptstadt Madrid liegt

Kepler, Johannes: (1571–1630) protestantischer Mathematiker und Hofastronom Kaiser → Rudolfs II. in Prag. Er errechnete die Gesetze der → Planeten-Bewegung und erfand das astronomische Fernrohr.

Ketzer: Bezeichnung für Menschen, die auf Grund ihres Glaubens von der Lehre der katholischen Kirche abweichen

Kolonie: von lat. „colere", „bebauen", „bewohnen"; Bezeichnung für die von etwa 1500 bis zum Ersten Weltkrieg von europäischen Staaten erworbenen auswärtigen, meist überseeischen Besitzungen; Diese Ländereien wurden politisch, wirtschaftlich und/oder militärisch von der jeweiligen europäischen Kolonialmacht beherrscht und ausgebeutet.

Kolumbus, Christoph: (1451–1506) Seefahrer aus Genua. Nachdem der portugiesische König es abgelehnt hatte, Kolumbus die Fahrt nach Indien auf dem Westweg zu finanzieren, bekam er den Auftrag zu dieser Reise vom spanischen König. 1492 erreichte er auf diese Weise als erster Europäer die Inseln San Salvador, Kuba und Haiti.

Kommunismus: von lat. „communis", „allen gemeinsam", „allgemein"; Auffassung von einer Gesellschaft, in der das Privateigentum in ein Gemeineigentum übergeführt wird und soziale Gerechtigkeit vorherrscht; Der Begriff bezieht sich auf alle wirtschaftlichen und politischen Lehren, die auf → Marx, → Engels, → Lenin usw. zurückgehen. Auch Bezeichnung für politische Parteien, die kommunistische Lehren diktatorisch umsetzten

Konfuzius: (um 551– um 479 v. Chr.) chinesischer → Philosoph und Staatsmann; entwarf eine Ordnung für Staat und Gesellschaft. Nächstenliebe, Gerechtigkeit, Weisheit und Treue spielten dabei eine große Rolle.

konstitutionelle Monarchie: Regierungsform, in der die politischen Rechte der Staatsorgane (König, Parlament, Regierung) durch eine → Verfassung geregelt sind

Konzentrationslager: Der Begriff ist nicht auf die Zeit des Nationalsozialismus begrenzt. Konzentrationslager wurde erstmals offiziell im deutschen Sprachraum in den Jahren 1904/05 verwendet, um Internierungs- und Sammellager für gefangene Herero und Nama zu bezeichnen. Geprägt hat diese Bezeichnung der britische Feldmarschall und Politiker Herbert Kitchener, 1. Earl Kitchener: Während des Zweiten Burenkriegs gegen die holländischstämmigen Buren in Südafrika um 1900 wurden dort die Frauen und Kinder der burischstämmigen Bevölkerung, die als potenzielle Feinde galten, in Lagern, die man amtlich als concentration camp bezeichnet hat,

zusammengefasst und interniert.

Konzil: Versammlung von Bischöfen und Kardinälen unter der Leitung des Papstes

Kopernikus, Nikolaus: (1473– 1543) deutscher Astronom und Dompfarrer; Er vertrat als erster Forscher der Neuzeit die Ansicht, dass sich die Erde mit anderen → Planeten um die Sonne dreht.

Kriegsanleihen: eine langfristige staatliche Anleihe. Die Bevölkerung finanzierte während des Ersten Weltkrieges durch den Ankauf von Kriegsanleihen einen Teil der Kriegskosten. Nach dem für Österreich und Deutschland verlorenen Krieg wurden die Kriegsanleihen nicht zurückgezahlt. Viele Menschen verloren so ihr gesamtes Vermögen.

L

Las Casas, Bartolomé de: (1474–1566) spanischer Dominikanermönch, der seit 1515 als Missionar in Mittelamerika arbeitete. Er setzte sich für die Rechte der indigenen Bevölkerung ein. Für ihre Entlastung forderte er die Einfuhr afrikanischer Sklaven nach Amerika.

Lenin, Wladimir Iljitsch Uljanow: (1870–1924) russischer Revolutionär und Politiker; beschäftigte sich intensiv mit den Lehren von → Karl Marx; wurde wegen seiner politischen Betätigung mehrfach verhaftet und verbannt; Sein Ziel war die Organisation einer Partei von Berufsrevolutionären aus der Arbeiterklasse. Lenin betrieb 1903 eine Spaltung der Sozialdemokratischen Arbeiterpartei in Menschewiki und → Bolschewiki; mit der Oktoberrevolution 1917 gelang den Bolschewiki unter Lenin der Umsturz.

liberal: die Sicherung der persönlichen Freiheit eines jeden Menschen

Locke, John: (1632–1704) englischer Arzt und Philosoph, Vordenker der Aufklärung

Louis Philippe: (1773–1850) König der Franzosen (1830–1848); bestieg 1830 nach der Julirevolution den Thron; stützte sich in seinen Regierungsgeschäften anfänglich vor allem auf das Großbürgertum; die Nicht-Einlösung einer

versprochenen Wahlrechts- und Parlamentsreform führte 1848 zu seinem Sturz. Er floh nach Großbritannien.

Luther, Martin: (1483–1546) deutscher Reformator, Begründer der „evangelischen" bzw. protestantischen Kirche

M

Magellan, Fernando: (1480–1521) portugiesischer Seefahrer; stand anfangs in portugiesischen, seit 1517 in spanischen Diensten; plante eine Fahrt um die Erde, die er großteils auch durchführte; starb in einem Kampf auf den Philippinen

Manufaktur: (von lat. manus = Hand und lat. facere = tun, machen) ist in der vorindustriellen Zeit ein gewerblicher Großbetrieb, in dem Waren serienweise arbeitsteilig in Handarbeit hergestellt wurden. In den Manufakturen wurden überwiegend Massenprodukte erzeugt (Textilien, Glas, Draht- und Metallwaren). Die Manufakturen lösten die mittelalterlichen Handwerksbetriebe ab und wurden ihrerseits in der Industrialisierung von den Fabriken verdrängt. Heutige Manufakturen sind gewerbliche Kleinbetriebe, in denen Produkte in Handarbeit hergestellt werden, was oft zu einer hohen Qualität führt.

Marcus, Siegfried: (1831–1898) gelernter Mechaniker; baute gleichzeitig mit → Nikolaus Otto Verbrennungsmotoren und Automobile. 1864 montierte er den ersten Benzin-Zweitaktmotor an einem hölzernen Wagen.

Maria Theresia: (1717–1780) bedeutende Herrscherin aus dem Hause Habsburg, u.a. Königin von Ungarn, Erzherzogin von Österreich, 1740–1780 Regentin der Habsburgermonarchie; Vertreterin des aufgeklärten Absolutismus

Marx, Karl: (1818–1883) verfasste gemeinsam mit → Friedrich Engels das Kommunistische Manifest; gilt als Begründer des wissenschaftlichen → Sozialismus (= Marxismus)

Matsuhito: (1867–1912) japanischer Kaiser; ließ Reformen im westlichen Stil durchführen. Während seiner Regierungszeit entstand das moderne Japan.

Mazarin, Jules: (1602–1661) französischer Kardinal und Staatsmann; leitete 1642 bis 1661 die Regierungsgeschäfte in Frankreich

Metternich, Clemens Wenzel, Fürst von: (1773–1859) österreichischer Staatsmann; bestimmte seit 1809 die österreichische Politik; seit dem Wiener Kongress Symbolfigur für die Unterdrückung im Vormärz. Er wurde während der Märzrevolution 1848 gestürzt.

Michelangelo, Buonarroti: (1475–1564) italienischer Bildhauer, Architekt und Maler der → Renaissance

missionieren: jemandem eine Glaubenslehre, besonders das Christentum, verkünden und ihn bzw. sie bekehren

Molière, Jean-Baptiste Poquelin: (1622–1673) französischer Komödiendichter und Schauspieler

Montezuma: (um 1465–1520) Herrscher über das Aztekenreich, wurde von → Cortez besiegt

Morse-Schreibtelegraf: Dem amerikanischen Erfinder Samuel Morse (1791–1872) gelang es 1837, mittels elektrischem Draht Buchstaben in Form von kurzen und langen Stromstößen zu übertragen und das so genannte Morse-Alphabet zu erfinden.

N

Nationalismus: von lat. „natio", das „Geborenwerden", „Geschlecht", „Volk(sstamm)"; politische Haltung, aus der heraus in übersteigerter intoleranter Weise Größe und Macht des eigenen Staates als die größten Werte angesehen werden

Nationalität: Zugehörigkeit zu einem bestimmten Staat

Newton, Isaac: (1643–1727) englischer Mathematiker, Physiker und Astronom, Entdecker des Gravitationsgesetzes

Nikolaus II.: (1868–1918) letzter russischer Zar (Kaiser) von 1894 bis 1917; gewährte nach der Revolution von 1905 das allgemeine Wahlrecht und die Schaffung einer Volksvertretung (Duma); dankte angesichts der Revolution von 1917 ab; wurde zusammen mit der Kaiserin, dem Thronfolger und seinen vier Töchtern 1918 von → Bolschewiki ermordet

O

Otto, Nikolaus: (1832–1891) deutscher Erfinder; Er nahm 1876 den ersten gut funktionierenden Viertakt-Gasmotor in Betrieb, 1884 entwickelte er die elektrische Zündung.

P

Palais: Palast, Schloss

Patent: Urkunde über das Recht zur alleinigen Nutzung einer Erfindung

Pergament: Schreibmaterial aus tierischer Haut, das noch heute für Urkunden und andere bedeutende Schriftstücke verwendet wird

Philosoph: griech. „Freund der Weisheit"; jemand, der/die nach Erkenntnis strebt und diese durch eigenständiges Denken zu erreichen sucht

Pinta: eine jener drei → Karavellen, mit denen → Kolumbus seine erste Fahrt nach Amerika antrat

Pizarro, Francisco: (1475–1541) spanischer Eroberer; eroberte das → Inka-Reich; wurde später von seinen spanischen Mitkämpfern ermordet

Planet: ein sich bewegender Himmelskörper

Platt Amendment: Das Platt Amendment wurde am 2. März 1901 vom Kongress der Vereinigten Staaten beschlossen, ursprünglich als Ergänzung zum Armeehaushaltsgesetz der USA. US-Verteidigungsminister Elihu Root hatte die Ergänzung ausgearbeitet; benannt wurde sie nach Senator Orville H. Platt aus Connecticut, der sie dem US-Senat vorlegte.

Populist: Person, die ihre Forderungen häufig nach den Ängsten einiger Bevölkerungsgruppen ausrichtet, um Bekanntheit und Anerkennung zu erlangen

Porträt: Bildnis eines Menschen

Premierminister: in vielen Staaten Bezeichnung für den Regierungschef

Propaganda: Propaganda bedeutet die gezielte und systematische Verbreitung von politischen Ideen, Weltanschauungen oder Meinungen.

R

Radetzky, Joseph Wenzel: (1766–1858) österreichischer Feldmarschall (= sehr hoher militärischer Dienstgrad)

Rat der Volkskommissare: 1917 eingerichtet; von 1923 bis 1946 oberstes ausführendes und gesetzgebendes Organ der Sowjetunion

Reichsacht: Ausschluss aus der „staatlichen" Gemeinschaft. Es war nach altem Recht jedermann erlaubt, eine geächtete Person zu töten.

Reichstag: So bezeichnete man 1848/49 die gewählte Volksvertretung in Österreich.

Renaissance: französisch, „Wiedergeburt"; Epochenbezeichnung für die Zeit von etwa 1350 bis ins 16. Jh.; zentrale Merkmale: Anlehnung an die Antike, Aufblühen der Künste

Reservationen: bestimmte, den Native Americans von der US-Regierung zugewiesene Gebiete. Native Americans wurden unter Zwang in öde und unfruchtbare Gegenden übersiedelt. Noch heute lebt ein Teil der amerikanischen Urbevölkerung der USA in Reservationen.

Rhodes, Cecil John: (1853–1902) britischer Kolonialpolitiker. Er gilt als wichtigster Verfechter des britischen Imperialismus. Er dehnte den englischen Besitz in Afrika aus. Das spätere Rhodesien wurde nach ihm benannt.

Romantik: kulturgeschichtliche Epoche vom Ende des 18. Jh. bis Ende des 19. Jh.

Rudolf II.: (1552–1612) König von Böhmen und Ungarn sowie römischer Kaiser (seit 1576)

S

Schwarze: „Blacks", Bantu sprechende Menschen in Südafrika. Der weitaus größte Teil der Bevölkerung bezeichnet sich selbst als Afrikaner oder Schwarze.

Selbstreflexion: Sicht auf sich selbst

Sozialismus: eine von der Arbeiterbewegung seit dem 19. Jh. getragene politische Bewegung; Gleichheit und Gerechtigkeit stehen im Mittelpunkt mit dem Ziel, dass Güter bzw. Eigentum gerechter verteilt werden.

Stein der Weisen: Substanz der Alchemie, die Quecksilber, Kupfer oder Blei in Gold bzw. Silber verwandeln helfen sollte.

Als Zaubertrank sollte der Stein der Weisen heilend und verjüngend wirken.

Stephenson, George: (1781–1848) englischer Eisenbahn-Ingenieur; baute 1814 seine erste Lokomotive. Er plante auch die erste Eisenbahnstrecke der Welt, die 1825 in der Nähe von Manchester (Stockton-Darlington) in Betrieb genommen wurde.

Stereotyp: Stereotype sind vereinfachende Vorstellungen über Menschen, die die Wahrnehmung einer Person bestimmen.

Sterz: einfache Speise aus Maisgrieß, Buchweizenmehl, Kartoffeln oder Bohnen; früher typisches „Armeleuteessen"

Stukkatur: plastische Wand- und Deckenverzierungen aus einem Gemisch aus Gips, Kalk, Sand und Wasser, das sich feucht leicht formen lässt und nach dem Trocknen sehr hart wird

Suttner, Bertha von: (1843–1914) österreichische Schriftstellerin, die für den Frieden in der Welt kämpfte. 1889 erschien ihr Aufsehen erregender Roman „Die Waffen nieder". 1905 erhielt sie den Friedensnobelpreis.

T

Toscanelli, Paolo: (1397–1482) florentinischer Naturforscher und Geograph; erstellte eine Seekarte mit Gradnetz, die → Kolumbus für seine Reise in den „Westen" verwendete

Trient: heute Hauptstadt des Trentino und der autonomen Region Trentino-Südtirol in Norditalien

Trotzki, Leo Dawidowitsch: (1879–1940) russischer Revolutionär und Politiker; schloss sich nach Ausbruch der Februarrevolution in Russland 1917 den → Bolschewiki an; Oberbefehlshaber der Roten Armee

U

Ultimatum: Forderung, die mit einer meist kurzen Fristsetzung für die Erfüllung der Forderung sowie mit der Androhung ernster Konsequenzen im Falle der Nichterfüllung verbunden ist

V

Vasall: Lehensmann, Gefolgsmann
Vatikan: unabhängiges, katholisches Staatsgebiet im Nordwesten Roms mit dem Papst als Staatsoberhaupt

Verfassung: Gesamtheit der Regeln über die Staatsform, die Leitung des Staates, über die Bildung und den Aufgabenkreis der obersten Staatsorgane. Diese Regeln sind meist in einem Gesetz – das selbst auch Verfassung genannt wird – niedergelegt. In diesem Gesetz sind auch die Grundrechte der Bürgerinnen und Bürger enthalten.

Vespucci, Amerigo: (um 1452–1512) aus Florenz stammender Kaufmann, Seefahrer und Entdecker, erforschte während seiner Fahrten große Teile der Ostküste Südamerikas

Völkerbundmandat: laut Satzung des Völkerbundes „Übertragung der Vormundschaft über Völker, die sich nicht selbst zu leiten vermögen, an fortgeschrittene Nationen"

Völkerrecht: Rechtsordnung, die zwischen Staaten besteht; grundlegendes Dokument ist die Charta der Vereinten Nationen.

Volkszählung: zu einem bestimmten Zeitpunkt (Stichtag) erfolgende staatliche Erhebung statistischer Daten über die gesamte Bevölkerung eines Staates (Bevölkerungszahl, Berufs- und Wohnungsverhältnisse usw.)

W

Wagram: Ort in Niederösterreich, ungefähr 15 km nördlich von Wien

Wallenstein, Albrecht Wenzel Eusebius von: (1583–1634) Feldherr im Dreißigjährigen Krieg

Wallonen: die wallonisch (französischer Dialekt) sprechende Bevölkerung Belgiens

Wartburg: Diese Burg liegt über der ostdeutschen Stadt Eisenach und diente → Martin Luther als Zufluchtsort.

Washington, George: (1732–1799) Oberbefehlshaber der Armee der amerikanischen Kolonien Englands im Unabhängigkeitskrieg (1775–1783); wurde 1789 einstimmig zum ersten Präsidenten der USA gewählt

Watt, James: (1736–1819) britischer Mechaniker, der 1765 das Modell einer leistungsfähigen Dampfmaschine erfand. Gemeinsam mit seinem Geldgeber → Matthew Boulton gründete er eine Firma, welche die → Boulton& Watt-Dampfmaschine erzeugte und erfolgreich in die ganze Welt exportierte.

Weimarer Republik: Nach der Abdankung des deutschen Kaisers Wilhelm II. und dem Ende des Ersten Weltkriegs im November 1918 wurde in Deutschland die Republik ausgerufen. 1919 trat die Weimarer Verfassung in Kraft. Die Machtübernahme durch die Nationalsozialistische Deutsche Arbeiterpartei im Jahr 1933 bedeutete das Ende der Weimarer Republik.

Z

Zensur: behördliche Prüfung, Verbot von Druckschriften

Zentralperspektive: bildliche, zweidimensionale Darstellung räumlicher Objekte; die Einführung der Zentralperspektive in die Malerei geht vor allem auf die → Renaissance zurück

Zeremoniell: feste Regeln, die bei bestimmten (feierlichen) Anlässen einzuhalten sind. Das gilt heute zB bei offiziellen Besuchen von Staatsoberhäuptern. Dazu gehören das Ausrollen des roten Teppichs, das Spielen der Nationalhymnen oder die Reihenfolge bei Begrüßungen.

Zichorie: Pflanze, aus deren Wurzel Kaffeeersatz gewonnen wird

Quellennachweis

Die Textquellen wurden zum Teil von den Autorinnen und Autoren und der Redaktion gekürzt bzw. bearbeitet.

S. 11: Guggenbühl, Gottfried / Huber Hans C.: Quellen zur Geschichte der Neueren Zeit. Zürich 1976, S. 27

S. 11: Die von Leo X. als Irrtümer verurteilten 41 Sätze Luthers, http://www.efg-hohenstaufenstr.de/downloads/texte/exsurge_domine_41_saetze.html, abgerufen am 25.2.2017

S. 13: Reingrabner, Gustav: Die Verfolgung der österreichischen Protestanten während der Gegenreformation, http://www.religionen.at/irreingrabner.htm, abgerufen am 20.10.2017

S. 14: Weber, Hartwig, Basfeld, Maren: Verzauberte Kinder. Jänner 2011, http://www.strassenkinderreport.de/index.php?goto=381, abgerufen am 25.2.2017

S. 15: Behringer, Wolfgang: Hexen und Hexenprozesse. München 1988, S. 95 f.

S. 15: https://books.google.at/books?id=p4k0DwAAQBAJ&pg=PA50&lpg=PA50&dq=artikel+109+aus+dem+strafgesetzbuch+Kaiser+Karls+V.&source=bl&ots=SNPwgMnRMV&sig=mGf6Oh_6CT6aP3LlBRlK1sUPlY4&hl=de&sa=X&ved=2ahUKEwim6rGBy6ncAhWEkywKHcdbBjUQ6AEwAXoECAEQAQ#v=onepage&q=artikel%20109%20aus%20dem%20strafgesetzbuch%20Kaiser%20Karls%20V.&f=false, abgerufen am 20.10.2017

S. 16: Behringer, Wolfgang: Hexen und Hexenprozesse. München 1988, S. 95 f.

S. 19: Lautemann, Wolfgang u.a., Geschichte in Quellen, Bd. III, München 1966, S. 426

S. 19: Steinfeld, L. (Hg.): Ludwig XIV. Memoiren. Basel 1931, S. 187

S. 21: Burke, Peter: Ludwig XIV. Die Inszenierung des Sonnenkönigs. Berlin, 2. Aufl. 2001

S. 23: Lautemann, Wolfgang u.a., Geschichte in Quellen, Bd. III, München 1966, S. 446

S. 23: Lautemann, Wolfgang u.a., Geschichte in Quellen, Bd. III, München 1966, S. 460 ff.

S. 25: Dorothy Gies McGuigan, Familie Habsburg, 1273 bis 1918, Wien, 1977, S. 238

S. 27: Junghans, Helmar (Hg.), Die Reformation in Augenzeugenberichten. Düsseldorf: Rauch, 1967, S. 43

S. 27: Junghans, Helmar (Hg.), Die Reformation in Augenzeugenberichten. Düsseldorf: Rauch, 1967, S. 58

S. 30: Nobis, Heribert M. (Hg.): Nikolaus Kopernikus. Über die Kreisbewegung der Himmelskörper. Heidelberg 1974

S. 31: http://www.atheisten-info.at/downloads/galilei2.pdf, gekürzt, abgerufen am 7.2.2017

S. 32: Haebler, Konrad (Hg.): Der deutsche Columbusbrief im Faksimile-Druck. Straßburg 1900

S. 33: Aus dem Bordtagebuch des Kolumbus, http://www.fiks.de/ebooks/bordbuch.pdf, abgerufen am 9.2.2017

S. 34: Aus dem Bordtagebuch des Kolumbus, http://www.fiks.de/ebooks/bordbuch.pdf, abgerufen am 9.2.2017

S. 35: Léon-Portilla, Miguel / Heuer, Renate (Hg.): Rückkehr der Götter. Die Aufzeichnungen der Azteken über den Untergang ihres Reiches. Köln, Opladen 1962, S. 57 f.

S. 36: Casas, Bartolomé de las: Kurzgefaßter Bericht über die Verwüstung der westindischen Länder. Hg. v. Hans Magnus Enzensberger. Frankfurt am Main 1990 (= Sammlung Insel 23)

S. 37: http://newsv1.orf.at/060517-56/57txt_story.html, 10.10.2006, abgerufen am 12.4.2018

S. 39: https://stjosefs.de/unsere-kinder/aktuelle-probleme/, abgerufen am 23.2.2017

S. 40: Lautemann, Wolfgang / Schlenke, Manfred: Geschichte in Quellen, Bd. 3: Renaissance, Glaubenskämpfe, Absolutismus, bearb. v. Fritz Dickmann. München 1966, S. 448

S. 41: Guggenbühl, Gottfried / Huber Hans C.: Quellen zur Geschichte der Neueren Zeit. Zürich 1976, S. 355 f.

S. 44: The Last Will and Testament of Cecil Rhodes. Hg. v. W. T. Stead. 1902. S. 58, 97 f.

S. 45: Geschichte betrifft uns, 4/2008; S. 2 f.

S. 45: https://www.ourdocuments.gov/doc.php?flash=true&doc=55&page=transcript, übersetzt, gekürzt, vereinfacht, abgerufen am 31.3.2017

S. 47: Rothermund, Diethmar: Der Freiheitskampf Indiens. München 1976, S. 27

S. 48: Baumhauer, Marie-Luise u.a.: Imperialismus. Weinheim 1978 (Materialien zum Lernfeld Dritte Welt), S. 36

S. 49: Pointner, Katrin: Was hat mein Handy mit dem Bürgerkrieg im Kongo zu tun? Die Presse, 19.1.2016

S. 50: Stoecker, Helmuth: Deutschland und China im 19. Jahrhundert. Das Eindringen des deutschen Kapitalismus. (= Schriftenreihe des Instituts für allgemeine Geschichte an der Humboldt-Universität Berlin, Hrsg. von Gerhard Schilfert, Bd. 2). Berlin (Ost): Rütten & Loening, 1958

S. 51: Liu Jing: Wahrnehmung des Fremden: China in deutschen und Deutschland in chinesischen Reiseberichten. Vom Opiumkrieg bis zum Ersten Weltkrieg, Freiburg/Breisgau, 2001, S. 106

S. 51: Mommsen, Wolfgang J.: Kolonialherrschaft und Imperialismus: Ein Blick zurück. Ausstellung im Deutschen Historischen Museum vom 27. März bis 19. Juli 1998; http://www.dhm.de/archiv/ausstellungen/tsingtau/katalog/auf1_22.htm, abgerufen am 4.4.2017

S. 51: http://www.zeit.de/zeit-geschichte/2012/01/Chinas-Niedergang/seite-2, abgerufen am 4.4.2017

S. 53: Hagenberg, Roland: Im Reich der Samurai; https://www.arte.tv/sites/de/das-arte-magazin/2010/03/01/im-reich-der-samurai/, abgerufen am 3.3.2017

S. 53: Stead, Alfred (Hg.): Unser Vaterland Japan. Ein Quellenbuch geschrieben von Japanern. Leipzig 1904, S. 658

S. 55: Mudry, Anna (Hg.): Galileo Galilei. Schriften, Briefe, Dokumente, Bd. 1. München: C.H. Beck, 1987, S. 280 f.

S. 55: Fölsing, Albrecht: Galileo Galilei. Prozess ohne Ende. Eine Biographie. Reinbek: Rowohlt 1996, S. 299 f.

S. 63: Arbeitsordnung Donawitz

S. 63: Direction der administrativen Statistik (Hg.): Tafeln zur Statistik der österreichischen Monarchie, Neue Folge 2, 1854 W. Braumüller, 1895

S. 63: Wanner, Gerhard: Vorarlbergs Industriegeschichte. Feldkirch 1990, S. 131

S. 64: Popp, Adelheid: Die Jugendgeschichte einer Arbeiterin, 1927. In: Sandgruber, Roman: Die Anfänge der Konsumgesellschaft. Wien 1982, S. 367

S. 64: Adler, Victor: Die Lage der Ziegelarbeiter (1888). In: Sandgruber, Roman: Die Anfänge der Konsumgesellschaft. Wien 1982, S. 364

S. 65: Lepp, Adolf: Autobiographische Skizze. In: Münchow, Ursula (Hg.): Arbeiter über ihr Leben. Berlin 1976, S. 69-84

S. 66: Volkshilfe Österreich, Armut ist weiblich, Wien 2010, S. 10

S. 67: Volkshilfe Österrech, Armut ist weiblich, Wien 2010, S. 12

S. 68: Strafgesetzbuch 1852. In: Beiträge zur Historischen Sozialkunde 3/1980, S. 67

S. 69: Marx, Karl: Manifest der Kommunistischen Partei. In: Marx, Karl: Die Frühschriften. Hg. v. Siegfried Lanshut. Stuttgart 1971, S. 525 – 560

S. 69: Herwegh, Georg: Bundeslied für den Allgemeinen Deutschen Arbeiterverein, 1863

S. 72: http://www.verfassungen.eu/tr/verf76.htm, abgerufen am 3.3.2017

S. 73: Haller Günther, Schmelztiegel Wien: Stubenmädchen, Rastlbinder, Ziegelböhm, Die Presse, 6.6.2014

S. 75: Müller, Nora: Arbeiterwohnen im 19. Jahrhundert. Kiel, 2016, S. 6

S. 76: http://www.focus.de/wissen/mensch/geschichte/migration/tid-7164/interview_aid_70438.html, abgerufen am 5.3.2017

S. 78: http://www.unhcr.at/mandat/questions-and-answers/fluechtlinge.html vom 24.5.2014, abgerufen am 4.4.2017

S. 80: Broschüre „Kommen und Gehen in Vorarlberg", S. 14

S. 80: http://diepresse.com/home/innenpolitik/1598395/Oesterreich-ohne-Migranten_aelter-schwaecher-und-geschrumpft, abgerufen am 5.4.2017

S. 81: Broschüre „Kommen und Gehen in Vorarlberg", S. 14

S. 83: Integrationsprojekt, Bericht 2, Borg Götzis März 2015

S. 84: Pichler, Meinrad: Auswanderer. Von Vorarlberg in die USA 1800–1938,Bregenz, Vorarlberger Autoren-Gesellschaft, 1993, S. 156
S. 85: Stajić, Olivera: Der Standard, 3.7.2016 http://derstandard.at/2000039577423/Ich-bin-ein-Teil-dieser-Geschichte, abgerufen am 28.3.2017
S. 85: http://www.unhcr.org/dach/wp-content/uploads/sites/27/2017/02/AUT_UNHCR_Folder_Kippbild_2016_web.pdf, abgerufen am 5.4.2017
S. 87: Duden, Gottfried: Bericht über eine Reise nach den westlichen Staaten Nordamerikas und einen mehrjährigen Aufenthalt am Missouri, Elberfeld, 1829, S. 231
S. 87: Löher, Franz: Die deutschen Auswanderer der gebildeten Stände in Nord-Amerika, 1853
S. 90: Kant, Immanuel: Beantwortung der Frage: Was ist Aufklärung? In: Kant, Immanuel: Schriften zur Anthropologie, Geschichtsphilosophie, Politik und Pädagogik 1. Hg. v. Wilhelm Weischedl. Frankfurt am Main, 10. Aufl. 1993 (= Immanuel Kant, Werkausgabe in 12 Bänden, Band 11, stw 192), S. 53
S. 92: Allgemeine Schulordnung für „die deutschen Normal-, Haupt- und Trivial-Schulen in sämmtlichen Kayserl. Königl. Erbländern" (1774), im Wesentlichen von J. I. Felbiger formuliert. Zit. nach: Engelbrecht, Helmut: Geschichte des österreichischen Bildungswesens. Erziehung und Unterricht auf dem Boden Österreichs. Bd. 3: Von der frühen Aufklärung bis zum Vormärz. Wien 1984, S. 495
S. 95: Hartig, Irmgard und Paul: Die Französische Revolution. In: Tempora. Quellen zur Geschichte und Politik. Stuttgart 1984, S. 52 ff.
S. 96: Göhring, Martin: Geschichte der Großen Revolution. Tübingen 1951
S. 97: Hartig, Irmgard und Paul: Die Französische Revolution. In: Tempora. Quellen zur Geschichte und Politik. Stuttgart 1984, S. 94 f.
S. 97: Luxardo, H.: Histoire de la Marseillaise. Paris 1989 (Übers. v. Verf.)
S. 99: http://www.habsburger.net/de/kapitel/der-bauer-ist-frei?language=de, abgerufen am 25.3.2017
S. 101: Reed, John: Zehn Tage, die die Welt erschütterten, Wien, 1972, S. 182 f.
S. 103: Weinstock, Heinrich (Hg.): Jean-Jacques Rousseau, Der Gesellschaftsvertrag oder die Grundsätze des Staatsrechts. Leipzig, 1963, S. 30, S. 36
S. 103: Martin Göhring, Geschichte der großen Revolution, Bd. 2. Tübingen: Mohr 1951, S. 382
S. 104: https://www.scheidung.de/scheidungsnews/powerfrauen-und-leibeigene-ehe-und-scheidung-in-der-renaissance.html, abgerufen am 6.4.2017
S. 105: Schmohl, Daniela: Die Geschichte der Ehe – ein Abriss, 2005, http://d-a-s-h.org/dossier/13/02_geschichte.html, abgerufen am 6.4.2017
S. 105: Göhre, Paul: Drei Monate Fabrikarbeiter und Handwerksbursche. Eine praktische Studie. Leipzig: Grunow, 1891, S. 202
S. 106: https://www.hanisauland.de/lexikon/b/bildung.html, abgerufen am 8.4.2017
S. 107: Linsinger, Eva und Zöchling, Christa, Profil, 12.6.2013
S. 107: Bock-Schappelwein, Julia, Falk, Martin: Die Bedeutung von Bildung im Spannungsfeld zwischen Staat, Markt und Gesellschaft. Kurzstudie, Österreichisches Institut für Wirtschaftsforschung 2009
S. 107: https://de.slideshare.net/gabyfilzmoser/social-media-in-zahlen, abgerufen am 9.4.2017
S. 109: https://rdb.manz.at/document/ris.n.NOR40139660, abgerufen am 6.4.2017
S. 114: Martin Luther (1525): Wider die Mordischen und Reubischen Rotten der Bawren
S. 115: Rüdiger, Wilhelm: Die Welt der Renaissance. München, Wien, Basel 1970 (= Große Kulturepochen in Texten, Bildern und Zeugnissen), S. 95 f.
S. 116: Klopp, Onno: Der Dreißigjährige Krieg bis zum Tode Gustav Adolfs 1632, Bd. 1. Paderborn 1891, S. 534 f.
S. 117: Lautemann, Wolfgang / Schlenke, Manfred: Geschichte in Quellen, Bd. 3: Renaissance, Glaubenskämpfe, Absolutismus, bearb. v. Fritz Diokmann. München 1966, S. S.346f.
S. 121: http://www.hsozkult.de/conferencereport/id/tagungsberichte-6254, abgerufen am 4.4.2017
S. 121: http://www.heinrich-heine-denkmal.de/dokumente/karlsbad2.shtml, abgerufen am 4.4.2017
S. 122: Ermacora, Felix (Hg.): Österreichische Bundesverfassungsgesetze. Stuttgart 1989, S. 121 f.
S. 124: Meyer, Henry Cord: Das Zeitalter des Imperialismus. In: PWG (Propyläen-Weltgeschichte) 9/1964, S. 31 f.
S. 125: GeoEpoche, 1914, Nr. 65, 02/2014, S. 156f.
S. 127: http://www.braunschweigspiegel.de/images/stories/2014/12/pdf/Soldatenbriefe.pdf, abgerufen am 31.3.2017
S. 128: https://www.demokratiewebstatt.at/thema/thema-100-jahre-erster-weltkrieg/ueberleben-im-krieg/, abgerufen am 5.3.2017
S. 129: Oberschelp R./Grotjahn K.-H.: Stimmungsbilder aus dem Oberharz vom 15. Juli 1918. Stahl und Steckrüben, Bd. 1. Hannover 1993, S. 327
S. 130: Lange, Katharina: Grenzen auf dem Reißbrett – Der Erste Weltkrieg und seine Folgen im Nahen Osten.http://www.lebenshaus-alb.de/magazin/008540.html, abgerufen am 12.3.2017
S. 133: http://www.auswaertigesamt.de/DE/Aussenpolitik/InternatRecht/HumanitaeresVoelkerrecht_node.html; abgerufen am 12.3.2017
S. 133: Kimminich, Otto: Einführung in das Völkerrecht. München, 1990
S. 133: http://www.hvr-entdecken.info/downloads/wege_der_menschlichkeit/ Kapitel_31.pdf; abgerufen am 12.3.2017
S. 135: Grevelhörster, Ludger: Der Erste Weltkrieg und das Ende des Kaiserreichs. Geschichte und Wirkung. Münster: Aschendorff 2004, S. 34 f.
S. 135: Weinrich, Knut: Erster Weltkrieg. Kriegsschuld 19.1.2017, https://www.planet-wissen.de/geschichte/deutsche_geschichte/der_erste_weltkrieg/pwiekriegsschuld100.html, abgerufen am 18.4.2017
S. 141: Hähnel, Silvia: Typisch Mann, typisch Frau? Rollenbilder und Vorurteile. Teil 4: Geschlechterrollen in der Gesellschaft, www.helles-koepfchen.de/artikel/2971.html, abgerufen am 19.10.2016
S. 141: Indianische Weisheit, Mark Twain, Mexikanisches Sprichwort, Albert Einstein, https://www.aphorismen.de/, abgerufen am 25.10.2016
S. 143: salzburg2014erasmusplus.blogspot.co.at/p/salzburg-2014-html, abgerufen am 3.11.2016
S. 145: Robert Menasse im „Kurier", 26. März 2017, S. 10 f.
S. 147: der damalige UNO-Generalsekretär Kofi Annan auf der 1. Weltkonferenz der für die Jugend zuständigen europäischen Minister, Lissabon, 1998, https://www.parlament.gv.at/ZUSD/PDF/PT_2_2007.pdf, abgerufen am 3.11. 2017
S. 147: http://www.u18.org/fileadmin/user_upload/BY_BJR-Flyer_Waehlen_ab_14_screen.pdf; abgerufen am 27.3.2017
S. 147: http://www.kinderwahlrecht.de/inhalt/1_an_alle_kinder_auch_fuer_eilige_leser_geeignet; abgerufen am 27.3.2017
S. 148: https://www.ris.bka.gv.at/GeltendeFassung.wxe?Abfrage=Bundesnormen&Gesetzesnummer=2000788; abgerufen am 30.3.2017
S. 148: https://www.ris.bka.gv.at/Dokument.wxe?Abfrage=Bundesnormen&Dokumentnummer=NOR40087987; abgerufen am 30.3.2017
S. 149: https://www.ris.bka.gv.at/GeltendeFassung.wxe?Abfrage=Bundesnormen&Gesetzesnummer=20007889; abgerufen am 30.3.2017